A colaboração dos obrigados fiscais no Direito das Contraordenações Tributárias

A colaboração dos obrigados fiscais no Direito das Contraordenações Tributárias

DISPENSA, ATENUAÇÃO E REDUÇÃO DE COIMAS

2018

Joana Polónia-Gomes

ALMEDINA

A COLABORAÇÃO DOS OBRIGADOS FISCAIS NO DIREITO DAS CONTRAORDENAÇÕES TRIBUTÁRIAS
Dispensa, atenuação e redução de coimas

AUTOR
Joana Polónia-Gomes

EDITOR
EDIÇÕES ALMEDINA, S.A.
Rua Fernandes Tomás, nºs 76, 78 e 80
3000-167 Coimbra
Tel.: 239 851 904 · Fax: 239 851 901
www.almedina.net · editora@almedina.net

DESIGN DE CAPA
FBA.

PRÉ-IMPRESSÃO
EDIÇÕES ALMEDINA, S.A.

IMPRESSÃO E ACABAMENTO
PENTAEDRO, LDA.

Setembro, 2018

DEPÓSITO LEGAL
446754/18

ALMEDINA | GRUPOALMEDINA

BIBLIOTECA NACIONAL DE PORTUGAL – CATALOGAÇÃO NA PUBLICAÇÃO

POLÓNIA-GOMES, Joana
A colaboração dos obrigados fiscais no Direito
das Contraordenações Tributárias : dispensa,
atenuação e redução de coimas. – (Monografias)
ISBN 978-972-40-7660-7
CDU 336

PREFÁCIO

1. A edição da presente obra, da autoria da Mestre Joana Polónia-Gomes, constitui o corolário lógico de um percurso que, em termos científicos, não poderia culminar de outro modo. Na realidade, cedo se intuiu que seria, este, um trabalho de fulgor científico relevante, pois também cedo a autora fixou de modo determinante e clarividente os desígnios que queria enfrentar, nunca se afastando do rumo, e sempre assentando de modo correto as pedras angulares do seu edifício de pensamento. O orientador dos trabalhos, que aqui prefacia, quase nada teve o que verdadeiramente "orientar", tal o grau de correção, a elevação e a densidade intelectual dos resultados que iam sendo apresentados. Daí que se possa com verdade afirmar que, afinal, os melhores orientandos são aqueles que quase não precisam de orientação e, por vezes, até é o orientador quem, humildemente, aprende, cumprindo-se um dos mais notáveis e sublimes desígnios da verdadeira Academia, que é a interação de saberes.

2. Além disso esta edição materializa um dos mais relevantes imperativos da cientificidade: a sujeição a publicidade. Um trabalho científico não acessível publicamente, em livro ou não, não se pode considerar absoluta e integralmente *científico*, reduzindo-se, quando muito, a uma simples formalidade para a obtenção de um grau. Quando tal acessibilidade é proporcionada por uma marca de qualidade – como a marca *Almedina* o é – o desiderato é plenamente conseguido.

3. Está-se aqui em presença de uma verdadeira dissertação – no sentido nobre do termo, não se claudicando perante os impulsos pós-

-modernos do legislador que, de tempos a tempos, decide alterar as qualificações –, e à qual foi atribuída uma das mais elevadas classificações que a Escola de Direito da Universidade do Minho já atribuiu no âmbito dos Mestrados em Direito. Por esse motivo, qualquer aprofundada menção da nossa parte à estrutura, à forma discursiva, ou aos conteúdos específicos, seria, além de deselegante, completamente desajustada. O distinto Júri já se pronunciou autorizadamente. Apenas devemos ficar pela referência a um aspeto que é ostensivo e que, por isso, dispensa alongamento: a autora e o seu labor sempre andaram, de início ao fim, pelos escalões da excelência.

4. Umas breves palavras de enaltecimento se justificam no que concerne ao segmento jurídico-material objeto da investigação. A autora, no âmbito das suas prerrogativas de seletividade científica, decidiu escolher como núcleo do seu trabalho um dos segmentos atualmente mais relevantes do Direito contraordenacional, que é o Direito contraordenacional tributário. Fala-se de infrações tributárias e dos procedimentos e processos conducentes à aplicação das mesmas. Movendo-se com desenvoltura discursiva e perspicácia analítica, a autora demonstra, entre bastantes outras, duas qualidades que, infelizmente, não é frequente encontrar em muitos trabalhos jurídicos:

(i) Em primeiro lugar, a inovação, na medida em que rasga percursos de conhecimento numa área que não é comum ser objeto de profundas indagações, seja porque se encontra no cruzamento de dois segmentos jurídico materiais complexos (o Direito tributário e o Direito contraordenacional), seja porque se tem considerado uma área deixada para os práticos, os quais têm de conviver com os resultados de um legislador que não primou pelo cuidado e pela clareza. Acresce que neste trabalho, o conjunto de reflexões não se queda pela superficialidade e pela exposição de regimes genéricos, mas, pelo contrário, desce ao complexo nível dos desvios ao regime regra decorrente da aplicação de coimas, por meio do estudo das possibilidades e modos de atenuação, dispensa e redução das mesmas;

(ii) Em segundo lugar, a transversalidade, a qual se revela, quer no diálogo constante entre o Direito tributário e o Direito constitucional, o Direito público sancionatório e o Direito administrativo (entre outros), quer na contínua e louvável intenção principiológica que percorre todo o texto. É, aliás, este contínuo arrimo em princípios jurídicos, que permite afirmar que se está aqui em presença de um trabalho que assenta numa linha – delicada, mas segura – normativista.

Crê-se que o texto fala por si.

5. Como qualquer resultado humano, também este conterá seguramente aspetos negativos, lapsos, omissões, inexatidões deslizes, etc. Não poderia ser de outro modo e, em certa medida, ainda bem que assim é, porque apenas assim se abrem caminhos para que outros, desde logo a própria autora, possam vir a seguir e melhorar o que já foi feito. E o que aqui foi feito, repete-se, está ao nível da excelência. A ciência avança porque alguém deixou um caminho para trilhar.

A terminar, uma nota de prognose da parte de alguém que, como o aqui prefaciador, não é frequentemente dado a divagações desse jaez, mas a quem a segurança decorrente do conhecimento da pessoa e da obra, permitem a ousadia: o tempo demonstrará que a Mestre Joana Polónia-Gomes irá presentear a comunidade jurídica portuguesa com outros contributos, em *obra* ou em *desempenho*, da valia deste.

Todos, pessoas e instituições, ganharão.

Braga, 14 de agosto de 2018
JOAQUIM FREITAS DA ROCHA

AGRADECIMENTOS

Por muito escassos que possam eventualmente ser, todos os méritos desta obra ficaram a dever-se a um conjunto de pessoas que me acompanhou ao longo de toda esta jornada.

Ficaria, por isso, em pesada dívida com a minha consciência se não endereçasse, aqui, a todos eles, o meu sincero agradecimento.

Meus queridos pais e irmãos, a vós o meu obrigada estende-se bem para lá das linhas desta obra. É mais do que justo que, tendo vocês suportado sempre o peso dos meus fracassos, eu convosco partilhe o fruto das minhas conquistas, deixando-vos a promessa de um amor eterno e verdadeiramente incondicional.

Professor Doutor Joaquim Freitas da Rocha, por muito que lhe tenha já agradecido, e por mais das vezes que o venha a fazer, certamente nunca pecarei por excesso. Do Professor, levei os melhores exemplos de retidão humana e científica, de verdadeira justiça (académica e não só) e de uma enorme entrega profissional.

Professor Doutor António Cândido de Oliveira, um muito obrigada pelas lições (diárias, como bem sabe), não só jurídicas, mas de vida. Devo-lhe francamente uma boa parte do que hoje sou como pessoa e profissional.

Professora Doutora Flávia Noversa Loureiro e Professor Doutor João Sérgio Ribeiro, dirijo-lhes um sentido agradecimento pelo escrutínio científico e técnico desta obra, ainda antes de ela *o ser*, e sem o qual ela jamais *o seria*.

Com o mesmo grau de importância, devo dizer, ainda, que muito estou grata à Universidade do Minho e, em especial, à Escola de Direito, aos seus Professores e técnicos administrativos, cujo profissionalismo me inspirou e a qualidade me moveu.

Drª Carmelinda Vilaça e Drª Teresa Costa, por todo o esforço quotidiano em prol da democratização do conhecimento através da "nossa" biblioteca, uma casa de e para todos os dias: muito, muito obrigada.

LISTA DE ABREVIATURAS

Al.	Alínea
Als.	Alíneas
AR	Assembleia da República
Art.	Artigo
AT	Administração Tributária
CC	Código Civil
CE	Constituição Espanhola
CIRC	Código do Imposto sobre o Rendimento das Pessoas Coletivas
CIRS	Código do Imposto sobre o Rendimento das Pessoas Singulares
CIVA	Código do Imposto sobre o Valor Acrescentado
CP	Código Penal
CPC	Código de Processo Civil
CPP	Código de Processo Penal
CPPT	Código de Procedimento e de Processo Tributário
CPT	Código de Processo Tributário
CPTA	Código de Processo nos Tribunais Administrativos
CRP	Constituição da República Portuguesa
DL	Decreto-Lei
IRC	Imposto sobre o Rendimento das Pessoas Coletivas
IRS	Imposto sobre o Rendimento das Pessoas Singulares
IVA	Imposto sobre o Valor Acrescentado
LEO	Lei do Orçamento do Estado

LGT	Lei Geral Tributária
LGTE	Lei Geral Tributária espanhola
Nº	Número
PEF	Processo de Execução Fiscal
PNAITA	Plano Nacional de Atividades da Inspeção Tributária e Aduaneira
RCPIT	Regime Complementar do Procedimento de Inspeção Tributária
RCPITA	Regime Complementar do Procedimento de Inspeção Tributária e Aduaneira
RGCO	Regime Geral das Contraordenações
RGIT	Regime Geral das Infrações Tributárias
RJIFA	Regime Jurídico das Infrações Fiscais Aduaneiras
RJIFNA	Regime Jurídico das Infrações Fiscais Não Aduaneiras
RJSPE	Regime Jurídico do Setor Público Espanhol
STA	Supremo Tribunal Administrativo
STJ	Supremo Tribunal de Justiça
TC	Tribunal Constitucional
TCA	Tribunal Central Administrativo
TCA-Norte	Tribunal Central Administrativo do Norte
TCA-Sul	Tribunal Central Administrativo do Sul
TRL	Tribunal da Relação de Lisboa
TT	Tribunal Tributário

INTRODUÇÃO

Enquadramento temático

A presente obra tem por base a nossa dissertação de mestrado, intitulada "Manifestações do princípio da colaboração dos obrigados tributários faltosos no Direito das Contraordenações Tributários: seus efeitos na redução do montante das coimas", que elaboramos no âmbito do Mestrado em Direito Tributário, na Escola de Direito da Universidade do Minho, sob a orientação do Professor Doutor Joaquim Freitas da Rocha.

Desde um momento muito inicial, determinamos que esta obra teria por objeto nuclear o estudo do conjunto de instrumentos legais que, no âmbito do Direito Contraordenacional Tributário, permitem ao infrator a obtenção de um tendencial benefício ao nível do seu concreto sancionamento, por via de uma redução, atenuação ou dispensa da coima aplicável. Tais instrumentos estão ancorados na verificação de um corpo de pressupostos, que variam consoante o instrumento legal em causa, sendo de realçar particularmente um pressuposto transversal e comum a todos eles: a regularização da situação tributária que esteve na origem do cometimento do ilícito contraordenacional.

O estudo deste complexo de instrumentos legais deverá encetar-se com base numa estreita análise das manifestações do princípio da colaboração dos obrigados fiscais faltosos com a administração tributária. Cremos que a aplicação destes instrumentos e o consequente benefício ao nível sancionatório que lhes está subjacente têm, na grande maioria dos casos, em vista, não só compensar os infratores pela sua atitude colaborativa, mas sobretudo fomentá-la junto dos mesmos.

Tal não significa, porém, que não se vislumbre no regime atinente a cada um destes instrumentos um conjunto de patologias que carecem de estudo, discussão e tratamento. Por esse motivo, um dos objetivos fulcrais deste trabalho será o de dar relevo a algumas questões controversas e potencialmente lesivas dos legítimos interesses dos infratores que gravitem em torno da aplicação destes instrumentos legais.

Importa, contudo, dar nota da circunscrição do nosso objeto para efeitos da realização do presente trabalho científico: primeiramente, apesar de o Regime Geral das Infrações Tributárias regular, de forma unívoca, quer os crimes, quer as contraordenações tributárias, iremos voltar o nosso estudo apenas para estas segundas. Por outro lado, dentro do grande domínio do Direito Contraordenacional Tributário, iremos reservar a nossa análise às contraordenações tributárias não aduaneiras[1].

Pertinência do tema e metodologia adotada

Pese embora se possam encontrar riquíssimas referências aos instrumentos legais que permitem a redução, a atenuação ou a dispensa da coima em obras que concretamente visam o comentário ao Regime Geral das Infrações Tributárias, bem como uma breve análise dos mesmos em algumas monografias referentes ao Direito Infracional Tributário, a verdade é que não existe, hoje, uma obra que trate, de forma sistemática e juridicamente enquadrada, tais mecanismos.

[1] O Direito Aduaneiro encerra uma complexidade própria, pelo que o estudo do Direito Contraordenacional Tributário Aduaneiro deveria ser objeto de um enquadramento e sistematização autónomos. Sem prejuízo de, de quando em vez, sentirmos a necessidade de convocar algum ilícito contraordenacional tributário aduaneiro, ou de fazermos alguma referência específica a este ramo do Direito Contraordenacional Tributário, devemos deixar claro de que este se encontra fora do objeto deste trabalho científico.

Não obstante, são inúmeras as decisões jurisprudenciais dos tribunais superiores (acrescente-se, *recentes*) que especificamente versam sobre questões que convocam de forma direta estes instrumentos.

Encontramos, por isso, nesta temática um campo ainda por explorar, estando certos de que os valiosíssimos contributos da autorizada doutrina que nos antecede, e na qual procuraremos basear-nos, nos dotará de uma suficiente sustentabilidade técnica e jurídica para nos debruçarmos sobre o regime atinente a cada um dos instrumentos legais aqui em análise, mas sobretudo para problematizar e tomar as devidas posições, de modo coerente, informado e fundamentado, sempre que tal se revele necessário.

Cremos, por isso, que não será a melhor metodologia partirmos diretamente para o problema que concretamente nos ocupa. Pelo contrário, entendemos que se revelará mais útil ancorar o nosso pensamento (e, consequentemente, todo o nosso trabalho), primeiramente, num estudo jus-filosófico relativo à génese do próprio Direito Contraordenacional, dado que, como já tivemos oportunidade de referir, este é o primeiro estádio limitador do nosso objeto de estudo.

Por outro lado, e dado termos referido que a regularização da situação tributária constitui um requisito aplicativo transversal a todos estes instrumentos legais, será pertinente entender de que forma esta se concretiza, importando fazê-lo com base num enquadramento teórico que efetivamente demonstre a correlação existente entre o Direito Tributário e o Direito Contraordenacional Tributário.

Uma vez munidos de uma sólida estrutura conceptual e teorética, haveremos de voltar a nossa atenção para o procedimento contraordenacional tributário e estabelecer a devida ligação deste com os instrumentos legais de cujo estudo nos ocupamos, desde logo a um nível principiológico.

A partir daí, julgamos que estaremos em condições para efetivamente discorrermos acerca dos regimes subjacentes aos instrumentos legais que permitem a redução, a atenuação ou a dispensa da coima (a saber: o direito à redução de coimas, a dispensa e a atenuação especial da coima, o pagamento antecipado da coima e o pagamento voluntário desta, devendo, ainda, fazer-se a devida referência à possibilidade de proferimento de admoestação).

Uma vez mais (e porque esta ideia nos parece digna de ser frisada), procuraremos fazer uma análise destes regimes, não de um ponto de vista meramente descritivo, mas antes ancorados num espírito crítico e fundamentado, permitindo-nos – como já referimos – problematizar, adotar posições concretas e avançar, se o considerarmos pertinente, com novas soluções para determinado tipo de problemas.

Finalmente, entendemos que terá todo o interesse procedermos a um estudo jus-comparativo centrado, claro está, no nosso objeto temático, tendo por objetivo, desde logo, aferir da existência, ou não, de instrumentos similares aos que se encontram previstos no nosso RGIT, também em outros ordenamentos jurídicos. Sendo positiva a resposta, cumprir-nos-á saber em que moldes se encontram tais mecanismos tratados de um ponto de vista legal, mas também denotar as similitudes e dissonâncias entre aqueles e os instrumentos legais que se encontram previstos no ordenamento jurídico português.

Capítulo I
Direito Contraordenacional e Direito Penal

No presente segmento, far-se-á uma breve contextualização dos argumentos lançados pela doutrina relativamente à distinção do Direito das Contraordenações face ao Direito Penal.

Uma vez que o âmbito temático desta obra se centra com particular veemência no domínio do Direito Contraordenacional, em particular em sede tributária, não poderíamos partir imediatamente para o estudo desta realidade jurídica, sem antes compreendermos a sua génese e, desde logo, as motivações jus-filosóficas que a alicerçaram.

Para tal, será importante escrutinarmos os diversos pontos de vista que têm sido lançados, sobretudo desde o início do século XX, pela doutrina penalista relativamente ao espaço ocupado pelo Direito das Contraordenações nos ordenamentos jurídicos, principalmente nos ordenamentos europeus ocidentais.

1. Antecedentes históricos e jus-filosóficos do Direito das Contraordenações

Segundo cremos, só é possível falar-se verdadeiramente numa *antecâmara* do Direito de Ordenação Social enquanto realidade – pelo menos em teoria – purificada do Direito Criminal, em sentido estrito, a partir do século XVIII, com o advento das teorias iluministas.

Entendemos que não faria sentido darmos início a este apartado, que tem por objeto a contraposição entre o Direito Penal e o Direito das Contraordenações, partindo imediatamente da experiência hodierna, sem antes percorrermos os caminhos da História que até aqui nos fizeram chegar. Estamos, por isso, ao lado de COSTA ANDRADE, quando afirma que *"refazer a história do Direito Penal Administrativo será, pois, a melhor forma de refazer a sua teoria, designadamente de esclarecer as profundas interconexões entre esta teoria e as transformações político-ideológicas (...)"* e os *"os avanços da dogmática jurídica*[2]*"*, sobretudo da penal[3].

[2] *Cfr.* MANUEL DA COSTA ANDRADE, «Contributo para o conceito de contra-ordenação», em *Direito Penal Económico e Europeu: Textos Doutrinários (Vol. I)*, ed. Coimbra Editora (Coimbra, 1998), p. 85.

[3] É necessário, neste particular, deixar desde já feita uma nota relativamente à associação entre Direito Penal Administrativo e Direito das Contraordenações. Não vamos totalmente de encontro à teorização feita por FIGUEIREDO DIAS, que rejeita veementemente, contrariando uma parte substancial da doutrina, quer nacional, quer internacional, a ideia de que o Direito Penal Administrativo é o antecessor do Direito das Contraordenações. O autor considera, pelo contrário, que o Direito das Contraordenações surge como limite negativo do Direito Penal, sobretudo do Direito Penal secundário – este sim, uma categoria evoluída e renovada do Direito Penal Administrativo. O Direito Penal secundário é, assim, *"o conjunto de normas de natureza punitiva que constituem objeto de legislação extravagante e contêm, na sua generalidade, o sancionamento de ordenações de caráter administrativo"*. E por que não deve, então, considerar-se o Direito Contraordenacional herdeiro do Direito Penal Administrativo? Em linhas breves, a primeira das razões avançadas pelo autor reside na espécie de sanção aplicável às condutas ilícitas, pois que no *"já falecido"* Direito Penal Administrativo integravam-se, ainda, como sanções privilegiadas as *penas* em sentido próprio, ainda que *"porventura merecedoras do qualificativo «administrativas»"*. Já no domínio do Direito das Contraordenações, há lugar a medidas sancionatórias de caráter não penal que, sendo também sanções administrativas, podem catalogar-se como *ordenativas* ou advertências sociais. Daí que, à semelhança do que faz a grande maioria dos autores que se debruçam sobre esta temática – incluindo o próprio FIGUEIREDO DIAS –, antes de se começar a falar em Direito das Contraordenações, é necessário mencionar-se todo um percurso que até ele nos fez chegar, convocando-se necessariamente, a dada altura, também o Direito Penal Administrativo. Fica traçado o motivo pelo qual abrimos este capítulo dizendo que é necessário refazer-se a História do Direito Penal Administrativo para que se chegue ao contexto atual do Direito das Contraordenações: aquele pode não ser *pai* deste, mas é, sem dúvida, um *parente próximo* que contribuiu grandemente para o seu surgimento. Para um melhor e mais bem estruturado estudo das críticas, aqui apenas (muito) resumidamente enunciadas, de FIGUEIREDO DIAS relativamente a esta questão, veja-se, do autor, «Para uma dogmatica do Direito Penal secundario (separata)», ed. Universidade Católica, *Direito e Justiça, Vol. IV*, 1990., pp. 19 a 30.

Parece-nos que só assim será possível traçar-se a identidade própria do Direito das Contraordenações, enquanto um espaço jurídico-sancionatório distinto do Direito Criminal.

A "*hipertrofia da razão e do racionalismo*[4]" e a elevação do Homem a elemento central da vida – podendo até falar-se uma *humanização* do mundo[5] –, permitiram que fossem desenhadas novas linhas orientadoras do Direito Penal, desde logo no que diz respeito à necessidade de combater a arbitrariedade na aplicação das normas criminais e de lhes conferir um grau de previsibilidade que, de facto, incutisse nos cidadãos uma ideia de segurança face à ordem jurídica instituída. Para tal, contribuiu, desde logo, o surgimento dos movimentos de codificação, havendo uma maior preocupação dos Estados em consagrar, de forma escrita, concisa e clara, todas as normas jurídicas, sobretudo no domínio jurídico-penal. Não se pode olvidar que foi justamente neste período histórico, filosófico e político que proliferou, nos mais diversos Estados, um movimento de abandono dos castigos corporais desumanos, tendo-se privilegiado a aplicação das penas de prisão[6] em detrimento da pena de morte que, a pouco e pouco, foi assumindo um caráter excecional.

[4] *Vide*, MÁRIO JÚLIO DE ALMEIDA COSTA, *História do Direito Português*, ed. Almedina, 5ª ed. revista e atualizada (Coimbra, 2012), pp. 396 e ss. Apesar de, como denota o autor, o movimento Iluminista não se ter pautado pela homogeneidade, assumindo diferentes traços caraterísticos nos mais diversos países onde se desenvolveu, podem retirar-se dele traços definidores comuns, como o apego a um pensamento filosófico de "*sentido antropológico e experimentalista*" e uma conceção do Estado e do Direito do tipo individualista e liberal, em cuja base se situam os direitos "naturais" do indivíduo. Também, sobre esta matéria, ver LUÍS CABRAL DE MONCADA, *Filosofia do Direito e do Estado, Vol. I*, ed. Coimbra Editora, 2ª edição reimpressa (Coimbra, 2006), pp. 197 e ss.

[5] Não podemos, neste particular, deixar de fazer referência a CABRAL DE MONCADA quando nos diz que, nesta época da Ilustração, "*a própria moral, a constituição política dos Estados, a economia e o direito (...) tendem a fundar-se exclusivamente na razão. E esta não é qualquer razão; é a razão do indivíduo humano, a «raison raisonnante»*". *Cfr. Filosofia do Direito, op. cit.*, p. 199.

[6] Neste sentido, veja-se JOSÉ FARIA COSTA, «A importância da recorrência no pensamento jurídico. Um exemplo: a distinção entre o ilícito penal e o ilícito de mera ordenação social», *Revista de Direito e Economia – Ano IX, nºs 1 e 2* (Coimbra, 1983), pp.13 e ss. Sendo isto verdade, importa ter em atenção, como referimos em nota anterior,

CESARE BECCARIA foi um dos responsáveis pela construção e sedimentação dos princípios jurídicos da *legalidade*, da *separação de poderes* e da *proporcionalidade*. Para o autor, qualquer ato de autoridade sobre o Homem, desde logo a aplicação de uma pena, terá de derivar irremediavelmente da sua concreta necessidade.

Na esteira de JOSÉ FARIA COSTA, é também graças a BECCARIA que, ainda em setecentos, se começam a dar os primeiros passos na bipartição do delito, em sentido amplo, enquanto delito criminal e em delito de polícia. De facto, BECCARIA encara o delito criminal como aquele que, na ausência de uma punição adequada, pode comprometer todo o *contrato social*. Já o delito político assumir-se-ia como uma transgressão que tornava a sociedade imperfeita, mas que, ainda que lesando a ordem, apenas indiretamente comprometeria aquele vínculo social[7].

Começava, assim, a levantar-se o véu de um novo quadro sancionatório que surgira, em grande parte, devido à conceção mercantilista do progresso social e da riqueza e na tendente necessidade de os

que este período de revalidação do papel do Homem face ao Estado não foi espacialmente homótono, sendo inclusivamente caraterizado por alguma contradição. A título de exemplo, entre nós, um percursor de tais ideias racionalistas no domínio jurídico-penal foi Paschoal José de Mello Freire. A ele se deve a criação de um título próprio (Título X), no *Novo Código do Direito Público de Portugal*, publicado em 1844, dedicado aos delitos de polícia, cuja cominação principal era a pena pecuniária, havendo lugar, também, em certos casos, a penas de prisão de até dois meses. Não obstante, no projeto do Código Penal do mesmo autor, datado de 1823, continuavam a figurar as penas de morte e de corte de membro, relegando a pena de prisão para quarto lugar na enumeração das sanções penais. JOSÉ FARIA E COSTA dá justamente conta desta contradição de espírito, na 35ª nota do artigo *supra* enunciado, acrescentando que *"Não se compreende a razão por que Mello Freire continua a preconizar uma tal pena* [corte de membro] *quando é certo que no § 1 proíbe os castigos e penas cruéis em todos os delitos, independentemente da sua gravidade (...)"*, ainda para mais quando a vil sanção aqui em causa apenas poderia ser aplicada mediante ordem expressa – e, acrescente-se, arbitrária – do Rei.

[7] *Cfr.* CESARE BECCARIA, *Brevi riflessioni intorno al codice generale sopra i delitti e le pene, per ciò che riguarda i delitti politici – Opere, Vol. II*, ed. Sansoni (Florença, 1791), pp. 705 e 706. *Apud*, JOSÉ FARIA COSTA, «A importância da recorrência no pensamento jurídico. Um exemplo: a distinção entre o ilícito penal e o ilícito de mera ordenação social», *Revista de Direito e Economia – Ano IX, nºs 1 e 2* (Coimbra, 1983), pp. 4 e 5.

Estados programarem a máquina administrativa para intervir e manter a ordem, sobretudo em áreas-chave como o sistema aduaneiro e fiscal e o comércio externo[8].

Ter-se-ia, porém, que aguardar pela entrada no século XIX para que começassem a ser desenhadas as primeiras teorias de distinção qualitativa entre Direito Penal e Direito Penal de Polícia. O primeiro passo com vista a tal desiderato foi dado por FEUERBACH – um passo que, como veremos, sairá, em termos materiais, gorado, sem que, no entanto, se lhe deva deixar de prestar a devida vénia por ter dado início a uma discussão que se perpetrou durante séculos (discussão para a qual, como se verá também, trouxe importantes contributos).

FEUERBACH parte da ideia-base de que o Estado surge como o principal meio de tutela dos direitos individuais, sendo o garante do seu livre exercício por parte dos cidadãos. Ao Direito Penal incumbe proteger aqueles *direitos originários*, quer dos indivíduos[9], quer do Estado, que subsistem independentemente de uma declaração deste

[8] Neste sentido, COSTA ANDRADE, «Contributo para o conceito de contra-ordenação», *Cit.*, pp. 86 e ss.

[9] E, aqui, é importante aludir-se à alteração do paradigma relativamente à representação do próprio contrato social, uma vez que, no século XVIII, vingou a ideia de que *"nem todos os direitos originários dos indivíduos foram renunciados pelo pacto fundamental em benefício do Estado"*, mas não só. Também desponta a convicção de que, não só acima dos súbditos, mas também do próprio monarca, está a lei, *"como expressão da verdadeira soberania da razão e como mais alta função do Estado e do poder político"*. O Homem adquire, assim, uma posição de maior força e relevo enquanto parte do pacto social, entendendo-se que existem certos direitos naturais e originários, como a liberdade pessoal, jurídica e de consciência, que não se separam nunca do indivíduo. *Vide,* CABRAL DE MONCADA, *Filosofia do Direito e do Estado, Vol. I, Cit.*, pp. 200-202. Repare-se que esta conceção das coisas deriva muito da filosofia desenvolvida por ROUSSEAU relativamente ao *contrat social,* cujo surgimento o autor entende ter-se devido a uma necessidade do Homem. Isto é, em seu interesse, o indivíduo renuncia, em parte, à sua liberdade para alcançar um sentimento de segurança. No entanto, ao contrário de outros filósofos, desde logo de HOBBES, ROUSSEAU não concebe um abdicar absoluto da liberdade individual, sob pena de se ver dissipada a qualidade que o caracteriza enquanto Homem, isto é, a sua própria liberdade. Nas palavras de ROUSSEAU *"renoncer à sa liberté, c'est renoncer à sa qualité d'homme, aux droits de l'humanité, même à ses devoirs". Vide,* JEAN-JACQUES ROUSSEAU, *Du contrat Social – Chapitre VI – Du pacte social,* ed. Beaulavon (Paris, 1903), p. 117.

último (isto é, independentemente de estarem, ou não, vertidos numa norma jurídica), pois trata-se de ilícitos em si mesmo antijurídicos[10]. A infração criminal deriva, então, de uma ideia de justiça[11].

Por sua vez, o Direito Penal de Polícia sancionará aquelas condutas que, não tendo uma *antijuridicidade originária*, resultam antes de uma construção do próprio Estado e que, em virtude disso, se encontram sujeitas a uma maior mutabilidade, quer temporal, quer espacial[12]. Estes ilícitos surgem, assim, como uma forma de dar guarida a um ideal de segurança que é criado e moldado pelo próprio Estado que aplicará, posteriormente, as respetivas sanções[13].

Esta é uma distinção que se baseia, no fundo, na ideia de legitimação do Direito Criminal enquanto instrumento jurídico que garante as relações mais essenciais da convivência humana e que visa a proteção dos valores fundamentais de uma sociedade, ao passo que ao Direito Penal de Polícia cumprirá zelar determinados objetivos e regras que derivam desses mesmos fundamentos, mas que com eles, em termos de *dignidade*, não se confundem. Daí que os valores pro-

[10] Neste sentido, veja-se MANUEL DA COSTA ANDRADE, «Contributo para o conceito de contra-ordenação», em *Direito Penal Económico e Europeu: Textos Doutrinários (Vol. I)*, ed. Coimbra Editora (Coimbra, 1998), p. 92.

[11] Também neste sentido, refira-se TIAGO LOPES DE AZEVEDO, *Da Subsidiariedade no Direito das Contra-Ordenações: Problemas, Críticas e Sugestões práticas*, ed. Wolters Kluwer Portugal (Lisboa, 2011), pp. 36 e 37.

[12] Para melhores desenvolvimentos, recomenda-se a leitura de ALEXANDRA VILELA, *O Direito de Mera Ordenação Social: entre a ideia de «recorrência» e a de «erosão» do Direito Penal Clássico*, ed. Coimbra Editora (Coimbra, 2013), pp.43 e ss.

[13] E esta foi uma posição aceite, também em Portugal, por MELLO DE FREIRE. Como já tivemos oportunidade de referir, MELLO DE FREIRE, no *Novo Código de Direito Público de Portugal*, incluiu um título dedicado aos delitos morais e políticos (Título X). No decorrer deste apartado, o autor procedeu a uma delimitação do delito (*político*), dizendo, nomeadamente, que se trata de um facto que *"não ofende diretamente a sociedade, nem os cidadãos, mas podem ofendê-lo pelas suas consequências"*. Estes são factos *"impunes, à falta de lei que os proíba"*, ainda que possam *"os governantes proibi-los, se constituírem grande prejuízo para a nação"*. *Cfr.* JOSÉ FARIA E COSTA, «A importância da recorrência no pensamento jurídico. Um exemplo: a distinção entre o ilícito penal e o ilícito de mera ordenação social», *Cit.*, pp. 5 e 6.

tegidos pelo Direito Criminal tenham, segundo FEUERBACH[14], uma fundamentalidade anterior ao próprio Direito (positivo), ao passo que os compreendidos no âmbito do Direito Penal de Polícia apenas adquiram tal dignidade após uma pronúncia expressa do Estado. Assim, ao contrário do Direito Penal de Justiça, que era como que intemporal e, por isso, menos suscetível à mutabilidade, o Direito Penal de Polícia estaria exposto a um certo relativismo espacial, temporal e até moral.

Nas palavras de K. TIEDEMANN[15], no século XIX vinga a ideia de que *"entre as duas espécies de ilícitos não medeia qualquer diferença de natureza, mas apenas de grau"*, pois que tanto o Direito Penal de Polícia, como o Direito Criminal estavam ao serviço da garantia de bens juridicamente protegidos, ainda que o primeiro se circunscrevesse às situações em que tais bens se encontrassem em *perigo* e o segundo às hipóteses em que esses bens fossem efetivamente alvo de *lesão*.

Apesar de se adotar, em grande parte dos Códigos Penais de novecentos, uma visão tripartida dos ilícitos em *"crimes – delitos – contravenções"* – estando aqui patente uma clara influência do Código Penal Francês de 1810[16] –, a verdade é que tal divisão, como refere COSTA ANDRADE, relva apenas para efeitos *intrapenais*.

[14] Uma ideia que se encontra, aliás, vertida – como dão conta COSTA ANDRADE e ALEXANDRA VILELA – no § 2, nº 4 do Código Penal da Baviera de 1813, cujo autor é justamente FEUERBACH, em que as infrações de polícia são definidas como "as ações ou omissões que em si e por si não lesam direitos do Estado ou de um súbdito, mas que são impostas ou proibidas sob a cominação de uma pena por causa do perigo para a segurança e a ordem jurídica".

[15] *Vide*, K. TIEDEMANN, *Verwaltungsstrafrecht und Rechtsstaat*, Österreichische Juristenzeitung, 1972, pp. 286 e ss. *Apud*, ALEXANDRA VILELA, *O Direito de Mera Ordenação Social: entre a ideia de «recorrência» e a de «erosão» do Direito Penal Clássico, cit.*, pp. 93-94.

[16] Uma divisão que nem mesmo no ordenamento jurídico francês esteve isenta de críticas. Um dos grandes críticos dessa opção foi ROSSI, que acreditava que a tripartição das infrações no Código Penal Francês, feita com base em critérios puramente arbitrários, espelhava *"o espírito do Código e do legislador"*. Ver, ROSSI, *Traité de droit pénal*, Société Belge Librairie, Bruxelles, 1841, p. 30. *Apud*, FARIA COSTA, *op. cit.*, p. 30.

Assim sendo, tanto os crimes, como os delitos e as contravenções[17], passariam a assumir-se como tipos infracionais passíveis de colidir com os bens jurídicos e, por esse motivo, justificar-se-ia que todos eles fossem tratados de forma unitária.

Fica aqui traçado, em linhas muito breves, o percurso histórico e político que levou a que, no século XIX, se desenvolvesse um movimento de *criminalização, hipertrofia criminal* ou de *hipercriminalização* que, como adiante veremos, sofrerá um revés a partir de meados do século XX, sobretudo após os grandes conflitos mundiais.

2. As novas conceções de *Estado* e de *Homem:* suas influências na génese do "Direito Penal de Ordem"

Como se compreende, a passagem de um fenómeno de hipertrofia criminal para um movimento de sentido contrário, isto é, de descriminalização, não sucedeu de forma abrupta. Poderíamos lançar como uma primeira causa justificativa desta alteração de paradigma o repensar, por assim dizer, do Direito Penal. De facto, a linha de tensão entre o Direito Penal e o *Direito Penal de Ordem* é tal que, pelo menos até dada altura – já na reta final do século XIX –, é seguro afirmar que qualquer dilatação ou esvaziamento do segundo ramo se ficou a dever a transformações estruturais operadas dentro do primeiro.

Não obstante, consideramos que a necessidade que foi sendo sentida, a partir dessa altura, de se renovar o Direito Penal se deveu, primeiro que tudo, a uma alteração fortíssima na forma como se passou

[17] Entre nós, e profundamente inspirado pelas doutrinas italianas, Henriques da Silva avançou um critério de distinção entre crime e contravenção, a partir de qual se reconduziriam às contravenções as transgressões previstas em normas de natureza preventiva, na medida em que as atuações em causa *"encerram um perigo de dano individual ou social"*. Na esteira de Tarde, o autor liga as contravenções à prosperidade pública, no sentido em que a existência destas constitui, por si só, um indício seguro do progresso de um Estado. *Cfr.* Henriques da Silva, *Contravention et délit (Rapport au VII Congrès de l'Union Internationale de Droit Pénal)*, ed. Typographie de L'Université (Coimbra, 1897), p. 6.

a entender o *Estado* e, por conseguinte – como não poderia deixar de ser –, também o próprio *Homem*.

No rescaldo das agitadas experiências bélicas que marcam todo o século XX, o Estado como que abraça a comunidade; a ele é *"cometida a cura da constituição da sociedade*[18]*"*. Os cidadãos passam a confiar na prestação de determinados serviços públicos, essenciais para a prossecução da sua própria existência e esta, por sua vez, torna-se cada vez mais complexa e exigente. Do Estado espera-se, sobretudo a partir do pós-guerra, proteção, prestação e apaziguamento: a proteção no seu sentido mais embrionário de apelo à segurança, quer seja à segurança externa, quer no que diga respeito à prevenção e ao combate das agressões perpetradas dentro das suas próprias fronteiras; a prestação enquanto expressão de um novo braço de atuação estadual, associada ao fornecimento de bens e serviços, à subsidiação dos indivíduos nos momentos de maior fragilidade, gerando-se, a partir de dado momento, um fenómeno de pura dependência dos cidadãos face ao Estado; e o apaziguamento, enfim, dos conflitos, de maior ou menor monta, que quotidianamente se vão gerando dentro da comunidade.

Estas novas funções do Estado imprimiram importantes alterações nos mais diversos domínios, um dos quais, como se verá – e como acima também já se adiantou – será o jurídico-penal.

3. Os primeiros critérios de distinção entre o Direito Criminal e o "Direito Administrativo Penal": de Goldschmidt a Wolf

Logo nos primeiros anos do século XX, James Goldschmidt reacende a discussão sobre a distinção entre o Direito Penal e o *Direito Administrativo Penal*[19], desenvolvendo uma tese favorável à autonomia

[18] *Cfr.* Rogério E. Soares, *Direito Público e Sociedade Técnica*, ed. Atlântida Editora (Coimbra, 1969), p. 88.

[19] Goldschmidt distinguia o Direito Administrativo Penal *(Verwaltungsstrafecht)*, que seria parte integrante do Direito Administrativo, do Direito Penal judicial *(Justizstrafrechet)*.

do ilícito administrativo face ao ilícito criminal, ainda que não em termos absolutos[20].

A diferença entre ambos os ramos do Direito assenta, fundamentalmente, e em primeiro lugar, nos diferentes domínios de atuação do Estado e, em segundo, na dupla dimensão do ser-humano, ora enquanto indivíduo, ora como parte integrante da comunidade em que está inserido.

Segundo GOLDSCHMIDT, a atividade do Estado volta-se, em primeira linha, para a defesa da esfera de liberdade e de poder de que cada indivíduo é titular, impedindo que terceiros a invadam e ofendam os seus interesses. A invasão ilícita desta esfera individual traduz-se numa ofensa de bens jurídicos individuais e constituirá um facto ilícito criminal, cominado com uma sanção com caraterísticas de *verdadeira pena*, que, em regra, se mostra mais gravosa e agressiva do que a prevista para os ilícitos administrativos[21].

O ilícito criminal ofenderia, então, determinados bens jurídicos individuais e fundamentais, dando lugar a um dano ou perigo de dano (*damnum emergens*).

[20] Como nos dá, aliás, conta COSTA ANDRADE, GOLDSCHMIDT assume uma comunicabilidade entre ambos os ilícitos, caracterizando-os como francamente mutáveis, pois que *"infrações que hoje são crime podem amanhã converter-se em infrações administrativas e vice-versa"*. *Vide*, COSTA ANDRADE, «Contributo para o conceito de contra-ordenação», *Cit.*, p. 97.

[21] Importa, no entanto, ter em consideração que, como relembra BELEZA DOS SANTOS, JAMES GOLDSCHMIDT rejeitou veemente as doutrinas que procediam a uma caraterização do Direito Administrativo Penal, enquanto ramo jurídico distinto do Direito Penal de Justiça, a partir da distinção das finalidades das penas adstritas a cada um deles. Isto é, ainda que a intensidade da pena seja diferente, desde logo porque o Direito Penal convoca, em regra, atitudes com intenções antissociais, que lesam bens juridicamente protegidos basilares, merecendo, por isso – por norma – uma punição mais severa, não poderá ser esta a via de separação entre ambos os ilícitos. Frisámos o "*em regra*" porque GOLDSCHMIDT considerava que não poderia, também, confundir-se os ilícitos administrativos com as *bagatelas criminais*, porquanto, não raras vezes, os primeiros mostravam-se mais lesivos e gravosos do que as segundas. Para melhores desenvolvimentos, veja-se BELEZA DOS SANTOS, "Ilícito Penal Administrativo E Ilícito Criminal," *Revista Da Ordem Dos Advogados, Nºs 1 E 2*, 1945, pp. 42-43.

Não obstante, o Estado tinha também a seu cargo tarefas que visavam a promoção do bem-estar da comunidade e o progresso social. Tais tarefas eram desempenhadas fundamentalmente pela administração, mas convocavam, lateralmente, uma atuação ativa e colaborante por parte dos particulares, que se revelaria imprescindível para que se alcance o desejado melhoramento da vida em sociedade[22]. Daí que GOLDSCHMIDT defenda que, neste particular, o objetivo não seja já evitar um dano, mas sim a obtenção de um lucro. Ora, nesta senda, quando o cidadão não assume uma tal atitude colaborante, seja ela comissiva ou omissiva, face à administração, sendo esse o seu dever[23], estar-se-á em face de um ilícito administrativo penal. Este facto ilícito vai, ao contrário do homólogo criminal, gerar, não um dano ou um perigo de dano, mas antes impedir ou dificultar a obtenção de uma vantagem para a comunidade (*lucrum cessans*) [24].

[22] Importa, aqui, realçar o caráter tendencialmente estático do Direito Criminal quando confrontado com o Direito Administrativo Penal, dotado de uma natureza iminentemente mutável. Nas palavras de GOLDSCHMIDT, a nós chegadas por intermédio de COSTA ANDRADE, no escrito já anteriormente citado (ver, em concreto, p. 96), *"o bem-estar nunca pode converter-se num estado, antes permanece sempre como uma meta, uma ambição insaciável. Por isso, a Administração nada tem a ver com um resultado acabado, mantendo-se sempre em ação"*. Não podemos deixar de referir que esta teorização em muito se assemelha à construção elabora por FEUERBACH relativamente aos possíveis critérios distintivos do Direito Penal de justiça face ao Direito Penal de Polícia.

[23] GOLDSCHMIDT defende que, à semelhança do que sucede no direito das obrigações, no Direito Administrativo Penal deve ser alvo de censura *"quem dolosamente ou por negligência não cumprir um dever jurídico administrativo"*. *Cfr.* JAMES GOLDSCHMIDT, *Die Delikts Obligationem des Verwaltunge rechts*, 1905, p. 17. *Apud*, BELEZA DOS SANTOS, «Ilícito Penal Administrativo e Ilícito Criminal», *Cit.*, p. 41. Ainda neste particular, veja-se também NUNO BRANDÃO, *Crimes e Contra-Ordenações: da Cisão à Convergência Material*, ed. Coimbra Editora (Coimbra, 2016), p. 29.

[24] Apenas uma nota para, em traços muitíssimo breves, dar conta das principais críticas que BELEZA DOS SANTOS estabelece relativamente a toda a construção dogmática empreendida por GOLDSCHMIDT. O autor lança, em primeiro lugar, uma crítica dirigida à finalidade das penas no âmbito do Direito Penal, em sentido estrito, e no Direito Administrativo geral, considerando que são (e devem ser) idênticas, ainda que admita que a prossecução desses fins, em cada um desses domínios, possa exigir meios de diversa intensidade. Por outro lado, BELEZA DOS SANTOS entende que a definição de ilícito administrativo avançada por GOLDSCHMIDT, segundo a qual este se refere à

Porém, como relembra COSTA ANDRADE, apesar de GOLDSCHMIDT introduzir como um dos critérios de distinção, entre o Direito Penal e o Direito Administrativo Penal, a agressão de *bens jurídicos,* no primeiro, e a mera desobediência às ordens da administração, no segundo, em momento posterior, começa o autor a defender que também os interesses da administração estadual constituem bens jurídicos[25]. Ou seja, passa a considerar que tais interesses consistem, na verdade, em valores de um *bem geral*, que cumpre à administração defender. A partir daqui, altera-se a tónica no pensamento de J. GOLDSCHMIDT, que passa a associar à ordem jurídico-penal à violação dos valores éticos da comunidade, enquanto verdadeiras manifestações da vontade geral *(allgemeinen Willen)*. Por sua vez, as normas do Direito Administrativo Penal resultariam de uma vontade especial do (e exteriorizada pelo) Estado[26]. Ou seja, tais convicções axiológicas partem, não da consciência comum dos indivíduos, mas da emanação de declarações externas do Estado *(Sondervillen)*, justificando-se, uma vez mais, o caráter tendencialmente maleável deste último ramo do Direito Sancionatório face ao Direito Penal de Justiça.

As teorias que advogavam a distinção do Direito Administrativo Penal do Direito Penal de Justiça em termos qualitativos foram posteriormente desenvolvidas por ERIK WOLF. O autor segue a linha de pensamento de GOLDSCHMIDT, ainda que faça assentar a distinção

falta de colaboração do particular para com a administração, de forma a alcançar-se o bem-estar da comunidade, não se coaduna a todas as categorias de infrações abrangidas pelo Direito Administrativo Penal – assim teorizado –, pois que, especialmente no domínio das infrações fiscais e de polícia *"compreendem-se muitas que representam verdadeiras ofensas, dano ou perigo* [de dano] *de bens jurídicos alheios, embora de pequena gravidade"*. Na opinião do autor, em suma, o ilícito administrativo não tem uma estrutura que exija, nem justifique, *"um regime jurídico-penal inteiramente distinto e de feição administrativa predominante"*. *Vide,* do autor, «Ilícito Penal Administrativo E Ilícito Criminal», *cit.*, pp. 44 a 49.

25 Ver, por todos, COSTA ANDRADE, «Contributo para o conceito de contra-ordenação», *Cit.*, pp. 96 e ss.

26 A este propósito, veja-se NUNO BRANDÃO, *Crimes e Contra-Ordenações: da Cisão à Convergência Material, Cit.*, p. 37.

entre os dois ramos do Direito na diferença de sentido e de valores que cada um daqueles convoca.

Para WOLF, o Direito Administrativo Penal é, em termos materiais, Direito Administrativo e, formalmente, Direito Penal. Isto porque o delito administrativo deve buscar correspondência nos conceitos e categoriais formais do sistema jurídico-penal. Em concreto, os ilícitos administrativos devem configurar-se como atuações típicas, ilícitas e culposas, ou pelo menos censuráveis. É justamente pela sua distinta dimensão axiológica que o Direito Penal de Justiça e o Direito Administrativo Penal menos se tocam, porquanto o primeiro dá guarida ao valor do *Direito*, assumindo uma natureza tendencialmente estática, ao passo que o segundo tem em vista proteger um outro valor, de conteúdo progressivo, que cumpre ao Estado defender: o bem-estar geral *(Wohlfahrstwerte)*.

Ora, é a partir desta ideia de base que E. WOLF conclui que, ainda que formalmente os ilícitos administrativos devam corresponder às categoriais formais do Direito Penal, o sentido desses conceitos acaba por ser distinto consoante o ilícito que tenha sido perpetrado. O delito administrativo produzirá *"específicos danos estaduais ou sociais de dimensão reduzida*[27]*"*, reconduzindo-se a ilicitude destes à frustração dos objetivos delineados pelo Estado-Administração na sua atividade de desenvolvimento e expansão social.

A principal consequência de tais clivagens valorativas, desemboca nas diferentes reações do Estado face ao prevaricador no momento da aplicação das respetivas sanções. Ainda que ERIK WOLF defenda que as penas aplicadas ao autor de um ilícito administrativo sejam verdadeiras penas[28], tais sanções não devem, contudo, ter um sentido expiatório, mas meramente disciplinar[29].

[27] *Vide,* ERIK WOLF, «Die Stellung der Verwaltungsdelikte im Strafrechtssystem», *Beiträge zur Strafrechtswissenschaft, Festschrift für Reinhard von Frank zum 70, Bd. II (ed. J.C.B. Mohr)* (Tübingen, 1930), p. 565. *Apud,* COSTA ANDRADE, obra citada, p. 101.

[28] A reforçar esta ideia, veja-se FIGUEIREDO DIAS, «Para uma dogmatica do Direito Penal secundario (separata)», *cit.,* p. 24, nota 52.

[29] *Cfr.* COSTA ANDRADE, «Contributo para o conceito de contra-ordenação», *cit.,* pp. 100-101.

Com o desenrolar dos conflitos bélicos mundiais, sobretudo a partir da década de 1930, impulsionou-se de forma acentuada a atuação da administração no domínio sancionatório. Uma atuação particularmente notável no âmbito económico, área em que o intervencionismo estadual se fez sentir de um modo especialmente vertiginoso. Surge, a partir dos anos 30, um novo domínio de atuação sancionatória através da criação do Direito Penal de Ordem *(Ordnungsstrafrecht)*, que visava o sancionamento das condutas ilícitas dos operadores económicos. Tratava-se de uma subramificação do Direito Penal em que, no entanto, não se observavam as típicas garantias daquele ordenamento jurídico.

A administração surgia, neste particular, como detentora de uma ampla margem de discricionariedade, sendo-lhe dada a oportunidade de processar ou não processar as infrações de que tomasse conhecimento, mas também a possibilidade de optar pelo seu enquadramento (e sucessivo tratamento) no domínio do Direito Penal de Ordem – tendo, aqui, também um papel ao nível do sancionamento da conduta ilícita – ou, pelo contrário, aduzi-las ao Direito Penal de Justiça, convocando, neste caso, a ação dos tribunais.

Neste clima de uma intervenção estadual quase eufórica, as penas, em sentido próprio, uma vez que dotadas de uma especial efetividade, passaram a constituir o tipo de sanção privilegiado para toda e qualquer violação da ordem jurídica, mesmo daquelas que implicavam a violação de imperativos administrativos[30].

Com o término da II Guerra Mundial, começam a surgir vozes críticas relativamente à omnipotência da administração, advogando a necessidade de se convocar, também no domínio do Direito Penal extravagante, os princípios do Estado de Direito, sobretudo no que concerne ao princípio da separação de poderes, mas também a salvaguarda dos direitos e das garantias de defesa dos infratores.

Uma dessas vozes críticas – e porventura a mais sonante – foi a de Eberhard Schmidt que, com o intuito de salvaguardar o conteúdo

[30] *Cfr.* Figueiredo Dias, «Para uma dogmática do Direito Penal secundário (separata)», *cit.*., pp. 9-11.

ético do Direito Penal, considerando, para isso, necessário expurgar do seu núcleo algumas condutas que não compartilhavam dessa natureza axiológica, pugnou pela distinção qualitativa e material entre a atividade jurídico-penal e a repressão sancionatória levada a cabo pela administração, através de uma autonomização do Direito das Contraordenações face ao Direito Penal.

Fundamentalmente, SCHMIDT localiza as contraordenações no âmbito do Direito Penal Administrativo, mas não reconduz já todo o Direito Administrativo Penal ao Direito Contraordenacional, porquanto no âmbito daquele coexistiriam, quer os crimes (de natureza administrativa), quer as contraordenações, em sentido estrito.

Não obstante, também para SCHMIDT, o ilícito administrativo (a que chama *contraordenação*) resulta da violação de um essencial dever de colaboração dos cidadãos para com a administração[31]. Esta forma de ver as coisas, acaba por ter uma forte influência no conceito de ilicitude que veio a associar às contraordenações, na medida em que estas não lesariam bens jurídicos: quanto muito, agrediriam os interesses administrativos porque obstavam ao normal e saudável fun-

[31] Para EBERHARD SCHMIDT, no âmbito do Direito Económico – um dos espaços centrais no domínio da atividade sancionatória da administração – refletem-se particularmente as linhas de intervenção do Estado. Repare-se que, a partir do pós-guerra, o leque de tarefas do Estado alarga-se, competindo-lhe, também, um papel prestador e conformador. Ora, para que o Estado prosseguisse tais tarefas e alcançasse tais interesses, seria essencial a manutenção de uma boa ordenação, sobretudo na esfera económica, sendo necessária a imposição de determinados limites à *"vontade de realização profissional e económica"* dos indivíduos. Esse ponto de equilíbrio entre os interesses do Estado e os interesses individuais seria encontrado pela atuação administrativa, exigindo-se, para o efeito, uma atitude colaborante dos particulares, considerados *"órgãos auxiliares"* da administração. Para desenvolvimentos mais profundos, veja-se COSTA ANDRADE, «Contributo para o conceito de contra-ordenação», *op. cit.*, pp. 104 e ss. Relativamente a este último ponto, também EDUARDO CORREIA escreveu *"o espírito do Estado social conduziu (...) a uma larga intervenção (...) nos mais variados domínios, desde o económico, social ou cultural e até ao do tráfego. À sua luz (...) impõem-se diretivas e condutas com vista à prossecução do Bem-estar social. O que tudo importa que se estendam aos cidadãos e às instituições o dever de colaborar na realização desses fins, transformando-os, nessa medida, em órgãos da Administração"*. *Cfr.* do autor, «Direito Penal e Direito de Mera Ordenação Social», *Cit.*, p. 259.

cionamento da máquina administrativa. Pelo contrário, na redoma do Direito Penal encontrar-se-iam aquelas atuações que, de facto, constituíssem uma agressão a bens jurídicos vitais e estruturantes da comunidade, fossem estes de natureza individual ou coletiva.

Eis o que de inovador há em SCHMIDT: o mérito de romper com a homogeneidade do Direito Penal Administrativo e, em particular, do Direito (Penal) Económico, dando, com isto, uma nova força e uma legitimidade reforçada ao próprio Direito Penal de Justiça; mas também a sedimentação da ideia de que um núcleo bem delimitado de condutas, que contendessem veementemente com a capacidade de o Estado realizar as providências de caráter público das quais dependiam os particulares, poderiam ser também criminalmente reprimidas. O enquadramento dos ilícitos no domínio criminal ou contraordenacional dependeria, então, da observância de dois critérios: (*i*) um critério objetivo (a lesão ou o perigo de lesão de bens jurídicos, no caso dos crimes, e a desobediência dos comandos administrativos, quando resulte numa frustração dos interesses da comunidade, no caso das contraordenações) e (*ii*) um critério subjetivo (por um lado, a natureza eticamente indiferente dos delitos contraordenacionais e, por outro, a ressonância ética do ilícito criminal).

O papel cada vez mais interventivo dos Estados que, como vimos, se acentua especialmente no pós-guerras, fez com que proliferassem as contraordenações. A ajudar este fenómeno expansionista, surgem também os movimentos de descriminalização, nos mais variados domínios, desde logo no rodoviário[32], mas também no administrativo. Por outro lado, as contraordenações vieram dar resposta a uma pre-

[32] No ordenamento jurídico alemão, este processo iniciou-se em 1968, com a conversão das contravenções rodoviárias em contraordenações. Esta tendência foi, posteriormente, seguida em diversas outras matérias, até que, em 1975, tem lugar a reforma penal da República Federal Alemã, no âmbito da qual é extinta a figura das contravenções. Em virtude desta reforma, houve contravenções que adquiriram o estatuto de crimes e outras que passaram a figurar no ordenamento jurídico-sancionatório como contraordenações. Uma opção legislativa não isenta de críticas, realçando-se, neste particular, o entendimento de KNAPP, que considerava que as contraordenações rodoviárias se coadunariam mais com as infrações de perigo abstrato, na medida em que contendiam com bens jurídicos pessoais. *Vide*, KNAPP, «Das recht der ordnungswidri-

mente necessidade de se encontrar um meio adequado para o sancionamento das pessoas coletivas[33] pela prática de determinado tipo de infrações, que até então inexistia.

4. O problema da conceptualização das contraordenações a partir do critério da neutralidade ética do ilícito

Foram já aqui enunciados, em termos breves, os principais tópicos da proposta de distinção entre Direito Penal e Direito Contraordenacional erigida por SCHMIDT. Apesar dos valiosos contributos do autor para o traçar de uma linha divisória entre ilícito penal e ilícito contraordenacional, sendo mais do que justo apelidá-lo de *pai* do Direito das Contraordenações, a verdade é que cedo se manifestaram vozes críticas relativamente às suas conclusões.

Os pontos de maior discórdia assentam, essencialmente, na associação do ilícito contraordenacional a uma neutralidade axiológica, mas também à solidificação da ideia de que apenas os crimes lesam ou põem em perigo bens jurídicos.

Segundo COSTA ANDRADE, o grande ponto fraco dos autores que advogam as teses qualitativas é o de associarem ao Direito Penal uma *"função exclusiva das conceções éticas historicamente dominantes"*, acabando necessariamente por deslocar o problema da distinção entre os dois ilícitos *"para um plano transjurídico*[34]*"*.

Pelo contrário, sustenta o autor que também as contraordenações espelham a tutela de interesses e valores individuais e supraindivi-

gkeiten», *JuS, nº 9*, 1979, pp. 609-610. *Apud*, ALEXANDRA VILELA, *O Direito de Mera Ordenação Social: entre a ideia de «recorrência» e a de «erosão» do Direito Penal Clássico, cit.*, p. 92.

[33] Um problema que é, também, referido por EDUARDO CORREIA: *"(...) a cada passo, leis relativas à economia, à defesa da concorrência, fiscais, bancárias, etc., prevêem* [sic] *a que se proíbam e punam não apenas atividades de pessoas singulares, mas também comportamentos imputáveis a pessoas coletivas. Este tipo de prescrições mal, porém, se harmoniza com a natureza da responsabilidade criminal, que é, essencialmente individual"*. Ver, a este propósito, do autor, «Direito Penal e Direito de Mera Ordenação Social», *Cit.*, p. 262. Para melhores desenvolvimentos, veja-se também J. FARIA COSTA, *Noções Fundamentais de Direito Penal (fragmenta iuris poenalis), cit.*, pp. 31 e 32.

[34] *Vide*, COSTA ANDRADE, «Contributo para o conceito de contra-ordenação», *cit.*, p. 112.

duais, ainda que o façam, por vezes, de forma incidental ou indireta; por outro lado, vão sendo inseridas no domínio jurídico-contraordenacional condutas que já não se traduzem em meras violações de interesses da administração[35]. E no que ao Direito Penal respeita, é também possível vislumbrarem-se casos, sobretudo em contextos históricos e políticos de maior conturbação social e de crise, em que se criminalizam condutas que não colidem com as conceções éticas dominantes.

Esta indefinição coloca-nos – e aqui acompanhamos, em pleno, Costa Andrade – perante a difícil tarefa de, em dados momentos, saber se uma dada conduta é crime por assumir relevância ética, ou se, pelo contrário, a conduta adquire, perante a comunidade, um especial conteúdo axiológico por se encontrar criminalizada.

Não parece ser, então, fácil aceitar que todo o bloco contraordenacional se subsuma a uma *neutralidade ética*, do mesmo modo que se mostra duvidoso conceber, na esteira de Jescheck, a ideia de que o Estado possa atuar repressivamente sobre os cidadãos, censurando as suas condutas, se a estas não estiver associado um juízo de censura que suscite reprovação[36]. Ou seja, ainda que se esteja no domínio do Direito Sancionatório *de ordem*, é difícil reconhecer-se a existência de um ilícito ética e socialmente indiferente.

É, assim, seguro – acompanhando a doutrina portuguesa maioritária – sustentar a afirmação de que a distinção entre os dois ilícitos não pode reconduzir-se unicamente, quer ao critério que assenta na violação de bens jurídicos, quer ao critério do conteúdo ético dos ilícitos subjacentes.

Então, quais são as propostas avançadas neste domínio? Se os argumentos apresentados por Goldschmidt, Wolf e Schmidt parecem não satisfazer, devemos simplesmente sustentar que entre

[35] Veja-se, por todos, Nuno Brandão, *Crimes e Contra-Ordenações: da Cisão à Convergência Material, cit.*, p. 84.

[36] *Cfr.* Hans-Heinrich Jescheck, «Das deutsche Wirtschaftsstrafrecht», *JuristenZeitung, nr. 15/16*, Agosto de 1959, p. 461. *Apud*, Costa Andrade, «Contributo para o conceito de contra-ordenação», *já citado*, p. 110.

o Direito de Ordenação Social e o Direito Penal não existe qualquer diferença?

Parece-nos que não. E este foi também o entendimento de diversos autores que, desde meados do século XX até à atualidade, têm vindo a desenvolver raciocínios justificadores dessa distinção. Há, contudo, uma heterogeneidade de soluções, desde as que consagram (*novos*) critérios de natureza material e qualitativa até às que pugnam por uma distinção baseada apenas em pressupostos de índole formal ou quantitativa. Estas teses merecem, nesta sede, uma breve (porventura *brevíssima*) análise.

5. Soluções alternativas avançadas pela doutrina

5.1. O desenvolvimento de critérios quantitativos ou formais

Apesar dos importantes avanços introduzidos por SCHMIDT no domínio da distinção entre o ilícito penal e o ilícito contraordenacional, a verdade é que, com o frenético aumento dos ilícitos contraordenacionais que se verifica a partir de meados do século XX, tornam-se as suas propostas incompatíveis com a realidade. A ideia de que apenas o Direito Penal está ao serviço da proteção dos bens jurídicos, ao passo que ao Direito de Ordenação Social caberia apenas disciplinar os casos de desobediência às ordens administrativas e à violação dos interesses da administração, mostra-se desadequada ao surgimento de um sem número de contraordenações que acabam por tutelar bens jurídicos e se mostram reveladoras de conteúdo ético-social (é o que se passa, a título de exemplo, no domínio da indústria de produção de medicamentos, alimentar, em algumas contraordenações tributárias, e até na proteção laboral, entre outros[37]). Torna-se, assim, impossível reconduzir todas as contraordenações à categoria de meras bagatelas[38].

Questiona-se, por isso, se também os interesses do Estado e da administração não assumem, afinal, o estatuto de bens jurídicos dig-

[37] Para melhores desenvolvimentos, veja-se NUNO BRANDÃO, *Crimes e Contra-Ordenações: da Cisão à Convergência Material, cit.*, pp. 84-85 e 88-89.

[38] Neste sentido, veja-se COSTA ANDRADE, na esteira de AMELUNG, em «Contributo para o conceito de contra-ordenação», *cit.*, p. 116.

nos de tutela, cuja violação resulta numa autêntica ilicitude material. Na verdade, os danos administrativos podem, sobretudo no contexto do Estado Social, produzir sérios efeitos negativos com relevo para toda a comunidade.

Não sendo possível colocar em prática os critérios distintivos de SCHMIDT que, como referimos, assumiam uma natureza qualitativa, começou a doutrina a questionar se o Direito das Contraordenações seria, não um *aliud*, mas um *minus* do Direito Penal.

É justamente nesta linha de pensamento que se colocam os defensores das *teorias formais ou quantitativas*: entre Direito Penal e Direito de Ordenação Social não existe uma qualquer diferença de foro material, pois que o que separa ambos os ilícitos são critérios de quantidade, que se relacionam com o grau de gravidade que a cada um deles se associa. Entre ambos os campos normativos haveria, então, uma relação de verticalidade.

De entre os autores que se posicionam neste sentido, cumpre-nos destacar JESCHECK, não só pelo facto de ter sido pioneiro na introdução de critérios distintivos puramente formais, mas também por lançar argumentos que acabaram por ser replicados, ainda que, em alguns casos, com ligeiras oscilações, pela maioria dos restantes defensores das teorias quantitativas[39].

Segundo JESCHECK, mostra-se incompatível com a realidade jurídico-sancionatória conceber que a distinção entre contraordenações e crimes se reconduza a um critério de neutralidade ética quando, na verdade, no domínio contraordenacional se sancionavam condutas que lesam bens jurídicos, inclusivamente de natureza individual. O ilícito penal e o de ordenação social partem de um denominador comum, que é a perigosidade que representam para os bens jurídicos, pese embora, no primeiro caso, essa lesão se traduza numa "*violação insuportável para a comunidade*[40]", ao passo que no segundo a

[39] A título de exemplo, podem indicar-se os nomes de WEZEL, MITSCH e, entre nós, de PEDROSA MACHADO e NUNO LUMBRALES.

[40] *Cfr.* ALEXANDRA VILELA, *O Direito de Mera Ordenação Social: entre a ideia de «recorrência» e a de «erosão» do Direito Penal Clássico, cit.*, pp. 217.

expressão do desvalor jurídico é muito menos acentuada, ou reconduzível a uma perigosidade abstrata.

Por ser assim, no que respeita às contraordenações, o agente não deve ser alvo de uma censura de alto nível por parte do Estado, não sendo justificável a aplicação de uma pena criminal pela prática do ilícito. Ou seja, no fundo, o grau de perigosidade diverso tem como consequência um grau igualmente diferenciado ao nível da sanção.

A partir daqui, foi possível sossegar, pelo menos temporariamente, as (legítimas) inquietações da doutrina. De facto, como denota J. FARIA COSTA, com o passar do tempo *"depois da euforia da adopção de um critério qualitativo em ordem a distinguir o Direito Penal do direito de mera ordenação social"*, a doutrina alemã *"cai em euforia não menos intensa para afirmar, agora, as excelências ou mesmo a necessidade lógica da ideia de que a destrinça entre aqueles dois campos normativos se reconduz a uma questão funcional de grau*[41]*"*.

Então, qual o problema que se coloca, quanto a nós, em face de tais critérios de índole formal e, em especial, o que é desenvolvido pelo autor aqui em análise? É que uma tal conceção das coisas, levou JESCHECK a concluir que *"no fundo, o que está em causa nas contraordenações é apenas isto: destacar, de entre o somatório das infrações socialmente intoleráveis, através de uma decisão positiva e discricionária do legislador, aquelas que, pela menor relevância do bem jurídico ou pelo caráter puramente abstrato do perigo, revelam menor dignidade penal, mas não podem ser pura e simplesmente remetidas para o direito civil*[42]*"*. O que podemos concluir de uma tal afirmação é que, aceitando tal entendimento, acaba por estar nas mãos do legislador a decisão, altamente subjetiva, de qualificar uma dada conduta como crime ou contraordenação, fazendo-o com base na determinação da gravidade da mesma, critério que, como sustenta COSTA ANDRADE, não se revela minimamente objetivo[43]. Bem se adivinham as implicações, quer do ponto de vista da severi-

[41] *Vide*, FARIA COSTA, *O perigo em Direito Penal (contributo para a sua fundamentação e compreensão dogmáticas)*, *cit.*, p. 456.

[42] *V.*, JESCHECK, «Das deutsche Wirtschaftsstrafrecht», *cit.*, p. 461.

[43] *Cfr.*, COSTA ANDRADE, «Contributo para o conceito de contra-ordenação», *cit.*, p. 116.

dade da sanção, quer também no que respeita ao nível do processamento dos ilícitos, das garantias e da própria mácula social associada ao agente que resultam de uma tal opção. Implicações que temos por tão significativas e estruturantes, que nos parece não ser de aceitar uma solução desta estirpe.

5.2. O desenvolvimento de critérios qualitativos alternativos e o subsequente espaço conferido às teorias ecléticas

5.2.1. O conteúdo ético da conduta como critério material primário e o critério quantitativo como critério complementar

Ainda em meados do século XX, autores houve que tentaram traçar distinções de índole qualitativa entre o Direito Penal e o Direito das Contraordenações sem, contudo, abraçar, para o cumprimento de tal propósito, o paradoxo de um ilícito eticamente indiferente.

Lange, posteriormente seguido por Michels, defende que a distinção assente na carga ética deve reconduzir-se, não ao ilícito, mas às condutas em si mesmas consideradas e independentemente das respetivas qualificações jurídicas.

Assim, no que diz respeito ao Direito Penal, estar-se-á já perante condutas axiologicamente valoradas como negativas, cabendo à lei um papel meramente declarativo, no sentido em que descobre e acompanha o ilícito, mas não o constrói. Nas palavras de Costa Andrade, o que está aqui em causa é *"converter em desvalor jurídico o que é de forma evidente um desvalor ético-social*[44]*"*. Assim, no que concerne ao "verdadeiro crime" (batizado por Michels como *echte Straftat)*, é a ilicitude material que fundamenta a proibição normativa (ilicitude formal).

Já no que se refere ao domínio contraordenacional, a norma sancionatória emanada pelo Estado será uma norma simultaneamente de *determinação* e de *valoração*, na medida em que sujeitará a censura condutas que, em si mesmas, são eticamente indiferentes, mas às quais se confere, por via legal, contrariedade. Assim, diferentemente

[44] *Vide*, Costa Andrade, «Contributo para o conceito de contra-ordenação», *cit.*, p. 114.

do que sucede no Direito Penal clássico, no Direito de Ordenação Social o fundamento da ilicitude material é a própria ilicitude formal, isto é, a ilicitude resulta de uma valoração proibitiva do próprio legislador.

Destarte, quer para LANGE, como para MICHELS, o fundamento jurídico da sanção contraordenacional não é o ferimento do bem jurídico, mas a infração a uma norma estadual[45].

Mais tarde, e entre nós, FIGUEIREDO DIAS, profundamente inspirado naqueles autores, desenvolve um critério distintivo entre Direito Penal clássico e Direito de Ordenação Social que, segundo o autor, se caracteriza como um *critério material* e não *qualitativo*[46].

Em primeiro lugar, FIGUEIREDO DIAS sustenta que, sendo certo que todo o ilícito tem como pressuposto a ofensa de um bem juridicamente protegido, no que respeita ao Direito Penal clássico, este bem é facilmente apreensível, quer expressa, quer implicitamente, na própria conduta do agente. Pelo contrário, no Direito das Contraordenações, o bem jurídico localiza-se fora da conduta, sendo apreensível apenas quando esta se conexiona com a norma legal que a proíbe ou censura[47].

A delimitação entre os dois ilícitos reconduzir-se-á, então, a uma ideia de indiferença axiológica e social, mas esta não se associa, como já se equacionou, aos ilícitos – pois que estes *"supõem já realizada a valoração legal"* –, mas às condutas que os sustentam.

Assim, o autor advoga que os crimes fazem apelo a condutas cujos elementos constitutivos suportam já uma valoração, seja ela social, cultural ou moral, independentemente da proibição encerrada na norma jurídica.

[45] Ver, a este respeito, ALEXANDRA VILELA, *O Direito de Mera Ordenação Social: entre a ideia de «recorrência» e a de «erosão» do Direito Penal Clássico, cit.*, p. 196.

[46] Veja-se, do autor, «Para uma dogmatica do Direito Penal secundario (separata)», *cit.*, p. 26.

[47] *Cfr.* JORGE DE FIGUEIREDO DIAS, *Temas Básicos da Doutrina Penal: «Do Direito Penal Administrativo ao Direito de Mera Ordenação Social»*, ed. Coimbra Editora (Coimbra, 2002), pp. 146 e 147.

Em sentido contrário, no Direito de Ordenação Social, o substrato da valoração jurídica não pode ser apenas constituído pela conduta em si mesma, devendo estar sempre acompanhado de um elemento essencial que é a própria proibição legal. Ou seja, a conduta em si mesma não é censurável de um ponto de vista axiológico, pelo que não pode, pelo menos autonomamente, ser alvo de qualquer valoração, nem, por esse mesmo motivo, de censura. No entanto, quando a esta conduta se correlaciona a proibição legal, através de um comando estadual externo, fica-se perante um *"substrato complexo (...) que suporta a valoração da ilicitude*[48]*"*.

Esta linha condutora em ordem de uma distinção *material* entre o domínio jurídico-penal clássico e o contraordenacional é também seguida por GERMANO MARQUES DA SILVA, para quem *"a distinção material entre crime contra-ordenação verifica-se ao nível da eticidade da conduta: neutralidade ética da conduta que integra o ilícito de mera ordenação social, por contraposição ao desvalor da conduta que integra o ilícito penal*[49]*"*.

O que é verdadeiramente original em FIGUEIREDO DIAS, quando se confronta a sua teorização com a de LANGE e MICHELS, é o facto de autor admitir, como complemento ao critério da distinção material entre os dois ilícitos, a existência um critério adicional de tipo quantitativo. De facto, FIGUEIREDO DIAS considera que existem zonas cinzentas em que a distinção entre ambos os ilícitos pode perder os seus contornos. No âmbito daquelas, ainda que estando sujeito aos critérios materiais enunciados, o legislador encontra-se perante uma *"questão discricionária*[50]*"* de classificar determinadas condutas como parte integrante do Direito Penal ou do Direito Contraordenacional. Tal não significa, contudo, que a distinção entre ambos os

[48] Para melhores desenvolvimentos relativamente à teorização de FIGUEIREDO DIAS, veja-se, do autor, *O problema da consciência da ilicitude em Direito Penal*, ed. Almedina (Coimbra, 1969), p. 376 a 383.

[49] *Vide*, GERMANO MARQUES SILVA, *Direito Penal Português, Volume I (Parte Geral. Introdução e Teoria da Lei Penal)*, ed. Verbo, 3ª (Lisboa, 2010), pp. 172 e ss.

[50] Esta ideia é firmada pelo autor em vários escritos seus, mas a título exemplificativo pode ver-se a obra *Temas Básicos da Doutrina Penal: «Do Direito Penal Administrativo ao Direito de Mera Ordenação Social», cit.*, pp. 148 e ss.

ramos do direito sancionatório, geralmente considerado, tenha uma natureza material, mas também não obsta a que sejam convocados, em certas situações limite, critérios adicionais, desde logo quantitativos. No fundo, tais critérios exigem que a conduta tenha de assumir "*um mínimo ou um certo limitar de gravidade objetiva*[51]" para que possa efetivamente assumir relevância axiológico-social e ser alvo de censura, ora jurídico-penal, ora contraordenacional, pelo que tais critérios de quantidade acabam por se converter em critérios de verdadeira qualidade.

O que, no fundo, o autor pretende demonstrar é que em determinados domínios existem zonas de fronteira onde, para que a conduta assuma, de facto, relevância axiológica suficiente para que o seu agente seja alvo de uma censura mais gravosa, será necessário que ela seja dotada um certo *mínimo indispensável* de gravidade que justifique uma sanção penal em detrimento da sanção contraordenacional. Importante é que o Direito Criminal não seja chamado a intervir nos casos em que as condutas perpetradas não assumam uma tal gravidade, quer do ponto de vista do seu efeito social (manifestação externa), quer no que respeite à personalidade e à atitude interna do agente (manifestação interna), que a legitime a todos os níveis, sob pena de se entrar em colisão com os princípios da proporcionalidade e da subsidariedade, tão caros ao Direito Penal[52].

[51] *Cfr. Ibidem*, p. 148.

[52] MÁRIO FERREIRA MONTE introduz, ainda, um critério subsidiário teleológico, de política criminal e da desnecessidade da pena para a distinção entre ambos os ilícitos. O autor parte do pressuposto de que a distinção entre o Direito Contraordenacional e o Direito Penal assenta num critério qualitativo, mas fundamenta-se uma tal distinção em considerações de política criminal, considerando, desde logo, que o ilícito penal é determinado com base em condutas com conteúdo axiológico-social relevante, regendo-se por critérios de perigosidade ou lesividade. Por seu turno, o Direito das Contraordenações, pese embora também tutele bens jurídicos, irá pautar-se por "*critérios de ordenação, em geral, de setores de atividade, reforçando, mediante sanções, um determinado modelo de gestão sectorial*". Essa gestão é assegurada através de normas que impõem ao particular uma ação ou omissão juridicamente relevante, ou proíbem determinados comportamentos. A violação de tais comandos resultará na produção do ilícito contraordenacional. Já para aquelas condutas que se localizam na zona de fronteira com

Na esteira de GERMANO MARQUES DA SILVA, quando se procede a um desdobramento do princípio jurídico-penal da proporcionalidade, deve atender-se com especial cuidado ao subprincípio da necessidade, que, por sua vez, se concretiza num *princípio da intervenção mínima* da lei criminal[53]. Antes de o Direito Penal entrar em ação, deve equacionar-se se as suas sanções são efetivamente necessárias e essa necessidade tem-se por verificada quando *"os fins prosseguidos pela lei* [penal] *não podem ser obtidos por outros meios menos onerosos*[54]*"*. O Direito Penal, enquanto ramo subsidiário de todo o ordenamento jurídico-sancionatório, só pode ser utilizado como instrumento de

o Direito Penal, continua a apregoar-se um critério político-criminal, este agora centrado na questão da desnecessidade de incriminação ou de pena criminal. Assim, na esteira de MÁRIO MONTE, quando estamos perante este tipo de condutas que apresentam dignidade penal, mas não têm necessidade de incriminação, a opção pela integração daquelas no ilícito de ordenação social e subsequente afastamento do ilícito penal resulta, não de um critério material qualitativo, mas de uma opção de política criminal. *Cfr.*, do autor, *Lineamento de Direito Das Contraordenações*, ed. AEDUM, 2ª (Braga, 2017), fundamentalmente pp. 62 a 85.

[53] Como relembram J. J. GOMES CANOTILHO e VITAL MOREIRA, a Constituição não prevê expressamente uma *obrigação constitucional de penalização*, nem mesmo uma *proibição constitucional de penalização*. Assim sendo, não se vislumbram, no texto constitucional, critérios que expressamente definam quais as condutas que podem ou devem ser punidas como crimes. Todavia, *"traduzindo-se as penas num sacrifício imposto ao condenado, é a penalização (mais do que a ausência dela) que normalmente carecerá de justificação"*. Essa justificação entronca fundamentalmente num critério de necessidade, em primeiro lugar e, em segundo, num critério de proporcionalidade de medida da pena, tendo sempre presente a ideia de que só poderão justificar as restrições de direitos que a punição penal acarreta, as violações dos direitos e interesses constitucionalmente protegidos. Em qualquer dos casos, por força do nº 2 do artigo 18º da CRP, a sanção criminal deve ser encarada como *subsidiária* relativamente a outras formas de punição dos infratores, destacando-se, neste particular, as sanções contraordenacionais e disciplinares. Assim sendo, parece ser o entendimento da melhor doutrina constitucional que a punição criminal só deverá ter lugar quando outros mecanismos sancionatórios se mostrem inapropriados ou insuficientes para garantir a salvaguarda daqueles bens constitucionais fundamentais. *Cfr.* J.J. GOMES CANOTILHO e VITAL MOREIRA, *Constituição da República Portuguesa Anotada – Vol. I*, ed. Coimbra Editora, 4ª (Coimbra, 2007), pp. 493 e 494.

[54] *Vide*, GERMANO MARQUES DA SILVA, *Direito Penal Português, Volume I (Parte Geral. Introdução e Teoria da Lei Penal)*, ed. Verbo, 1997, pp. 76.

tutela dos bens jurídicos quando a incriminação seja necessária e adequada. E isto obrigará forçosamente o legislador a tomar em consideração o princípio da subsidiariedade, desde logo na sua aceção restrita, obviando-se de incriminar condutas que lesem bens jurídicos quando a tutela destes se torne eficaz pela aplicação de sanções de natureza não penal[55] – desde logo, no que respeita às coimas –, na medida em que estas se revelam menos limitativas dos direitos fundamentais dos cidadãos.

É, no fundo, o apelo ao princípio da subsidiariedade do ordenamento jurídico-penal que orienta a opção por um critério complementar de natureza quantitativa preconizado por FIGUEIREDO DIAS, mas que já anteriormente havia sido avançado por KLAUS ROXIN[56].

Também ao nível da imputação da culpa, o regime sancionatório contraordenacional sofre importantes variações quando comparado com o Direito Penal. FIGUEIREDO DIAS considera, um pouco à semelhança de SCHMIDT e WOLF, que no domínio contraordenacional a culpa não se dirige à censura ética do agente, tratando-se antes de "*uma imputação do facto à responsabilidade social seu do autor*[57]", referindo-se, em suma, ao caráter censurável da conduta. Segundo o autor, podendo também falar-se em culpa no Direito Contraordenacional, a verdade é que esta subsiste em moldes bastante diferentes da culpa jurídico-penal. Destarte, socorrendo-se do anterior nº 2 do artigo 1º do RGCO, que admitia que em alguns casos expressamente previstos na lei a contraordenação fosse imputada ao agente independentemente do carácter censurável do facto, FIGUEIREDO DIAS considerou, a dada altura[58], que apenas no domínio do Direito Penal se poderia

[55] Sobre esta questão, veja-se também MÁRIO FERREIRA MONTE, *Da proteção penal do consumidor: O problema da (des)criminalização no incitamento ao consumo, cit.*, pp. 279 a 283.

[56] Veja-se, KLAUS ROXIN, *Derecho Penal, Parte General, Fundamentos. La estructura de la Teoría del Delito, Vol I. (traduzido por Diego-Manuel Luzón Peña, Miguel Díaz Conlledo e Javier Vicente Remesal)*, ed. Civitas (Madrid, 2003), pp. 66 a 71.

[57] *Vide*, FIGUEIREDO DIAS, «O movimento da descriminalização e o ilícito de mera ordenação social», cit., p. 331.

[58] Referimo-nos ao artigo «O movimento da descriminalização e o ilícito de mera ordenação social», por nós já citado, e que teve a sua publicação em 1983.

falar verdadeiramente de um princípio da culpa. Atualmente, e sobretudo desde a entrada em vigor do DL nº 244/95, de 14 de setembro[59], que suprimiu o nº 2 do artigo 1º do RGCO, não nos parece que essa hipótese seja concebível, valendo também no domínio do Direito das Contraordenações a ideia de que não há lugar a punição sem que se verifique a culpa do agente[60]-[61], o que, em todo o caso, se configura como uma exigência jurídico-constitucional aplicável a todos os ramos do Direito Sancionatório[62]. Apesar disso, acompanhamos Figueiredo Dias quando considera que, de qualquer modo, a culpa contraordenacional não se confunde com a culpa jurídico-penal.

5.2.2. O critério da dignidade penal do ilícito e (novamente) a intervenção do princípio da subsidiariedade da lei penal

O modelo teórico desenhado por Figueiredo Dias acabou por ter um amplo acolhimento na doutrina portuguesa, podendo mesmo sustentar-se que contou com a adesão da maioria dos autores[63]. Não obstante, houve espaço para que uma parte da doutrina, ainda que

[59] De notar que são vários os autores, desde logo Almeida Costa e Mário Ferreira Monte, que defendem que, mesmo na vigência do anterior nº 2 do artigo 1º do RGCO, não podia simplesmente concluir-se que poderia haver lugar à punição de uma conduta como contraordenação dispensando-se em absoluto o princípio da culpa. Ver, a este respeito, Mário Ferreira Monte, *Lineamento de Direito das Contraordenações*, ed. AEDUM, 2ª (Braga, 2017), pp. 152 e 153.

[60] Também no domínio contraordenacional tributário, parece ser ponto assente de que a culpa é, como aliás resulta do seu conceito legal, por um lado, um elemento constitutivo da contraordenação e, por outro, ainda um elemento ao qual o aplicador da norma deve atender aquando da graduação da respetiva sanção. A este respeito, veja-se Centro de Estudos Judiciários, *Contraordenações Tributárias (Ebook do CEJ – Coleção Formação Contínua)*, ed. CEJ (Lisboa, 2016), p. 16. Disponível em: http://www.cej.mj.pt/cej/recursos/ebooks/Administrativo_fiscal/eb_contraordenacoes_t_2016.pdf.

[61] Veja-se, ainda, a este respeito, mas relativamente ao RGCO, Augusto Silva Dias, «Crimes e contra-ordenações fiscais», em *Direito Penal Económico e Europeu: Textos Doutrinários (Vol. II – Problemas Especiais)*, ed. Coimbra Editora (Coimbra, 1999), p. 444.

[62] Neste sentido, também Tiago Lopes de Azevedo, *Da Subsidiariedade no Direito das Contra-Ordenações: Problemas, Críticas e Sugestões práticas*, pp. 98 a 100.

[63] Facto, aliás, evidenciado por, entre outros, Nuno Brandão. Veja-se, do autor, *Crimes e Contra-Ordenações: da Cisão à Convergência Material, cit.*, p. 271.

minoritária, avançasse com diferentes propostas e expusesse abertamente pontos de discordância com aquela tese.

Américo Taipa de Carvalho pode ser, aqui, avançado como exemplo. Para o autor, o ilícito contraordenacional é também um *aliud* e não um *minus* relativamente ao Direito Penal. No entanto, Taipa de Carvalho divide, como se verá, o ilícito contraordenacional em dois núcleos distintos, sendo que só a um deles pode ser aplicado um critério de distinção de natureza qualitativa face ao Direito Penal. É seguro, por isso, afirmar que para o autor a distinção material entre ambos os ramos jurídico-sancionatórios apenas se revela tendencialmente válida.

Vejamos com maior cuidado em quê que se distingue o autor da restante doutrina.

Se para Figueiredo Dias o que é axiológico-socialmente irrelevante no domínio contraordenacional é a conduta em si e não o ilícito, para Taipa de Carvalho, nem o ilícito, nem mesmo a conduta que configura a contraordenação se podem ter como socialmente irrelevantes, nem neutrais do ponto de vista ético.

Assim, na esteira deste autor, todas as contraordenações, e não apenas aquelas que se localizam na denominada *zona cinzenta* entre o Direito Penal e o Direito de Ordenação Social, compreendem necessariamente condutas que *"não são proibidas por proibir"*, mas antes *"em si mesmas socialmente desvaliosas e censuráveis*[64]*"*.

Sendo assim, a opção legislativa de graduar determinados elementos do tipo, desde logo com recurso a dados quantitativos – como sucede, por exemplo, no caso da condução sob efeito do álcool –, com a finalidade de os reconduzir a um ilícito criminal ou a um ilícito contraordenacional, não tem por base uma decisão arbitrária. A condução sob o efeito do álcool traduz, por si, uma atuação eticamente reprovável e socialmente perigosa; no entanto, a partir de determinado nível de alcoolemia, a conduta comporta um perigo social claramente superior e, por esse motivo, também mais censurável, devendo

[64] *Vide*, Américo Taipa de Carvalho, *Direiro Penal – Parte Geral (Questões Fundamentais, Teoria Geral do Crime)*, ed. Coimbra Editora, 2ª (Coimbra, 2008), p. 127.

ser punida como crime. Este salto gradativo dá-se, no entanto, de forma justificada.

Incumbe ao Direito das Contraordenações a tutela de valores sociais e individuais relevantes que, na sua maioria, não são considerados pela generalidade dos cidadãos como essenciais ou indispensáveis para a vida comunitária. Essa consciencialização social para a relevância de tais valores dar-se-á, nomeadamente, através do regime sancionatório das contraordenações, isto é, da repressão de tais condutas através da aplicação de coimas.

No fundo, AMÉRICO TAIPA DE CARVALHO considera que o que, em suma, distingue os ilícitos criminais da grande maioria dos ilícitos de ordenação social é a não inclusão desta última na categoria de ilícitos com *dignidade penal*. A parte mais significativa das contraordenações não implica uma agressão aos valores éticos mais fundamentais da vida em comunidade, sendo tal estrutura o objeto típico do Direito Penal.

Então, apenas as contraordenações que se integrem nesse amplo domínio de ilícitos sem dignidade penal podem ser distinguidas de um ponto de vista material quando confrontadas com os ilícitos criminais.

Por seu turno, as contraordenações que se localizem na já mencionada *zona de fronteira* entre o domínio penal e o contraordenacional, pelo facto de também comportarem uma violação, ou pelo menos a colocação em perigo, de valores ético-sociais estruturantes para a comunidade, apenas se inscreverão no domínio do ilícito de ordenação social por força do princípio da subsidiariedade da lei penal. Neste particular, o autor considera que se está perante condutas que poderiam muito bem ser criminalizadas, mas que não o são pelo facto de o legislador considerar que a sanção contraordenacional se mostra suficiente e adequada, mas também por se dever entender o Direito Penal como um instrumento de *ultima ratio*[65-66].

[65] A posição de TAIPA DE CARVALHO não foi, entre nós, recebida sem críticas. A título de exemplo, JOSÉ LOBO MOUTINHO insurge-se contra a posição daquele autor, considerando que, apesar de num primeiro momento se socorrer de um critério qualitativo, a dada altura parece aproximar-se mais de um critério de tipo formal ou meramente quantitativo. LOBO MOUTINHO vê na possibilidade de determinados bens jurídicos

Em qualquer dos casos, é seguro afirmar-se que, para TAIPA DE CARVALHO, no domínio contraordenacional são sempre tutelados valores e interesses sociais e não uma *"qualquer ordenação social"*. Tal conceção das coisas leva-o – e aqui acompanhamos em pleno o autor – a entender que não deve ser aposto, como parece ser usualmente feito, o qualificativo "mera" ao lado de Direito de Ordenação Social.

que, apesar de serem tidos, num dado momento histórico e cultural como essenciais para uma comunidade, serem tutelados pelo Direito das Contraordenações somente por o legislador considerar esta tutela suficiente e adequada, significa entregar-se, em última instância, ao poder legislativo a distinção entre ambos os ilícitos. Ou seja, à luz daquela tese, bem se poderia considerar que é ao legislador que cabe delimitar o Direito de Ordenação Social, estando somente ancorado por um *critério de suficiência e adequação*. Critério esse que, na perspetiva de LOBO MOUTINHO, se revela débil, uma vez que acaba por *"não estar determinado"* e por *"não ser visível à partida o limite da suficiência e da adequação"*. *Cfr.* JOSÉ LOBO MOUTINHO, *Direito das Contra-Ordenações: Ensinar e Investigar, cit.*, pp. 48 e 49.

[66] Quem também parece aderir a esta linha de pensamento é ALEXANDRA VILELA, como é possível constatar do seu manual, *O Direito de Mera Ordenação Social: entre a ideia de «recorrência» e a de «erosão» do Direito Penal Clássico.*, por nós já citado, sobretudo nas páginas 227 a 241, e ainda nas páginas 354 a 359.

Capítulo II
O Direito Contraordenacional Tributário e o (in)cumprimento das obrigações tributárias

No presente capítulo, é nosso intuito empreender uma primeira aproximação ao conceito de *regularização da situação tributária* para efeitos da submissão dos infratores aos instrumentos legais que permitem uma redução ou dispensa da coima e estabelecer, desde logo, uma correlação entre este e o cumprimento das obrigações tributárias em falta.

Existindo uma intercomunicação entre os dois conceitos, fará todo o sentido abordar, ainda que somente nos vetores de análise que contribuam para uma melhor compreensão do nosso objeto de estudo, a relação jurídica tributária, desde logo as suas principais caraterísticas – o que contribuirá para se traçar uma linha divisória entre as finalidades subjacentes ao Direito Tributário e as que estão na base do Direito Contraordenacional Tributário –, bem como os diversos tipos de obrigações que daquela resultam, quer para os sujeitos passivos diretos, quer para terceiros que com estes mantenham uma *relação especial.*

1. A regularização da situação tributária: primeira aproximação dos seus efeitos na redução, atenuação ou dispensa das coimas

Neste apartado, far-se-á uma introdução e contextualização daquele que constitui o objeto nuclear do presente trabalho de investigação: o conjunto de mecanismos legais previstos no RGIT que, tendo como pressuposto basilar a regularização da situação tributária, surtirão efeitos (em regra) benéficos para o infrator ao nível sancionatório.

Isabel Marques da Silva batizou estes mecanismos de *"premiais aptos a favorecer o ressarcimento do dano resultante da infração tributária"*[67], referindo-se aos instrumentos legais do direito à redução das coimas (artigos 29º a 31º do RGIT), da dispensa da coima (artigo 32º, nº 1 do RGIT), da atenuação especial da coima (artigo 32º, nº 2 do RGIT), à possibilidade de antecipação do pagamento da coima (artigo 75º do RGIT) e ao pagamento voluntário desta (artigo 78º do RGIT).

Importa compreender quais as motivações por detrás da designação atribuída pela autora e aduzir, ainda que a título preliminar, as razões pelas quais adotamos uma terminologia diversa. Cremos que a desconstrução conceptual desta realidade será um importante auxiliar à apreensão das principais caraterísticas destes instrumentos legais.

Os referidos mecanismos assumem-se como verdadeiras estruturas legais que, em concreto, permitirão ao agente de uma contraordenação tributária atuar num determinado sentido[68] e sob certos pressupostos, desencadeando determinados efeitos que, em regra, se reconduzem a uma diminuição da sanção pecuniária aplicável. Esses efeitos têm, sob este prisma, como é bom de ver, uma natureza benévola e recompensatória.

Importa, contudo, não perder de vista a ideia – cuja compreensão nos parece crucial ficar assente antes de avançarmos – de que, nos termos do artigo 9º do RGIT, a responsabilidade infracional não se confunde com a responsabilidade pelo pagamento dos tributos. Primeiro, dever-se-á atender ao facto de nem todas as contraordenações tributárias previstas e puníveis no RGIT terem por base o incumpri-

[67] *Cfr.* Isabel Marques da Silva, *Regime Geral das Infrações Tributárias (nº 5 da Coleção de Cadernos do IDEFF) – reimpressão*, ed. Almedina, 3ª (Lisboa, 2017), pp. 62 e ss.

[68] Esta é uma explicação incipiente e algo redutora – que será objeto de maior desenvolvimento numa fase posterior –, servindo apenas como um primeiro introito ao tema. Como se verá, a possibilidade de se beneficiar de tais mecanismos não está sempre dependente de uma atuação do infrator, casos havendo em que é, aliás, conferido ao órgão com competência para a aplicação da sanção contraordenacional tributária um espaço de oportunidade, no âmbito do qual, estando os requisitos normativos devidamente preenchidos, este pode optar (ou não optar) pela aplicação do mecanismo em causa.

mento da obrigação tributária principal de natureza pecuniária (o pagamento do tributo), uma vez que, como se verá, muitas contraordenações assentam, antes, na violação de deveres de colaboração e cooperação do sujeito passivo para com a administração tributária[69]. Existem, ainda, contraordenações que não se reconduzem à violação dos vínculos imediatos estabelecidos entre os sujeitos da relação jurídica tributária, nem os de natureza principal, nem mesmo os de natureza acessória. A título de exemplo, pode, aqui, chamar-se à colação a contraordenação pela violação negligente do segredo fiscal, prevista no 115º artigo do RGIT.

Porém, mesmo naquelas situações em que se esteja perante a prática de uma contraordenação que tenha por base o incumprimento da obrigação de pagamento da divida tributária devida (por exemplo, a norma do artigo 114º do RGIT), deve entender-se, à luz daquele artigo 9º, que o *"o cumprimento da sanção aplicada não exonera do pagamento da prestação tributária devida e acréscimos legais"*. Ora, com esta norma fica liminarmente positivada a distinção, em termos legais, entre a responsabilidade pela infração (contraordenacional) e a responsabilidade pelo não pagamento do tributo.

Entendemos que não poderia mesmo equacionar-se a questão de outro modo. Tendo em conta aquilo que já foi sendo dito ao longo da obra – pese embora não nos pareça excessivo reafirmá-lo –, é possível concluir-se que as finalidades que assistem ao pagamento dos tributos (finalidades públicas, desde logo o financiamento de bens públicos e semipúblicos, tendo em vista a satisfação de necessidades coletivas) são absolutamente distintas[70] daquelas que estão na base do pagamento de uma sanção contraordenacional (a repressão de con-

[69] A título de exemplo, atente-se o artigo 113º (recusa de entrega, exibição ou apresentação de escrita e de documentos fiscalmente relevantes), o artigo 122º (falta de apresentação, antes da respetiva utilização, dos livros de escrituração), ou o 129º (violação da obrigação de possuir e movimentar contas bancárias), todos do RGIT.

[70] Para uma distinção jurídico-tributariamente enquadrada, veja-se Joaquim Freitas Rocha, *Lições de Procedimento E Processo Tributário,* ed. Almedina, 6ª (Coimbra, 2018), pp. 15 e 16.

dutas voluntárias, ilícitas e culposas que colidam com valores sociais com relevância para o ordenamento jurídico-tributário).

Portanto, a nosso ver, ao lado dos vetores de distinção apresentados por ISABEL MARQUES DA SILVA para sustentar a autonomia de ambos os polos de responsabilidade (*"a não coincidência dos respetivos factos geradores, objetos e efeitos*[71]*"*), consideramos que, aqui, será de grande relevância atender-se, primeiro que tudo, à teleologia inerente ao pagamento de cada uma das prestações.

Isto não significa, no entanto, que o cumprimento da obrigação tributária principal, além de ter um efeito, em regra, direto e imediato na relação jurídica tributária, possa ter, indiretamente, de forma eventual e condicionada[72], também efeitos em sede de responsabilidade contraordenacional.

O pagamento da dívida tributária tem, como se compreende, benefícios imediatos para o credor tributário, mas pode ter também – acompanhando aqui ISABEL MARQUES DA SILVA – consequências tendencialmente *recompensatórias* para o infrator ou arguido.

[71] *Cfr.*, ISABEL MARQUES DA SILVA, *Regime Geral das Infrações Tributárias, cit.* p. 59. e, ainda, da mesma autora, «Considerações acerca da responsabilidade por dívidas e por infracções tributárias dos membros dos corpos sociais», *Direito e Justiça, Vol. XVI* (Universidade Católica Editora, 2002), pp. 266 a 268. Pode ler-se, neste segundo artigo referenciado, que *"A responsabilidade tributária é uma responsabilidade pelo pagamento da dívida de imposto, tendo (...) como facto gerador o incumprimento do dever de pagar e como efeito a imposição do cumprimento coercivo do imposto devido e demais encargos legais. Por seu turno, a responsabilidade por infrações tributárias nasce da violação típica dos deveres de lealdade e de cooperação a que o legislador atribuiu tutela (...) contra-ordenacional e legítima condenação em (...) coima. A autonomia entre estes dois títulos de responsabilidade manifesta-se, ainda, no facto de o agente da infração não ser necessariamente o sujeito passivo (originário ou não originário) do imposto."*, acrescentando, em momento posterior, que *"Esta autonomia não obsta, porém, a que o cumprimento do imposto devido e demais acréscimos legais possa influir, de modo positivo para o infrator (...)"*.

[72] Como se verá, a possibilidade de a regularização da situação tributária fazer repercutir efeitos em sede de responsabilidade contraordenacional é *eventual*, uma vez que, em regra, não funciona de forma automática, exigindo antes um ato de vontade por parte do infrator ou arguido e *condicionada*, dado que a regularização da situação tributária é apenas um dos requisitos que as normas jurídicas que se referem a estes mecanismos exigem ter-se por verificado para que estes sejam aplicáveis.

E por que se entende estar aqui em causa uma recompensa para o infrator quando este atue de forma concordante com o plasmado no texto das referidas normas? Porque todas elas têm como denominador comum, para estarem aptas a ser aplicadas pelo órgão competente, a regularização da situação que deu origem à contraordenação tributária[73].

É, então, com base nesta ideia – e pressuposto de base – de regularização da situação tributária que ISABEL MARQUES DA SILVA sustenta que se estará perante mecanismos que implicam o ressarcimento do *dano* que resulta da prática da contraordenação tributária[74].

O efeito benévolo da submissão do infrator a estes "mecanismos", como já referimos, é a redução da coima, a sua atenuação e, em casos mais circunscritos, como a seu tempo se verá, até a dispensa do pagamento desta. A motivação do legislador para a concessão dessa redução, atenuação ou dispensa assenta, fundamentalmente, numa atuação colaborativa do infrator para com a administração, no sentido de regularizar a situação tributária desconforme que esteve na base da prática da contraordenação tributária e, alguns casos que posteriormente serão devidamente assinalados, também no pagamento antecipado da coima fixada num montante reduzido.

A seu tempo, enunciaremos com o devido detalhe as razões pelas quais nos distanciamos da terminologia de ISABEL MARQUES DA SILVA, deixando desde já nota de que o principal motivo para adotarmos uma posição diversa assenta na aposição do qualificativo "premial" como definidor do âmbito destes instrumentos legais que permitem a redução, a atenuação ou a dispensa da coima.

[73] Assim, veja-se, para o direito à redução da coima, a al. c) do nº 1 do artigo 30º; para a dispensa da coima, a al. b) do nº 1 do artigo 32º; para a atenuação especial da coima, o nº 2 do artigo 32º; para a antecipação do pagamento da coima, o nº 3 do artigo 75º; e, finalmente, para o pagamento voluntário, o nº 4 *a contrario sensu*, do artigo 78º, todos eles do RGIT.

[74] É o que resulta, a título de exemplo, da norma do nº 3 do artigo 30º do RGIT, onde se poder ler que *"Entende-se por regularização da situação tributária, para efeitos deste artigo, o cumprimento das obrigações tributárias que deram origem à infração"*.

A natureza do *dano* verificado com a prática do ilícito contraordenacional, como se compreende, é variável e dependerá necessariamente do facto típico que constitui objeto da contraordenação tributária em causa.

2. O "dano" resultante da prática de ilícitos contraordenacionais tributários

No domínio jus-privatístico, o conceito de dano reporta-se vulgarmente a *"toda a ofensa de bens ou interesses alheios protegidos pela ordem jurídica*[75]*"*.

Como é bom de ver, no âmbito contraordenacional tributário, o *dano* que resulta da prática da infração tributária consubstanciar-se-á numa lesão (ou perigo de lesão) de interesses tutelados pela ordem jurídica. Não obstante, ao contrário do que sucede no âmbito jus-civilista, no domínio das contraordenações tributárias, como oportunamente se adensará, tais ofensas colidem com interesses de natureza publicista e não privada ou particular.

Estamos de acordo com HUGO FLORES DA SILVA quando o autor faz assentar o desvalor jurídico associado às infrações tributárias na contrariedade de determinados comportamentos típicos relativamente ao que se encontra preceituado nas normas jurídicas tributárias de natureza substantiva. Na verdade, as sanções contraordenacionais mais não são do que consequências jurídicas desvaliosas resultantes da prática de determinados comportamentos que colidem com os comandos normativos do ordenamento jurídico-tributário[76].

O ressarcimento deste *dano* – prosseguindo, aqui, de acordo com a terminologia de ISABEL MARQUES DA SILVA – está, como se viu, umbilicalmente ligado com o conceito de regularização da situação tributária[77]; e esta, por sua vez, tem lugar quando o agente reponha

[75] Ver, por todos, MÁRIO JÚLIO DE ALMEIDA COSTA, *Direito das Obrigações*, ed. Almedina, 12ª (Coimbra, 2013), p. 591.

[76] *Vide*, HUGO FLORES DA SILVA, *Privatização do Sistema de Gestão Fiscal*, ed. Coimbra Editora (Coimbra, 2014), pp. 373 a 376.

[77] Há que deixar, desde já, bem assente a ideia de que a regularização da situação tributária não pode ser entendida como uma forma de extinção, em absoluto, do proce-

a verdade fiscal e cumpra, ainda que numa fase já patológica, com as obrigações tributárias em falta.

Este exercício lógico-dedutivo leva-nos a entender que o conceito de dano, no domínio do Direito das Contraordenações Tributárias, estará, numa significativa parte dos casos, intimamente relacionado com o de incumprimento das obrigações tributárias.

Assim, uma vez que as obrigações tributárias não apresentam todas a mesma natureza, distinta natureza terão também os danos que, abstratamente, podem vir a ser verificados e, em consequência, diversa será também a forma de os ressarcir junto do Estado.

Somos, por isso, levados a concluir que a relação jurídica contraordenacional deriva, na grande maioria das situações, de uma relação jurídica tributária previamente estabelecida entre um sujeito ativo (em termos latos, *o credor tributário*) e um sujeito passivo (*o devedor tributário*), e que nasce em virtude do incumprimento de obrigações jurídico-tributárias do segundo em face do primeiro.

3. A relação jurídica tributária

3.1. Pertinência do estudo da relação jurídica tributária para a densificação do conceito de "regularização da situação tributária"

O estudo da relação jurídica tributária de um ponto de vista obrigacional foi amplamente densificado por PEDRO SOARES MARTINEZ[78] e, mais recentemente, tem vindo a ser desenvolvido por JOAQUIM FREITAS DA ROCHA e por HUGO FLORES DA SILVA. A abordagem desta matéria nos moldes enunciados – além de, a título pessoal, nos parecer a melhor – facilitará a compreensão do conceito de regularização da situação tributária para efeitos de aplicação dos mecanismos *ditos* recompensatórios.

dimento ou processo contraordenacionais. Sem prejuízo de, num momento posterior, esta ideia vir a ser mais bem aflorada, raras são as situações em que o RGIT prevê que se dê por extinta a relação contraordenacional tributária em virtude do cumprimento das obrigações tributárias em falta.

[78] *Vide*, PEDRO SOARES MARTINEZ, *Direito Fiscal*, ed. Almedina, 10ª (Coimbra, 2000), pp. 161 e ss.

Sem qualquer pretensão de sermos exaustivos – uma vez que os autores ora citados desenvolvem já, com toda a completude, e em sede própria, esta matéria – não podemos escusar-nos de abrir um breve parêntesis para nos referirmos à caraterização da relação jurídica tributária, apenas e só na medida em que tal percurso se demonstre útil para a compreensão do objeto aqui em análise.

3.2. Caraterização da relação jurídica tributária

A relação jurídica tributária pode, então, ser entendida como tendo uma natureza obrigacional, uma vez que, à semelhança do que se passa no domínio privatístico, é possível nela se verificar a existência de elementos constitutivos comuns, desde logo, o de pelo menos dois sujeitos, um posicionado do lado ativo da relação jurídica e o outro (ou outros) do lado passivo, cujo vínculo aglomerador surge pela verificação de uma ocorrência empírico-sociológica, espácio e temporalmente delimitada com relevância jurídica, a partir da qual passam a impender, à partida, determinadas obrigações do sujeito passivo em face do sujeito ativo. Esta relação extinguir-se-á a partir do momento em que tais obrigações se tenham por cumpridas, quer voluntária, quer coercivamente, sem prejuízo da colocação em prática de eventuais mecanismos de reforço do direito de crédito que a lei preveja a favor do credor tributário.

Não obstante esta similitude elementar, impõe-se a necessidade de se traçar uma barreira entre a relação jurídica civilística a relação jurídica de âmbito tributário, desde logo pelo facto de a segunda estar subordinada aos comandos principiológicos e normativos de Direito Público e por ter subjacente finalidades de natureza publicista[79], as quais acarretam – como de forma muito sintética se verá – consequências práticas muito substanciais.

Depois, há que considerar, também, o facto de os tributos, enquadrados, como estão, como as mais significativas receitas públicas dos

[79] *Vide,* por todos, José Casalta Nabais, *Direito Fiscal,* ed. Almedina, 6ª (Coimbra, 2010), p. 248.

Estados modernos[80], terem como fundamento a prossecução de finalidades públicas. Os tributos são exigidos tendo em vista a produção de bens públicos e semipúblicos, destinados à satisfação de necessidades de natureza coletiva[81].

Em primeiro lugar, a relação jurídica tributária tem um caráter *ex lege*, na medida em que a sua génese está dependente de uma previsão normativa concreta, constituindo-se quando o facto previsto na norma jurídica opera sociologicamente. Enfatizando, ainda, esta característica da relação jurídico-tributária, está a necessidade de o seu conteúdo imediato, isto é, as obrigações principais e/ou acessórias que constituem o seu núcleo, ser exclusivamente modelado na norma jurídica[82].

Por outro lado, as posições jurídicas no âmbito deste complexo relacional são indisponíveis. Não podemos olvidar-nos que o Estado, ainda que envergando as vestes de credor, não se confunde, no âmbito da relação jurídica tributária, com um qualquer credor, uma vez que a prestação devida pelo sujeito passivo tem subjacente finalidades publicistas de sustentação de toda a atividade estadual. Por isso, à partida, a administração tributária não poderá dispor do seu

[80] Neste mesmo sentido, veja-se, fundamentalmente, J.J. Gomes Canotilho e Vital Moreira, *Constituição Da República Portuguesa Anotada – Vol. I*, ed. Coimbra Editora, 4ª (Coimbra, 2007), p. 1096.

[81] Como refere A. Sousa Franco, os tributos *"serão todas as receitas públicas com os seguintes caracteres: a) – serem coactivas ou obrigatórias (...); b) – terem como função o financiamento dos encargos públicos pela participação dos cidadãos e outras entidades ou instituições sujeitas ao poder do Estado na criação de receitas, e não a punição da prática de atos considerados ilícitos. Daqui decorre o caráter obrigacional e patrimonial, a origem na lei ou em outro ato de autoridade e a função essencialmente financeira (cobertura dos encargos públicos".* V., António de Sousa Franco, *Finanças Públicas e Direito Financeiro, Vol. II*, ed. Almedina (Coimbra, 2012), p. 58. Refira-se, ainda, a este respeito, Alberto Xavier, *Manual de Direito Fiscal*, ed. Faculdade de Direito de Lisboa (Lisboa, 1974), p. 36 a 41.

[82] *Cfr.*, Joaquim Freitas Rocha, *Apontamentos de Direito Tributário (A Relação Jurídica Tributária)*, ed. AEDUM (Braga, 2012), p. 11.

direito de crédito[83-84]. Daí que JOAQUIM FREITAS ROCHA defenda que o Estado é detentor, não de um poder, mas de um verdadeiro *poder--dever* de atuar no sentido da cobrança dos créditos tributários[85].

[83] Esta é uma constatação que resulta diretamente do texto da lei, desde logo do nº 2 do artigo 30º e do nº 3 do artigo 36º da LGT. Sobre este assunto, teve voz, ainda, ALBERTO XAVIER, em cujos estudos ficou firmada a ideia de que o Direito positivo português consagra um princípio geral da indisponibilidade do crédito tributário, admitindo-se um afastamento deste apenas e só quando a lei expressamente o estabeleça. *Vide*, ALBERTO XAVIER, *Manual de Direito Fiscal*, ed. Faculdade de Direito de Lisboa (Lisboa, 1974), pp. 133 e ss. A mesma ideia encontra-se patente, nos dias de hoje, na Lei Geral Tributária, desde logo no seu artigo 30º, nº 2, que se refere à figura da remissão. O ato de redução ou extinção do crédito tributário só pode operar-se quando se tenham por cumpridos pressupostos normativos assaz restritos, sendo exigido, desde logo, o respeito pelo princípio da reserva de lei em sentido formal e a orientação de tal ato de acordo com o princípio da igualdade tributária, não podendo o vulgarmente denominado *"perdão fiscal"* introduzir fatores diferenciadores entre sujeitos passivos que se encontrem em circunstâncias equivalentes.

[84] Fazendo já um paralelismo com a matéria infracional tributária, cujos contornos serão posteriormente adensados, esta especial caraterística da indisponibilidade da posição jurídica do credor da relação jurídica tributária justifica o afastamento, desde logo, do consentimento do ofendido (artigo 38º do CP) como causa de exclusão da ilicitude tributária, dado não se poder admitir, por esta ordem de ideias, que o Estado ou uma outra entidade pública consinta – reportando-nos, aqui, mais concretamente à obrigação tributária principal – a prática de uma infração fiscal que se materialize, no fundo, numa lesão dos interesses, não de tais entidades em concreto, mas de toda a comunidade, em geral. Não se poderia sequer cogitar tal hipótese, a nosso ver, pelo facto de, atendendo ao que ficou aqui dito, as referidas entidades não serem sequer dotadas de legitimidade para consentir numa lesão que terá, certamente, repercussões muito mais amplas do que uma mera afetação de "interesses próprios". Neste sentido, ver também JORGE LOPES DE SOUSA e MANUEL SIMAS SANTOS, *Regime Geral das Infracções Tributárias Anotado*, ed. Áreas Editora, 4ª (Lisboa, 2010), p. 44.

[85] O autor faz uma importante associação entre a indisponibilidade da posição jurídica do sujeito ativo da relação jurídica tributária com o princípio do inquisitório (artigo 58º da LGT), que obriga a Administração tributária a *"realizar todas as diligências necessárias à satisfação do interesse público e à descoberta da verdade material"*. Esta será, de acordo com o nosso entender, uma das principais ideias que distingue, de forma liminar, o credor tributário de um qualquer credor de uma relação jus-privatísitca. *V.*, JOAQUIM FREITAS DA ROCHA, *Apontamentos de Direito Tributário (A Relação Jurídica Tributária), cit.*, p. 12 e 13.

Da afirmação de que a posição jurídica do sujeito ativo da relação jurídica tributária é, em regra, indisponível, exsurge a ideia de que qualquer redução, parcelamento e, em última sede, ato extintivo da prestação tributária se encontram vedados à administração tributária. E, quando o não estejam, uma atuação nesse sentido não resultará numa pronuncia volitiva do órgão administrativo, consistindo sempre num tipo de ato vinculado àquela que foi a palavra prévia do legislador (aqui, *legislador* em sentido restrito).

Uma outra caraterística da relação jurídica tributária que importa, neste particular, realçar é o especial complexo de instrumentos que permitem a exteriorização da vontade do sujeito ativo. O credor tributário distingue-se, aqui, uma vez mais do credor jus-civilístico, uma vez que os seus atos não se caraterizam como consensuais, mas antes unilaterais e autoritários. E a *autoridade* da sua atuação é facilmente evidenciada pela ideia de *presunção de legalidade* das suas pronúncias. Assim, as atuações da administração tributária são, em regra, tidas como conformes com o bloco de juridicidade, produzindo os seus efeitos de forma imediata, mesmo que o contribuinte conteste a sua legalidade (*privilégio de execução prévia*). Esta é uma ideia particularmente notória no contencioso tributário, em que, por norma, o ato impugnado pelo sujeito passivo não fica, em virtude dessa reclamação ou impugnação, com os seus efeitos suspensos[86].

[86] Veja-se, a título de exemplo, o nº 1 do artigo 67º e a al. f) do artigo 69º, no domínio procedimental tributário, o nº 4 do artigo 103º, no que respeita ao processo de impugnação judicial e, finalmente, o nº 1 do artigo 169º em sede de processo de execução fiscal, todos do CPPT. Há que considerar que o substrato desta opção legislativa é o de dar guarida, não a interesses próprios da administração tributária, mas a interesses da própria coletividade que, como se compreende, se sobrepõem aos interesses individuais. Não obstante, não está absolutamente excluída a possibilidade de o sujeito passivo paralisar os efeitos do ato impugnado, sendo possível que a colocação da legalidade da pronúncia administrativa em crise tenha efeitos suspensivos quando aquele preste garantia idónea. Deve, ainda, referir-se – e para que não se retire das nossas palavras a ideia (incorreta) de que a elevação do interesse público aos interesses particulares é absoluta – que quando, em sede de reclamação graciosa ou impugnação judicial, se conclua o contribuinte foi lesado pelo pagamento indevido (ou em montante superior ao devido) de uma prestação tributária *"por erro imputável aos serviços"*, ser-lhe-ão devi-

3.3. O objeto da relação jurídica tributária (e a crescente importância das obrigações de natureza acessória)

O estabelecimento de uma relação jurídica, qualquer que seja a sua natureza, terá sempre por base um objeto *(lato sensu)* que servirá de elo de ligação (obrigacional) entre os sujeitos. A relação jurídica tributária não é alheia a tal configuração e, de facto, na esteira de PEDRO SOARES MARTINEZ, é mesmo defensável a consideração desta como uma relação complexa, que comporta obrigações múltiplas e, nesse sentido, congrega direitos e deveres vários que, pese embora possam ter origem no mesmo facto, assumem natureza distinta.

O objeto imediato da relação jurídica tributária é constituído pelo conjunto de direitos e de deveres que dela brotam. Em suma, pode afirmar-se que se estará aqui perante o verdadeiro *conteúdo material* da relação tributária, enformado pelo combinado de prestações a que, quer o sujeito passivo, quer o sujeito ativo, estão adstritos.

Já o objeto mediato[87] constituirá o *quid* sobre o qual incidem os direitos e deveres dos sujeitos que se materializa numa conduta comitiva que terá, à partida, subjacente um ato de entrega de um quantitativo monetário e/ou de um bem avaliável em dinheiro.

De entre o conjunto de vínculos recíprocos e independentes que gravitam em torno desta relação, faz-se uma destrinça entre o *vínculo primário ou principal* e os *vínculos secundários ou acessórios*.

3.3.1. Vínculo primário ou principal

O principal vínculo que se estabelece entre o sujeito ativo e o sujeito passivo da relação jurídica tributária é constituído pelo crédito, de

dos juros indemnizatórios, nos termos da conjugação da al. e) do artigo 30º, nº 1 com os números 2 e 3 do artigo 43º da LGT. Para uma densificação mais pormenorizada e frutífera destas questões, veja-se JOAQUIM FREITAS ROCHA, *Lições de Procedimento E Processo Tributário*, 2018, *cit.*, pp. 65 a 72 e, do mesmo autor, *Apontamentos de Direito Tributário (A Relação Jurídica Tributária)*, *cit.*, pp. 49 e 50.

[87] Alguns autores adotam outra terminologia e subdividem o objeto da relação jurídica tributária em, respetivamente, *"objeto em sentido normativo"* e em *"objeto em sentido material"*. *Cfr.*, JOAQUIM FREITAS ROCHA e HUGO FLORES DA SILVA, *Teoria Geral da Relação Jurídica Tributária*, ed. Almedina (Coimbra, 2017), p. 110.

uma parte, e pela dívida tributária[88], pela outra, ou – como alguma doutrina vinha entendendo – pelo *"dever de pagamento do imposto*[89]*"*.

O certo é que resulta de forma mais ou menos unânime que o vínculo primário da relação tributária é constituído pela obrigação de pagamento, isto é, pela entrega nos cofres do Estado de uma prestação com determinadas caraterísticas específicas.

Como tem vindo a ser amplamente difundido pela doutrina, a obrigação tributária principal tem por base uma atuação positiva, comitiva ou prestativa que se traduz no ato de entrega de *algo* – seja, como se referiu, de uma quantia monetária, seja, desde que preenchidos os pressupostos normativos previstos, de um bem avaliável em dinheiro – por parte do devedor ao credor tributário, à partida de forma integral (pese embora se admita, estando verificados os requisitos legais para tal, o seu pagamento faseado ou em prestações[90]).

Cremos que não poderia ser outra a forma de estruturação da relação jurídica tributária, nem outro o entendimento relativamente ao objeto primário desta. Todo o sistema tributário foi construído para dar resposta a necessidades e objetivos de grande relevo. A sua finalidade vai muito além da necessidade de arrecadação de receita (por si só e em si mesma); o sistema tributário é o sustentáculo magno, o cimento aglutinador que mantém – invocando agora a expressão de Joaquim Freitas da Rocha – *"o edifício em que o Estado de Direito Democrático se corporiza*[91]*"*.

[88] Como resulta, aliás, da al. a), do nº 1 do artigo 30º da LGT.

[89] *V.*, Pedro Soares Martinez, *Direito Fiscal, cit.*, p. 168.

[90] *V.*, na LGT, o artigo 42º. Materializando esta norma, vejam-se os artigos 86º, nº 2 e os 196º a 200º do CPPT. A este respeito, atenda-se também a Sérgio Vasques, quando o autor afirma que o conjunto de artigos aqui por nós elencados consagram *"um princípio de excecionalidade do pagamento em prestações"*, fixando *"regras que balizam de forma rigorosa a decisão administrativa na matéria"*, sendo esta uma opção juridicamente enquadrada que, atendendo desde logo ao conteúdo indisponível do direito de crédito tributário, escapa à disponibilidade da administração. *Cfr.*, Sérgio Vasques, *Manual de Direito Fiscal*, Almedina (Coimbra, 2015), pp. 418 e 419.

[91] Ficou-nos gravada na memória, com algum detalhe, esta consideração feita por Joaquim Freitas da Rocha, no decorrer das suas Provas de Agregação, que tiveram lugar nos dias 14 e 15 de dezembro de 2017, na Escola de Direito da Universidade do Minho.

Daí que exista todo um sistema infracional desenhado para se colocar ao lado do sistema jurídico-fiscal e tributário, como forma, quer de combate, quer de repressão à violação das normas tributárias que – sejamos francos –, se fossem ultrapassadas de forma generalizada, de certo que toda a ordem social e o próprio funcionamento do Estado ficariam em crise.

3.3.2. Vínculos secundários ou acessórios

Em torno da obrigação principal de imposto, situa-se um corpo de um outro tipo de obrigações que, não obstante não terem necessariamente natureza pecuniária, relacionam-se diretamente com aquela, na medida em que facilitam o seu cumprimento[92].

Na sua grande maioria, estão em causa obrigações de natureza documental e informativa[93], cujo cumprimento é, por norma, exigido ao devedor tributário ou a um terceiro que com este mantenha uma *relação especial*[94], numa fase prévia à do cumprimento da obrigação tributária principal.

A tendência do sistema jurídico-tributário tem sido, como veio aliás a ser evidenciado por uma parte considerável da doutrina, a da privatização da gestão e dos procedimentos de natureza tributária. Este fenómeno assentou – e continua a assentar, de um modo crescente – nomeadamente, numa ideia de transferência dos riscos da atividade, até então da responsabilidade dos órgãos da administração

[92] *Cfr.*, Sérgio Vasques, *Manual de Direito Fiscal, cit.*, p. 418.

[93] Veja-se a al. b), do nº 1 do artigo 30º da LGT.

[94] Esta denominada *relação especial* entre os sujeitos passivos diretos e entidades terceiras que são detentoras de obrigações tributárias acessórias e de colaboração decorre, designadamente, do estabelecimento de relações prévias à verificação do facto fiscalmente relevante, desde logo de teor económico ou profissional. A existência destas relações sem natureza tributária, mas que acabam por ter uma relevância acessória ou instrumental no âmbito da tributação, mune aquelas entidades terceiras ou externas à relação jurídico-tributária de um complexo de informações relevante para aferir a situação patrimonial dos sujeitos passivos, quanto mais não seja com o objetivo de a administração verificar a conformidade das informações prestadas num primeiro estádio pelos sujeitos passivos diretos. Sobre esta questão, e para melhores desenvolvimentos, veja-se Hugo Flores da Silva, *Privatização Do Sistema de Gestão Fiscal, cit.*, pp. 415 a 417.

pública (neste particular, a AT), para os privados, o que teve, desde logo, como efeito direto a diminuição da despesa pública com gastos administrativos que naturalmente envolvem este tipo de atividade.

Em termos jus-principiológicos, este fenómeno assenta, em larga medida, numa ideia de cooperação, aqui entendida como um verdadeiro dever dos particulares face à administração tributária[95], mas também como uma forma de densificação e materialização do princípio da boa fé, que deve reger, de um modo recíproco, o nexo relacional que os sujeitos privados e a administração pública mantêm entre si.

Estamos, então, perante atos praticados por entidades privadas, mas cujos interesses subjacentes são irremediavelmente de natureza pública. Apesar de as obrigações acessórias no domínio tributário não implicarem, de forma direta e imediata, a entrega nos cofres estaduais de uma determinada quantia em dinheiro, elas têm na sua base, em princípio, a levada ao conhecimento dos órgãos da administração tributária de informações fundamentais para que os contribuintes sejam tributados de forma o mais aproximada quanto possível daquela que é a sua capacidade contributiva efetiva, permitindo, muitas vezes, detetar situações de irregularidade ou de incumprimento.

Posicionamo-nos, por isso, ao lado de HUGO FLORES DA SILVA, quando o autor vem defender que os atos materializados no cumprimento destas obrigações acessórias, ainda que sendo levados a cabo por entidades privadas, *"não podem ser considerados atos jurídicos privados"*, mas antes, atendendo aos interesses (públicos) que os subjazem e às normas que os disciplinam, como atos jurídico-públicos[96],

[95] Neste sentido, ia já SALDANHA SANCHES que, na sua dissertação de doutoramento, dava conta do avultado corpo de normas jurídicas tributárias que criavam verdadeiros *deveres de colaboração*, materializados em prestações não pecuniárias, acessórias, dotadas de uma relativa autonomia face à prestação tributária principal, mas, ainda assim, com ela relacionada, que poderiam impender sobre o sujeito passivo direto da relação jurídica tributária, mas também sobre terceiros. *Cfr.*, J.L. SALDANHA SANCHES, *A Quantificação da Obrigação Tributária (Deveres de Cooperação, Autoavaliação e Avaliação Administrativa)*, ed. LEX, 2ª (Lisboa, 2000), pp. 42 e 42.

[96] *Vide*, HUGO FLORES DA SILVA, *Privatização do Sistema de Gestão Fiscal, cit.*, p. 312.

pese embora não qualificáveis, desde logo pela ausência de quaisquer prerrogativas de autoridade, como atos materialmente administrativos.

Consideramos que, ao lado do dever de pagamento dos impostos, se encontra também, de forma lateral e acessória, o dever de colaboração dos sujeitos passivos face ao Estado.

Nas palavras de JOSÉ CASALTA NABAIS, não podemos olvidar-nos que, apesar de as Constituições da grande maioria dos Estados de Direito Democrático dar especial predominância e protagonismo aos direitos fundamentais dos cidadãos, enquanto limites essenciais aos poderes públicos de atuação estadual, a verdade é que não deve ser descurada, nesta senda, também, a *"responsabilidade comunitária que faz dos indivíduos seres simultaneamente livres e responsáveis"*, isto é, os deveres fundamentais que contrabalançam esta relação entre Estado e os cidadãos[97].

A sustentabilidade do edifício estadual e a própria capacidade de o Estado assegurar que todas as tarefas que estão a seu cargo são efetivamente cumpridas – desde logo no que diz respeito à sua atividade prestativa e de âmbito social – está dependente do bom funcionamento do sistema jurídico-fiscal. Como já se denotou, resulta mais ou menos claro que o incumprimento generalizado das obrigações fiscais poria em causa o normal funcionamento do Estado, pelo menos nos moldes em que hoje o conhecemos (acrescentaríamos: nos moldes que, não raras vezes, tomamos por garantidos).

Pelo substrato inerente às obrigações acessórias que, no domínio jus-tributário, impendem na esfera jurídica dos contribuintes (e,

[97] *Vide*, JOSÉ CASALTA NABAIS, *O Dever Fundamental de Pagar Impostos*, ed. Almedina (Coimbra, 1998), pp. 17 e 18. Acrescenta o autor, de forma muito pertinente, na página 31 desta obra, que é importante atender-se que a conceção de Homem que está subjacente nos atuais textos constitucionais não o reconduzem a um mero indivíduo solitário e isolado, mas antes a uma pessoa socialmente solidária, uma pessoa simultaneamente livre e responsável, com base num princípio de repartição entre essa liberdade, que só é possível se lhe estiverem assegurados determinados direitos e interesses, e a responsabilidade que este deve ao Estado para que a manutenção dos mesmos se mostre possível.

como veremos, em alguns casos, também de terceiros que com aqueles mantenham determinado tipo de relações), facilmente se compreende que é objetivo do Estado, através do cumprimento daquelas, tomar contacto com a verdadeira situação financeira dos sujeitos passivos, auscultando as suas reais forças económicas e apurar qual é, afinal, do modo mais aproximado quanto possível, a sua capacidade contributiva[98].

O princípio da cooperação recíproca, no domínio tributário, encontra-se plasmado na LGT, no seu 59º artigo, no âmbito do qual se densifica o seu âmbito e sentido. Obviamente, os contornos desta colaboração serão distintos consoante se configure uma atuação administrativa em face dos sujeitos passivos ou destes face à administração tributária. No que respeita a esta segunda vertente, resulta do nº 4 daquela disposição normativa que a colaboração que os contribuintes devem prestar junto da AT compreende *"o cumprimento das obrigações acessórias previstas na lei e a prestação dos esclarecimentos que esta lhes solicitar sobre a sua situação tributária, bem como sobre as relações económicas que mantenham com terceiros"*.

A atitude colaborante dos sujeitos passivos face à administração tributária contribuirá, desde logo, para que: *a)* a tributação, no domínio dos impostos, tenha efetivamente por base a capacidade contributiva de cada contribuinte; *b)* seja possível o apuramento da verdade material relativamente à situação financeira dos contribuintes; *c)* haja uma justa repartição dos encargos fiscais e se garanta a igualdade material entre os contribuintes, sem se comprometer a satisfação das necessidades financeiras do Estado.

Este conjunto de deveres de natureza declarativa e informativa, se cumprido, vai, não só permitir que haja efetivamente lugar à tributação, mas sobretudo que esta seja levada a cabo pelo Estado de

[98] Estamos, aqui, totalmente de acordo com SALDANHA SANCHES, quando o autor refere as obrigações acessórias, ainda que constituindo prestações de facto e de conteúdo não pecuniário, se situam *"ao lado das prestações fiscais pecuniárias"* e se *"destinam a tornar possível a determinação exata"* destas. *V.*, do autor, *A Quantificação da Obrigação Tributária, cit.*, p. 57.

acordo com os mais elementares princípios que enformam o sistema jurídico-fiscal[99].

Assim, apesar de a descoberta da verdade material ser uma incumbência da administração, desde logo por via constitucional – na medida em que os órgãos da AT estão obrigados a desenvolver toda a sua atuação no sentido de acautelar, na medida do possível, a melhor realização do interesse público –, estando esta obrigada a realizar todas as diligências necessárias ao apuramento da mesma[100], a verdade é que seria utópico conceber-se que os órgãos administrativos fossem, por si só, capazes de conhecer com profundidade todos os vetores que permitem uma estruturação mais clara da capacidade contributiva de todo e de cada contribuinte. Primeiro, tal comportaria um gasto administrativo excessivo, não só em termos humanos, mas mesmo materiais (pense-se no número de diligências que seria necessário levar a cabo para chegar ao conhecimento de questões porventura irrisórias, traduzíveis, por vezes, em pouca ou nenhuma receita tributária) e, em segundo, não existe entidade alguma que esteja em melhores condições para prestar esclarecimentos relativamente à sua situação financeira do que o próprio sujeito passivo.

Deverá, ainda, atender-se ao facto de a atuação dos contribuintes junto da administração tributária, no decorrer do cumprimento

[99] Todo o sistema fiscal está montado para, por um lado, permitir a arrecadação de receita que possibilite a satisfação de necessidades financeiras de natureza pública, tendo em vista o acautelamento de um benefício generalizado dirigido a toda a coletividade *(função financeira)*, mas também assegurar uma justa repartição dos rendimentos e da riqueza *(função redistributiva)*, ideias que se encontram vertidas, não só no nº 1 do artigo 103º da CRP, como no nº 1 do artigo 5º da LGT. Ora, para que tais desígnios possam ser cumpridos, o modelo de tributação ao nível fiscal estrutura-se com base num princípio da capacidade contributiva, que mais não será do que uma materialização do princípio da igualdade (decorrente do artigo 13º da CRP), aplicado à matéria fiscal. Assim, será espectável que os contribuintes que apresentem forças económicas idênticas contribuam fiscalmente de forma semelhante e que, por outro lado, os contribuintes que apresentem diferentes capacidades financeiras contribuam fiscalmente de modo diferenciado. Por outro lado, quando os contribuintes apresentem rendimentos tidos pelo legislador como demasiado baixos, estes poderão nem ser chamados a contribuir para a formação do *bolo fiscal*.

[100] Veja-se, respetivamente, o artigo 266º da CRP e o artigo 58º da LGT.

dos já aludidos deveres de colaboração, se presumir como sendo uma atuação *"de boa fé"*, nos termos do nº 2 do artigo 59º da LGT. Além de esta presunção de verdade – que vale tanto para o lado passivo, como para o ativo da relação jurídica tributária – reforçar a ideia de paridade entre os sujeitos, ela comporta também uma importante consequência prática. Decorre deste *princípio da verdade declarativa* que as informações e declarações prestadas – desde que de acordo com o preceituado nos comandos normativos – correspondem à realidade, isto é, que se baseiam numa ideia de *verdade fiscal*. Assim sendo, a não correspondência do que fora devidamente declarado pelo contribuinte com a realidade deve necessariamente ser comprovada pela AT.

Parece-nos que só com base numa ideia de essencialidade deste tipo de prestações – não pecuniárias, acessórias e de facto – para o bom funcionamento de todo o sistema fiscal é que se compreende que, não só relativamente ao incumprimento da obrigação tributária principal, primária e pecuniária, mas também relativamente às obrigações jus-tributárias de natureza acessória, se tenha erigido um sistema sancionatório que impõe consequências jurídicas desfavoráveis aos sujeitos passivos que se abstenham de levar ao conhecimento da administração tributária as informações e declarações legalmente devidas[101].

É com base em tais considerações que nos parece tão relevante partir-se da análise, ainda que breve, da relação jurídica tributária para o objeto que, de forma mais circunscrita, está aqui em análise. É justamente no plano do incumprimento das obrigações tributárias de natureza acessória que se alonga, de forma mais veemente, o papel do Direito Contraordenacional Tributário.

[101] Não se pense que a única consequência do não cumprimento das obrigações acessórias seja de natureza infracional. De facto, quando a AT não consiga, a partir das declarações, elementos e informações prestadas pelos contribuintes – isto é, quando estes são insuficientes ou inexistências –, proceder à correta determinação da matéria coletável, pode vir a ser efetuada uma avaliação por métodos indiretos, uma vez que tal hipótese se encontra em consonância com o disposto na al. b), no nº 1 do artigo 87º da LGT.

Não será, aliás, desprovido de sentido afirmar que a parte mais substancial das contraordenações previstas na atual redação do RGIT tem por base o incumprimento de uma norma primária, reconduzível à imposição de obrigações acessórias, de natureza informativa e/ou declarativa, aos contribuintes ou a terceiros.

Importa, aqui, retomar uma ideia que fora já desenvolvida no capítulo anterior, quando se adensou o percurso histórico dos movimentos de descriminalização, que desembocaram no surgimento do Direito das Contraordenações. Como tivemos oportunidade de referir, a partir de meados do século XX, com a intensificação do leque de tarefas confiado ao Estado – desde logo as de natureza social e prestativa – a boa ordenação da máquina administrativa foi elevada a valor fundamental, para cujo cumprimento se mostrou necessária a determinação de um *ponto ótimo* de equilíbrio entre os interesses individuais e os interesses coletivos. Assim, na base do aparelho operativo do Estado, passou a estar também um largo conjunto de deveres de colaboração dos particulares que, segundo alguns autores – de entre os quais destacamos EBERHARD SCHMIDT – passam a ser entendidos como *"órgãos auxiliares"* da administração pública. Para o autor, as contraordenações (que entendia ainda como sendo *ilícitos administrativos*) visavam justamente a repressão de condutas que desvirtuem o cumprimento de tais deveres de colaboração, dado o incumprimento destas contender, de forma veemente, com a capacidade de o Estado realizar as providências de caráter público de prossecução do *bem-estar social*.

4. As obrigações tributárias acessórias e o conceito de "obrigado tributário"

Cumpre-nos agora saber como se materializa o cumprimento de tais obrigações de natureza acessória e colaborativa, quer a um nível subjetivo, quer a um nível objetivo.

Em termos subjetivos, e como já viemos dando conta, as obrigações acessórias podem ser cumpridas *(i)* pelo próprio sujeito passivo em relação ao qual se verifica o facto espácio-temporalmente localizado que origina a relação jurídica fiscal, mas também, em algumas situações, *(ii)* por entidades terceiras e externas à relação jurídica fiscal que se estabelece entre o sujeito em relação ao qual se verifica o facto tributário constitutivo[102] e o Estado.

O chamamento destas entidades, terceiras relativamente à relação jurídica tributária, não é despropositado, pois, como dissemos, este apenas ocorre quando esse terceiro e o sujeito passivo daquela relação mantenham, entre si, *relações especiais*, que se traduzam na posse, por parte desse terceiro, de informações com relevância tributária relativamente ao sujeito passivo em causa, desde logo no que concerne à sua situação financeira e patrimonial.

Entendemos, assim, que os *obrigados tributários* são as pessoas ou entidades que, quer por via da sua qualidade de sujeito passivo direto ou indireto da relação jurídica tributária, quer por via da manutenção de relações especiais prévias com aqueles, se encontram juridicamente vinculados ao cumprimento de obrigações de natureza tributária, sendo, por isso suscetíveis de arcar com as consequências negativas associadas ao seu incumprimento.

Como se compreende, então, o tipo de obrigações acessórias que se impõe, por um lado, ao sujeito passivo sobre o qual se verifica o facto jurídico tributário e, por outro, aquelas que são devidas por terceiros que com aquele mantenham determinado tipo de relações, não têm a mesma natureza.

Vejamos, de um modo mais pormenorizado, mas não exaustivo, algumas dessas obrigações.

4.1. Obrigações acessórias de colaboração exigidas ao sujeito passivo da relação jurídica tributária

Como se referiu em momento anterior, o sujeito passivo da relação jurídica de imposto está obrigado, nos termos da lei, ao cumprimento um conjunto de obrigações *de facere* que, nos termos do artigo 31º da LGT, se materializam globalmente na obrigação de apresentação de

[102] Segundo Joaquim Freitas da Rocha e Hugo Flores da Silva, o facto constitutivo da relação jurídica tributária consiste *"na ocorrência fenoménica, espácio-temporalmente localizada, prevista numa norma jurídica que a torna apta a desencadear efeitos tributários"*. Veja-se, dos autores, *Teoria Geral da Relação Jurídica Tributária, cit.*, pp. 53 e 54.

declarações, na exibição de documentos fiscalmente relevantes e na prestação de informações.

Tal como sucede com a obrigação principal de pagamento do tributo, os sujeitos passivos só estão obrigados ao cumprimento dos deveres acessórios de colaboração que se encontrem expressamente previstos na lei, não sendo admissível aos órgãos da administração tributária exigir dos sujeitos passivos, nem de terceiros, o cumprimento de deveres sem que por via da (prévia) imposição destes numa norma jurídica.

Não podemos colocar de lado a ideia de que estas obrigações não surgem como meros *"deveres de cidadania"*, mas antes concorrem, facilitam e permitem a realização de um mesmo fim, isto é, compartilham o desígnio comum da obrigação principal de pagamento: permitir a arrecadação de receita pública e, com ela, a sustentação do complexo funcionamento do Estado. Por outro lado, como relembra SOARES MARTINEZ, estes vínculos acessórios encontram a causa, não raras vezes, nos mesmos pressupostos tributários que marcam o nascimento da obrigação principal. O autor estabelece, a este propósito, uma distinção de base, considerando que as obrigações acessórias, quando devidas pelos sujeitos passivos, integram o núcleo complexo da relação jurídica tributária que este mantém com o Estado. Por outro lado, se os deveres de colaboração são devidos por um terceiro, estar-se-á já perante uma relação jurídica tributária, mas de natureza acessória. Isto é, esta não deixa de se caraterizar como uma relação jurídica tributária, pois tem por fim assegurar que se torna possível, em alguns casos e, noutros, facilitar a ação fiscal; mas essa ação fiscal não se dirige diretamente ao sujeito que cumpre as obrigações acessórias, uma vez que não existe uma correlação direta, desde logo ao nível subjetivo, entre o cumprimento de tais obrigações *de facere* e o pagamento da dívida tributária (que estará a cargo do sujeito passivo da relação jurídica tributária principal)[103].

Estas obrigações, impostas aos sujeitos passivos da relação jurídica tributária principal, visam, no fundo, permitir ou facilitar a liquidação

[103] *Vide,* PEDRO SOARES MARTINEZ, *Direito Fiscal, cit.*, pp. 170 e 171.

e a cobrança dos tributos, passando, nesse sentido, pela recolha de determinado tipo de informação com relevância tributária, pela sua boa conservação e organização. Não obstante, o cumprimento deste tipo de obrigações acaba por servir também de instrumento útil na prevenção de infrações às normas tributárias e por ser, também, um elemento coadjuvante para a entidade fiscalizadora quando o sujeito passivo seja objeto de um ato de controlo fiscal por parte dos órgãos do Estado.

De entre o largo conjunto de obrigações acessórias – para não o adjetivar mesmo de *larguíssimo* – refiram-se:

i) A obrigação de manutenção de contabilidade organizada, nomeadamente nos termos dos artigos 123º do CIRC, 117º do CIRS e 44º do CIVA;

ii) A obrigação de manutenção de livros de escrituração, do modelo de exportação de ficheiros, bem como dos respetivos registos e documentos que àqueles digam respeito[104], à luz – *a título exemplificativo e não exaustivo* – do nº 4 do artigo 123º e o artigo 124º do CIRC, o nº 2 do artigo 118º e o artigo 119º do CIRS, os artigos 50º a 52º do CIVA e, ainda, a Portaria nº 293/ /2017, de 2 de outubro[105];

[104] Em alguns casos, a obrigação de manutenção destes livros, registos e documentos não é uma obrigação instantânea ou de duração média, mas antes muito prolongada no tempo. Veja-se, por exemplo, a obrigação de arquivar e conservar *"em boa ordem"* os livros, registos e respetivos documentos de suporte, mesmo quando a contabilidade esteja estabelecida por meios informáticos, que tem a duração de 10 anos civis (artigo 52º do CIVA), ou ainda, para efeitos do CIRS, a conservação dos livros, registos contabilísticos e respetivos documentos de suporte, também em boa ordem, pelo período de 12 anos (nº 2 do artigo 118º do já aludido Código).

[105] Portaria que cria o Selo de Validação AT (SVAT) e define as regras da sua atribuição aos programas de contabilidade, relativamente à produção do ficheiro de auditoria *Standard Audit File for Tax Purposes* – SAF-T (PT), disponível em: http://info.portaldasfinancas.gov.pt/NR/rdonlyres/F6CAB9D9-7677-424D-B9E266D42A9ACEFE/0/Portaria_293_2017.pdf [*Consult.* 22-12-2017].

iii) A obrigação de designação de representante fiscal, quando o ordenamento jurídico-tributário assim o exija[106].

iv) A obrigação de emitir ou exigir recibos ou faturas, prevista, desde logo – e a título de exemplo –, o artigo 115º do CIRS, mas também a al. b) do artigo 29º e os artigos 36º e 38º a 40º do CIVA;

v) A obrigação de apresentação ou exibição de documentos, de declarações e de comunicações dentro do prazo legalmente previsto[107];

vi) A obrigação de possuir e movimentar contas bancárias, bem como a de respeitar os limites máximos legalmente instituídos para as transações efetuadas em numerário[108].

Cremos que a enumeração que aqui fazemos – ainda que não exaustiva – de algumas das obrigações de natureza acessória podem estar a cargo dos contribuintes demonstra a pertinência do estudo das contraordenações tributárias à luz de uma prévia análise da relação jurídica tributária, com especial enfoque nos vínculos acessórios que nela gravitam.

Não será difícil encontrar no RGIT a previsão de tipos contraordenacionais em cujo âmbito se encontre justamente descrito o incumprimento de cada um destes deveres laterais, acessórios e de colaboração.

Prova disso é o artigo 120º do RGIT, que sanciona a inexistência de contabilidade organizada quando esta seja obrigatória, nos termos da lei, bem como – quando uma exigência dessa natureza se imponha – o incumprimento da manutenção de livros de escrituração e do modelo de exportação de ficheiros; o artigo 124º que pune com coima o sujeito passivo que, estando legalmente obrigado a fazê-lo,

[106] A título de exemplo, atenda-se ao nº 6 do artigo 19º da LGT, ao artigo 126º do CIRC, 30º do CIVA e, ainda, ao 130º do CIRS.

[107] *E.g.*, artigos 119º, 128º e 129º do CIRS. Para um maior aprofundamento das obrigações declarativas de factos próprios, veja-se Hugo Flores da Silva, *Privatização do Sistema de Gestão Fiscal, cit.*, pp. 405 a 415.

[108] *Cfr.*, artigos 63º-C e 63º-E da LGT.

não designe pessoa com residência, sede ou direção efetiva em território nacional para o representar, perante a administração tributária ou, alternativamente, se o tiver feito omitindo a aceitação expressa pelo representante; o artigo 123º, que vem sancionar a não passagem de recibos ou faturas ou a emissão destes fora do prazo legalmente prescrito para o efeito, assim como a sua não exigência, quando legalmente obrigatória, e não conservação pelo tempo nela previsto; o artigo 117º do RGIT, que pune o incumprimento da obrigação de apresentar ou exibir documentos, ou o seu cumprimento extemporâneo, bem como a falta ou atraso na apresentação de declarações e de comunicações legalmente devidas; e ainda o artigo 129º, que impõe a aplicação de coima quando, em incumprimento de incumbência legal, não seja criada conta bancária, ou quando, ainda que existindo, nela se não façam os movimentos legalmente previstos. Este mesmo artigo 129º pune, ainda, a realização de transações em numerário que exceda os limites legalmente previstos.

Com este enunciado (embora aqui nos prendamos exclusivamente com as obrigações de natureza acessória dos sujeitos passivos diretos) pretendemos apenas comprovar aquilo que temos vindo já a afirmar: ainda que existindo algumas exceções, uma fatia muito significativa das contraordenações tributárias que está prevista no RGIT tem, na sua base, um comportamento típico de incumprimento de um dever acessório de colaboração.

4.2. Obrigações acessórias de colaboração exigidas a entidades terceiras à relação jurídica tributária principal

Já tivemos oportunidade de referir que as obrigações tributárias acessórias que impendem sobre entidades terceiras à relação jurídica tributária principal derivam de uma especial relação que aquelas previamente mantêm com o sujeito passivo direto. Referimos, também, que o chamamento destes terceiros para o cumprimento de tais deveres colaborativos resulta, na grande maioria dos casos, do facto de estes deterem informações relativamente à situação financeira e patrimonial do sujeito passivo direto da relação jurídica tributária.

Demos, ainda, conta de que não terão idêntica natureza as obrigações acessórias que a lei coloca a cargo destes terceiros e aquelas que se dirigem ao sujeito passivo direto da relação tributária principal.

As relações entre a administração tributária e os obrigados fiscais têm, por norma, subjacente alguma tensão, sendo, não raras vezes pautadas por uma *"recíproca suspeita*[109]*"*. A atividade da administração tributária estende-se muito além da mera arrecadação da receita tributária em si mesma, desdobrando-se também numa atividade de controlo e identificação de situações de incumprimento.

De facto, a confiança da AT nas declarações e informações prestadas pelos contribuintes relativamente à sua situação financeira não pode ser incondicional e, não raras vezes, carece mesmo de uma comprovação por uma segunda via. Um dos modos de proceder a uma tal comprovação passa pela convocação de entidades terceiras que sejam detentoras de informações com relevância fiscal relativamente às forças económicas dos sujeitos passivos. Este é um dos vetores em que se transparece a imposição de obrigações fiscais de natureza acessória a *terceiros* à relação jurídica tributária principal: a de servirem o propósito de revalidar uma informação que a administração tributária já obteve por via de uma declaração ou facto levado ao conhecimento por parte do próprio contribuinte.

Não obstante, existem situações em que a lei impõe a essas *entidades terceiras* o cumprimento de deveres de colaboração que, de forma primária e direta, vão implicar a prestação de determinado tipo de informações com relevância tributária incidentes sobre outra pessoa (o sujeito passivo direto da relação tributária principal). Nestes casos, então, o chamamento destas entidades não tem já como desígnio a revalidação de uma informação, mas antes a comunicação de determinados elementos que chegam pela primeira vez ao conhecimento da AT.

Nesta sede, importa salientar, a título de exemplo – não só por se tratar de um regime que espelha justamente este tipo de obrigações,

[109] *Vide*, NOEL GOMES, *Segredo Bancário E Direito Fiscal*, ed. Almedina (Coimbra, 2006), p. 151.

mas também por ter sido muito recentemente introduzido no nosso ordenamento jurídico –, as obrigações de comunicação e diligência que as *instituições financeiras reportantes* devem cumprir em sede de troca automática de informações obrigatórias no domínio da fiscalidade[110].

Este tipo de obrigações resulta da transposição para o ordenamento jurídico português de legislação da União Europeia que tem em vista o combate à evasão e fraudes fiscais através do desenvolvimento de políticas de cooperação administrativa entre as administrações fiscais dos Estados-Membros (desde logo, a Diretiva nº 2011/16/UE, do Conselho, de 15 de fevereiro de 2011).

Tem vindo a verificar-se uma clara tendência para o alargamento da cooperação entre Estados, o que se denota, desde logo, pelo âmbito mais amplo de sujeitos passivos relativamente aos quais pode ser trocada informação, mas também pelos impostos abrangidos pela Diretiva aqui em análise. De ter em atenção, ainda, que as autoridades requeridas – isto é, quando prestam uma informação obrigatória que lhes foi requerida por outro Estado-Membro – devem atuar como se atuassem a pedido de uma entidade nacional ou por sua própria iniciativa (nº 3 do artigo 6º da Diretiva e nº 5 do artigo 5º do DL nº 61/2013)[111].

No ordenamento jurídico português, desde 2016, também algumas instituições financeiras, para este efeito tratadas como *instituições*

[110] Referimo-nos, em concreto, ao Decreto-Lei nº 61/2013, de 10 de maio, que procede à transposição da Diretiva nº 2011/16/UE, do Conselho, de 15 de fevereiro de 2011, relativa à cooperação administrativa no domínio da fiscalidade, sobretudo a partir da entrada em vigor Decreto-Lei nº 64/2016, de 11 de Outubro, que especificamente veio densificar as categorias de instituições financeiras reportantes e de contas financeiras que ficam abrangidas pela nova disciplina de troca obrigatória e automática de informações.

[111] *Cfr.*, João Sérgio Ribeiro, *Estudos de Direito Fiscal Da União Europeia*, ed. Elsa Uminho (Braga, 2017), pp. 112 a 119. Para um estudo mais completo desta temática, veja-se, do mesmo autor, "A Diretiva Relativa À Cooperação Administrativa No Domínio Da Fiscalidade," in *Ética E Direito, Tomo II (E-Book)*, ed. Escola de Direito da Universidade do Minho (Braga, 2013), pp. 93-109.

financeiras reportantes[112], estão obrigadas a fornecer determinado tipo de informações[113] à administração tributária para efeitos da cooperação desta com outras administrações fiscais da União.

O incumprimento das obrigações acessórias e de colaboração impostas a estas instituições financeiras reportantes é sancionado com coima, nos termos do artigo 119º-B do RGIT que, no seu nº 1 se refere à inexatidão das informações comunicadas pelas instituições financeiras reportantes ou ao incumprimento total da obrigação de informar e, no seu nº 2, ao incumprimento dos procedimentos de diligência devida, de registo e conservação dos documentos destina-

[112] Nos termos da al. a) do artigo 4º-A do Decreto-Lei nº 61/2013, considera-se instituição financeira reportante *"qualquer instituição financeira, que não seja considerada 'Instituição financeira não reportante', com sede ou direção efetiva em território português, com exceção de qualquer sucursal dessa instituição financeira situada fora deste território, bem como qualquer sucursal situada em território português de uma instituição financeira com sede fora deste território, desde que, em qualquer caso, integrem uma das seguintes categorias de instituições financeiras: i) 'Instituição de custódia; ii) 'Instituição de depósito; iii) 'Entidade de investimento; iv) 'Empresa de seguros especificada"*. Como se constata da leitura desta disposição legal, o leque instituições financeiras reportantes não é estanque e está dependente, desde logo, do conceito de "instituição financeira não reportante". Para este efeito, importa atender ao artigo 4º-F, que dá a indicação de que a lista de instituições financeiras que devem ser tratadas como não reportantes (além das que, por natureza, o não são, nos termos do artigo 4º-B), por apresentarem um baixo risco de serem utilizadas para efeitos de evasão fiscal, é publicada pelo membro do Governo responsável pela área das finanças aprova.

[113] De entre o conjunto de informações a prestar por estas instituições, destacam-se as informações a respeito de cada conta sujeita a comunicação que seja por estas mantida, o que implica que comuniquem elementos como o nome, endereço e número de identificação fiscal de cada pessoa que seja titular da conta sujeita a comunicação, o número da conta ou, na sua ausência, o equivalente funcional, o saldo ou o valor da conta, incluindo, no caso de contratos de seguro monetizáveis ou de contratos de renda, o valor em numerário ou o valor do resgate no final do ano civil em causa ou, caso a conta tenha sido encerrada no decurso desse ano, o seu encerramento.

Não é, contudo, na prestação de informações que se esgota o corpo de obrigações acessórias a que estão sujeitas estas instituições, uma vez que tais informações, bem como os documentos que as justificam devem ser por estas conservadas, em boa ordem, pelo período de seis anos contados a partir do final do ano em que os procedimentos tenham sido efetuados (nº 7 do artigo 16º do DL nº 61/2013).

dos a comprovar o respetivo cumprimento das obrigações a que estão adstritas.

Um outro diploma que tem, nesta sede, particular relevância é o Decreto-Lei nº 29/2008, de 25 de fevereiro, que estabelece um conjunto de deveres de comunicação, informação e esclarecimento à administração tributária para prevenir e combater o planeamento fiscal abusivo. Este diploma obriga à comunicação[114] de esquemas ou atuações de planeamento fiscal propostos a clientes ou outros interessados, por parte das entidades que, nos termos do seu artigo 5º se qualifiquem como um promotor.

O incumprimento destas obrigações de comunicação é sancionado com coima, nos termos dos artigos 17º e 18º do referido diploma. De acordo com o artigo 20º deste Decreto-Lei, aos ilícitos contraordenacionais que nele se encontravam previstas é aplicável o Regime Geral das Infrações Tributárias.

5. Complexo garantístico do direito de crédito tributário (em especial, o papel do Direito Infracional Tributário)

Neste segmento, referir-nos-emos ao conjunto de prerrogativas que o Estado tem a seu favor no que respeita à garantia do direito de crédito em sede da relação jurídica tributária. Apesar de alguns autores apresentarem uma outra arrumação, oferecendo um desenvolvimento mais profícuo desta questão[115], para efeitos deste escrito optaremos por nos referir a três dessas prerrogativas, que dividiremos em dois segmentos de análise: (*i*) mecanismos que visam a garantia do cumprimento das obrigações tributárias numa fase *pré-patológica*;

[114] Para melhores desenvolvimentos relativamente a esta obrigação acessória de comunicação, veja-se o artigo 7º do Decreto-Lei nº 29/2008, de 25 de fevereiro.

[115] Referimo-nos, em concreto a Joaquim Freitas da Rocha e Hugo Flores da Silva. Por isso, para um estudo mais completo desta matéria, deve atender-se às seguintes obras, que ordenamos cronologicamente: Joaquim Freitas Rocha e Hugo Flores da Silva, *Teoria Geral da Relação Jurídica Tributária*, ed. Almedina (Coimbra, 2017)., pp. 51 e 52; Hugo Flores da Silva, *Privatização do Sistema de Gestão Fiscal, cit.*, pp. 195 a 204.; Joaquim Freitas da Rocha, *Apontamentos de Direito Tributário (A Relação Jurídica Tributária), cit.*, pp. 13 e 14.

e (*ii*) mecanismos que visam a garantia do cumprimento das obrigações tributárias numa fase *patológica*.

5.1. Mecanismos que visam a garantia do cumprimento das obrigações tributárias numa fase pré-patológica

Seguindo a ordem indicada, enquadraríamos o procedimento de inspeção tributária e aduaneira como um instrumento legal apto a garantir o cumprimento das obrigações tributárias, posicionado numa fase *pré-patológica*. Esta arrumação é, desde logo, justificada pela própria natureza do procedimento que é meramente indagadora e informativa[116], não podendo ser confundido com um procedimento sancionatório[117-118].

Estamos, então, perante *"uma atuação administrativa tendente a fiscalizar e a assegurar a correção dos comportamentos dos contribuintes*[119]*"*, sendo, desde logo (e como resulta da própria norma do nº 1 do artigo 2º do RCPITA), com aquela visada a verificação do cumprimento das

[116] Este é um procedimento que visa essencialmente a verificação do cumprimento das obrigações tributárias mediante recolha de informação, que tem como destinatária a administração tributária. Não obstante, o procedimento de inspeção tributária e aduaneira, pese embora seja, na maioria dos casos, desencadeado pela AT, pode também ser iniciado – ainda que mediante a verificação de requisitos mais restritos – pelo *"sujeito passivo ou (...) terceiro que igualmente prove interesse legítimo"*, nos termos do nº 2 do artigo 27º do RCPITA e atendendo, em especial, ao Decreto-Lei nº 6/99, de 8 de janeiro (Regime especial de inspeção por iniciativa do sujeito passivo).

[117] Como, aliás, se observa pela leitura do nº 1 do artigo 2º do RCPITA, em que se refere que *"o procedimento de inspeção tributária [e aduaneira] visa a observação das realidades tributárias, a verificação do cumprimento das obrigações tributárias e a prevenção das infrações tributárias"*.

[118] Joaquim Freitas da Rocha e João Damião Caldeira, no comentário ao artigo 2º do RCPIT (agora RCPITA), referem mesmo que *"o procedimento de inspeção não visa em si mesmo sancionar, mas sim promover o sancionamento"*, o que, como bem salientam, *"constituem situações distintas"*, pois que a inspeção tributária *"identifica as infrações cometidas, mas não as sanciona"*, desde logo pelo facto de o próprio Regime em causa não dotar os inspetores tributários de competência para tal. *Cfr.*, dos autores, *Regime Complementar do Procedimento de Inspecção Tributária (RCPIT) Anotado e Comentado*, ed. Coimbra Editora (Coimbra, 2013), pp. 18 e 19.

[119] *Vide*, Joaquim Freitas Rocha, «O controlo do controlo tributário (meios reactivos à inspecção tributária)», *Cadernos de Justiça Administrativa, nº 67* (Braga, 2008), p. 3.

obrigações tributárias e a prevenção das infrações. Nesse sentido, ainda que de um modo eventualmente incidental, acaba por constituir também uma forma de acautelar o cumprimento de tais obrigações.

Esta prerrogativa da AT foi pensada essencialmente para a identificação de situações de desconformidade com o disposto nas normas jurídicas tributárias, desde logo casos em que é já verificável o *incumprimento* propriamente dito. Não obstante, é perfeitamente possível que a entidade inspecionada não tenha sido previamente alvo de qualquer suspeita de cometimento de uma infração (pode até dar-se o caso de aquela ser selecionada em virtude da aplicação de métodos aleatórios, ou pelo simples facto de, em abstrato, estar abrangida pelos critérios objetivos fixados no PNAITA[120]) e se venha, inclusivamente, a verificar, no decurso da marcha procedimental, que efetivamente não foi cometida qualquer ilegalidade.

As razões de ordem a partir das quais consideramos que, pese embora se enquadre perfeitamente como um instrumento apto a garantir o cumprimento das obrigações tributárias, o procedimento de inspeção tributária e aduaneira deve ser catalogado como integrante de uma fase *pré-patológica* são as seguintes: (*a*) este procedimento pode iniciar-se sem que sobre o inspecionado impenda um qualquer indício ou suspeita de incumprimento; (*b*) mesmo quando existam indícios ou suspeitas[121] de incumprimento de uma obrigação tributária, estes não se têm, no momento em que se inicia o procedimento, tidos por confirmados pelos serviços, sendo, aliás, um dos objetivos do procedimento de inspeção a concreta verificação de irregularidades; (*c*) o procedimento de inspeção tributária e aduaneira pode findar sem que se verifique estar em falta uma obrigação tributária em falta, nem a prática de uma qualquer infração tributária.

[120] O Plano Nacional de Atividades da Inspeção Tributária e Aduaneira (PNAITA) é referenciado, em especial, nos artigos 23º a 26º do RCPITA.

[121] Referimo-nos, aqui, em concreto, aos casos em que as entidades são sujeitas ao procedimento de inspeção tributária e aduaneira em virtude da verificação de desvios significativos ou de indícios de infração tributária, ou ainda por existir uma participação ou denúncia apresentadas nos termos legais.

5.2. Mecanismos que visam a garantia do cumprimento das obrigações tributárias numa fase patológica

Passemos, agora, a referir-nos aos especiais instrumentos colocados ao dispor da administração tributária, tendentes ao cumprimento das obrigações tributárias, operantes numa fase dita *patológica* da relação jurídica tributária.

O motivo pelo qual qualificamos a fase em que ambos os instrumentos operam de *patológica* tem que ver com o facto de, nos dois casos que se passarão a apresentar, se estar já perante uma situação de incumprimento.

5.2.1. De natureza executiva

Dentro destes especiais instrumentos de garantia do cumprimento das obrigações tributárias, começaremos por nos referir àquele que apresenta uma natureza executiva: o processo de execução fiscal. Como o próprio nome indica, está-se, aqui, perante um *processo* que visa a execução de um direito de crédito com natureza tributária[122].

O processo de execução fiscal dá-se numa fase em que é, então, já patente uma situação de desconformidade, em virtude do não cumprimento da obrigação tributária principal pelo sujeito passivo dentro do prazo legal para o pagamento voluntário (artigo 84º do CPPT).

[122] Atenda-se, neste particular, ao artigo 148º do CPPT. Note-se, porém, que o STA já se pronunciou acerca da necessidade de não se fazer um uso abusivo da norma da al. a) do nº 2 do artigo 148º, que permite, nos casos expressamente previstos na lei, que o PEF seja o meio processual adequado para a cobrança de *"outras dívidas ao Estado e a outras pessoas coletivas de direito público que devam ser pagas por força de acto administrativo"*. O entendimento do Supremo Tribunal tem sido o de se limitar a utilização deste meio processual para a execução dívidas com natureza efetivamente tributária. A este respeito, veja-se o Ac. do STA de 10-04-2013, processo nº 015/12, que teve como relator Valente Torrão.

Para melhores desenvolvimentos sobre a utilização abusiva do processo de execução fiscal, atente-se, ainda, à dissertação de mestrado de Eugénia Afonso Pereira, intitulada "Da Utilização Abusiva Do Processo de Execução Fiscal: Em Especial, a Cobrança de Dívidas Não Tributárias" (Escola de Direito da Universidade do Minho, outubro de 2017), pp. 70 a 91, disponível em: http://repositorium.sdum.uminho.pt/bitstream/1822/50293/1/Eug%C3%A9nia%20Margarida%20Afonso%20Pereira.pdf.

Findo este prazo, é extraída uma certidão de dívida pelos serviços tributários competentes (artigo 88º do CPPT). Esta certidão, por sua vez, está, nos termos da lei[123], apta a servir de título executivo, com base no qual se dá início ao PEF. Isto significa que a administração tributária pode promover uma ação executiva com base num título formal que é emitido dentro da sua própria estrutura, sem ser necessário proceder à obtenção de uma sentença que declare a sua qualidade de credora de uma determinada dívida.

Além desta importante prerrogativa de autotitulação, há ainda a vantagem de o processo de execução fiscal ser um meio processual especialmente célere, não podendo, em regra, ter uma duração superior a um ano, contado a partir da data da sua instauração.

Como se vê, a administração tributária tem, no processo de execução fiscal, um importante instrumento para garantir de forma coerciva o cumprimento das obrigações tributárias em falta, através do *"produto da venda dos bens que pertencem ao devedor, ou através da sua entrega*[124]*"* ao credor tributário. Os especiais contornos do PEF aqui apenas brevemente elencados (a autotitulação das dívidas e a celeridade), além de outros que a doutrina[125] tem, de forma sistemática e coerente, vindo a exaltar, justificam-se pelo escopo publicista e de satisfação das necessidades da coletividade que assiste, como já oportunamente se referiu, aos tributos.

5.2.2. De natureza sancionatória

Um outro modo de acautelar o cumprimento das obrigações tributárias, numa fase tida já como *patológica* (dado já existir, por norma, quanto mais não seja, uma suspeita de incumprimento), é o da repressão dos comportamentos praticados em desconformidade com o preceituado nas normas jurídico-tributárias, por via de um regime sancionatório especializado.

[123] *V.* al. a) do artigo 162º do CPPT.

[124] *Vide*, Rui Duarte Morais, *A Execução Fiscal*, ed. Almedina (Coimbra, 2010), p. 38.

[125] Neste sentido, veja-se, por todos, Hugo Flores da Silva, *Privatização do Sistema de Gestão Fiscal*, *cit.*, p. 199.

De facto, no âmbito jus-tributário, existe um diploma próprio[126] em que está previsto o corpo de consequências jurídicas desfavoráveis, de natureza sancionatória, associado a determinado tipo de atuações valoradas como ilícitas pelo ordenamento jurídico.

Seguindo aqui de perto a doutrina de NUNO SÁ GOMES e de PEDRO SOARES MARTINEZ[127], convém, desde já, clarificar que a infração tributária se distingue do *ilícito tributário*, em sentido amplo. Na verdade, pode considerar-se que o *ilícito tributário* constitui um grande círculo do qual faz parte, entre outras realidades, também a da infração tributária.

Assim, por norma (e como é, aliás, desejável), qualquer atuação desconforme com o bloco de juridicidade tributário terá associada uma consequência desfavorável para o seu autor, pese embora o tipo de consequências que então se liga a tais comportamentos apresente distinta natureza[128].

126 Referimo-nos ao Regime Geral das Infrações Tributárias, aprovado pela Lei nº 15/ /2001, de 5 de junho.

127 Relativamente a este último autor, *ver* PEDRO SOARES MARTINEZ, *Direito Fiscal, cit.*, pp. 333 e 334. SOARES MARTINEZ considera, aliás, que a *infração fiscal* propriamente dita (isto é, a infração fiscal em sentido estrito) reporta-se à violação dos comandos tributários suscetíveis de provocar uma *"sanção de tipo penal, de tipo punitivo"*, o que, sem sombra de dúvida, reforça a ideia de que as infrações fiscais não têm por base um qualquer tipo de ilícito, mas somente aqueles que tenham dignidade suficiente para comportarem a aplicação de uma sanção de tipo punitivo, quer seja uma pena (de multa ou de prisão), uma coima ou uma sanção acessória.

128 Seguindo, então, como se referiu no corpo do texto, NUNO SÁ GOMES, a violação das normas tributárias pode desencadear, em abstrato, consequências reconstitutivas, preventivas, compensatórias, compulsórias e punitivas. *Cfr.*, NUNO SÁ GOMES, *Evasão Fiscal, Infracção Fiscal e Processo Penal Fiscal*, ed. Rei dos Livros (Lisboa, 2000), pp. 18 a 20. Deixamos, contudo, a nota de que, neste particular, nos distanciamos da terminologia do autor, na medida em que, o autor denomina de "sanções" aquilo que nós qualificamos como "consequências". Clarificando: entendemos que, de facto, a violação do preceituado nas normas jus-tributárias acarreta consequências jurídicas de escopo diverso, de entre as quais se encontram as consequências *punitivas*, isto é, as coimas, as penas de prisão ou de multa e as demais sanções acessórias. No entanto, adotamos outra terminologia, segundo a qual veiculamos que apenas devem ser catalogadas como *"sanções"* as consequências associadas à infração das normas tributárias que tenham efetivamente natureza *sancionatória* ou *punitiva*.

Apesar de, em bem da verdade, qualquer comportamento desconforme à lei tributária constituir uma *infração* à mesma, tem sido entendido que a expressão *«infração tributária»* apenas dirá respeito *"aos factos típicos, ilícitos e culposos, declarados como puníveis por lei anterior"*, que podem traduzir-se na prática de um crime ou de uma contraordenação[129].

Entramos, assim, no âmbito do Direito Infracional Tributário[130] que definiríamos do seguinte modo: *(1)* o conjunto de normas jurídicas de segundo grau[131] *(2)* que estabelecem as consequências jurí-

Sobre as consequências jurídicas de natureza objetiva (inexistência, invalidade e ineficácia), veja-se Hugo Flores da Silva, *Privatização do Sistema de Gestão Fiscal, cit.*, pp. 200 e 201.

[129] Uma ideia que é, desde logo, percetível pela terminologia empregue no RGIT, em particular nos artigos 1º, 2º, 5º e 10º, sem prejuízo de outros. Uma ideia semelhante é avançada por Nuno Sá Gomes, na obra já citada *(ver p. 19)*, ainda que o autor faça, compreensivelmente, uma nota relativa à terminologia utilizada nos diplomas legais reguladores destas matérias que antecederam o RGIT: o Regime Jurídico das Infrações Fiscais Não Aduaneiras (RJIFNA) e o Regime Jurídico das Infrações Fiscais Aduaneiras (RJIFA).

[130] Bem sabemos – como é, aliás, exaltado pela doutrina – que um dos méritos do RGIT foi o de regular, pela primeira vez, de modo unitário o regime infracional aduaneiro e o não aduaneiro (neste sentido, por todos, Isabel Marques da Silva, *Regime Geral das Infrações Tributárias, cit.*, pp. 17 e 18). Apesar de confluírem, neste diploma, as matérias criminais e contraordenacionais tributárias e a matéria criminal aduaneira (as contraordenações aduaneiras constam de legislação especial), optamos por utilizar "apenas" o qualificativo *"Tributário"* junto do *"Direito Infracional"*. Isto porque, como aliás se pode constatar da leitura do Anteprojeto do RGIT – em particular na parte em que se transcreve o relatório justificativo da Resolução do Conselho de Ministros, assinado pelo à altura Ministro das Finanças, o saudoso Professor António de Sousa Franco – *"O Direito Fiscal Aduaneiro não é um ramo autónomo do Direito Tributário. Integra, posto que como Direito especial, o próprio Direito Tributário"*. *Vide*, Ministério das Finanças, «Anteprojecto do Regime Geral das Infracções Tributárias» (Lisboa, 1999), p. 7.

[131] Podemos, aqui, aproveitar os ensinamentos de Herbert L.A. Hart, que advogada a existência, nos sistemas jurídicos complexos, de dois tipos distintos de regras: por um lado, as *regras primárias* que, no fundo, exigem aos serem humanos que façam ou se abstenham de praticar determinado tipo de ações e, por outro, as *regras secundárias* que atribuem poderes públicos ou privados. Embora não coloquemos o problema, no que tange ao Direito Infracional Tributário, neste preciso sentido, podemos partir desta distinção entre normas primárias e secundárias para lhe dar uma definição de base

dico-sancionatórias (coimas, penas de multa ou de prisão) abstratamente aplicáveis *(3)* à prática de comportamentos típicos, ilícitos e culposos que, em regra, se materializam no incumprimento de obrigações tributárias – quer da obrigação principal, quer das obrigações acessórias.

No domínio do Direito Infracional Tributário, temos, então, um conjunto de normas de *segundo grau*, isto é, de normas relativas a outras normas, no corpo das quais a hipótese legal conterá o descritivo da violação de uma ou mais normas de *primeiro grau* (isto é, o desrespeito pelas normas ordenadoras ou reguladoras do comportamento tributário[132]), ao qual se associa a estatuição de consequências jurídicas de natureza sancionatória ou punitiva.

A ideia de relação direta entre a norma primária (e reguladora) com a norma secundária (sancionatória), bem como a de que o Direito Infracional Tributário tem incluído no seu corpo de objetivos a repressão dos comportamentos desconformes e a prevenção do incumprimento, está bem patente no texto do Anteprojeto do Regime Geral das Infrações Tributárias, em que se pode ler:

> *"As normas de Direito Tributário não são normas sem sanções. A sua violação tem de suscitar reação adequada, sob pena de multiplicação das situações de incumprimento. O êxito do combate à fraude e à evasão fiscal passa, assim, por um adequado sistema sancionatório que conjugue valores de justiça com os objetivos de*

legal. Assim, o Direito Infracional Tributário é, segundo cremos, um complexo de normas secundárias que estabelecem um conjunto de consequências jurídicas associadas ao incumprimento das normas primárias, as quais impõem ao destinatário um certo modo de agir (ou uma obrigação de não agir) com relevância jurídica. Sobre a conceção do Direito como uma união de regras primárias e secundárias, veja-se Herbert L.A. Hart, *O Conceito de Direito (tradução portuguesa do original "The Concept of Law")*, ed. Fundação Calouste Gulbenkian, 2ª (Lisboa, 1994), pp. 90 a 92. e, ainda, Joaquim Freitas Rocha, *Constituição, Ordenamento E Conflitos Normativos – Esboço de Uma Teoria Analítica Da Ordenação Normativa*, ed. Coimbra Editora (Coimbra, 2008), pp. 232 a 234.

[132] Referindo-nos, aqui, com base no nº 1 do artigo 1º do RGIT, às normas que regulam as prestações tributárias; os regimes tributários, aduaneiros e fiscais, independentemente de regulamentarem ou não prestações tributárias; os benefícios fiscais e franquias aduaneiras; e as contribuições e prestações relativas ao sistema de solidariedade e segurança social.

prevenção e repressão. As penas devem ser proporcionais à gravidade das condutas a que se aplicam e simultaneamente dissuasoras de novas infrações[133]*"*.

Parece, assim, ficar claro que um dos desígnios do Direito Infracional Tributário, através das suas normas, é a dissuasão da prática de novas infrações, o que nos convoca, desde logo, importantes considerações relativas às finalidades subjacentes à aplicação das sanções de tipo punitivo.

Se, no que respeita aos crimes tributários, parece mais ou menos pacífico que, na base da aplicação de uma pena de prisão ou de multa, estarão sempre inerentes finalidades preventivas, quer na sua configuração *generalista* – no sentido de que a pena se configura como um instrumento que, não só atua, por via da ameaça estatuída na lei penal, como um elemento dissuasor da prática de crimes, como também confere à comunidade em geral uma sensação de *"tutela da confiança geral na validade e vigência das normas"*, veiculando uma revalidação da confiança que todos nós depositamos na capacidade do Estado dar guarida efetiva aos bens jurídicos tidos como mais caros e essenciais à convivência em sociedade –, quer na sua configuração *especial ou individual*[134] – que se associa, no fundo, a uma ideia de prevenção

[133] *Cfr.*, Ministério das Finanças, "Anteprojecto Do Regime Geral Das Infracções Tributárias.", *cit.*, p. 4.

[134] *Vide*, Jorge de Figueiredo Dias, *Direito Penal (Parte Geral – Tomo I)*, ed. Coimbra Editora, 2ª (Coimbra, 2007), pp. 53 a 83. Importa, aqui, realçar que o autor firma, na página 58 da obra citada, a ideia de que, ao contrário do que uma parte da doutrina vinha defendendo, são muito frequentes os casos em que os agentes que levam à prática crimes económicos – de entre os quais realça a fraude fiscal – carecem de socialização, devendo, também nesta sede, a pena compreender finalidades preventivas especiais positivas. E aqui Jorge Figueiredo Dias afirma, de um modo, a nosso ver, profundamente acertado, que o acento tónico da finalidade ressocializadora de uma pena não é o da verificação de uma estabilidade da inserção do agente no todo comunitário, nem tão-somente a respeitabilidade do seu modo de vida quando comparado com os demais. O que se pretende é configurar toda a atuação do agente, não só num plano de exteriorização social – entenda-se, daquilo que é mais facilmente percetível por aqueles que lhe são próximos –, mas também no que respeita às condutas mais resguardadas da sua vida – como entendemos que são as condutas no domínio tributário que, como se compreende, regra geral, não se levam a cabo de forma ostensiva e publi-

da reincidência do agente em práticas criminógenas, mas também como um instrumento de *suficiente* advertência individual dos que levam a cabo comportamentos desviantes –, já no que respeita ao domínio contraordenacional, o entendimento não tem sido unânime.

Este será um tema a que regressaremos, com maior densidade, no capítulo seguinte.

citária – que possam, em bem da verdade, ser tidas como puníveis pelo ordenamento jurídico criminal. O que queremos, no fundo, dizer é que, num plano externo e puramente social, o agente pode mostrar-se perfeitamente adaptado ao meio e levar um estilo de vida tido como socialmente aceite e respeitável, mas, ainda assim, carecer de socialização em domínios que não são porventura tão visíveis.

Capítulo III

As infrações tributárias no ordenamento jurídico português: seu sentido e fundamento

No presente capítulo, procuraremos densificar o fundamento e o sentido da existência das infrações tributárias no ordenamento jurídico português.

Depois, entendemos ser de cabal importância proceder ao desenvolvimento do complexo de finalidades associadas ao sancionamento das infrações tributárias, fazendo o necessário contraponto entre as finalidades das penas aplicáveis aos crimes tributários e as que presidem à aplicação das coimas pelo cometimento de contraordenações tributárias.

Finalmente, cumprir-nos-á tomar uma posição juridicamente enquadrada relativamente à existência, ou não, de uma dimensão ética associada às condutas subjacentes à prática dos ilícitos contraordenacionais tributários.

1. Finalidades das sanções aplicadas em virtude da prática de infrações tributárias

1.1. Crimes tributários e finalidades do seu regime punitivo

Problema que se nos coloca – e o qual não pode, nesta sede, ficar isento de pelo menos uma proposta de resolução da nossa parte – é o de saber qual o fundamento e o sentido das infrações tributárias, em particular no que respeita às contraordenações.

A opção pelo sancionamento de determinado tipo de condutas não parte, como se compreende, de uma opção meramente arbitrária do legislador, mas antes de uma tomada de posição que assenta numa ordem de razões objetivas, balizada, desde logo, pelo próprio texto constitucional. Há, por isso, necessariamente um fundamento principiológico na base da opção de se sancionar.

O Estado – isto é, *um* Estado de Direito Democrático – só terá legitimidade para atuar de forma repressiva sobre os seus cidadãos, censurando as suas ações comitivas ou omissivas, quando exista fundamento para a sua reprovação e haja uma sustentação clara para tal juízo de censura.

Tempos houve em que se defendeu, de forma liminar, que, no que diz respeito aos crimes, existiria uma *"pré-determinação extralegal da ilicitude e da culpa do facto criminoso*[135]*"*, isto é, uma valoração negativa prévia da comunidade face a determinado tipo de condutas que, mesmo na ausência de um comando normativo de natureza criminal, seriam tidas como censuráveis.

Nos dias de hoje, porém, julgamos que é entendimento unânime da doutrina que mesmo os delitos criminais não podem ser globalmente configurados como *"delicta in se"*, havendo condutas cuja censurabilidade social desponta da própria proibição legal (*"delicta mere prohibita"*). Estes são, por norma, mais facilmente reconduzíveis a uma ideia de perigosidade, uma vez que nos crimes de perigo se estará perante atuações penalmente censuráveis cuja realização típica não pressupõe a lesão, mas antes a mera colocação em perigo do bem jurídico protegido.

Relativamente aos crimes tributários, é hoje consensual que o substrato do poder punitivo que o Estado exerce sobre os agentes de tais condutas assenta, tal como em sede dos crimes comuns, em finalidades de prevenção geral e em finalidades de prevenção especial.

Pese embora gravite, hodiernamente, um clima de consensualidade relativamente às finalidades das penas aplicadas aos crimes tributários, nem sempre tal sucedeu entre nós. De facto, como exalta Jorge Figueiredo Dias, durante muito tempo houve uma tendência

[135] *Vide*, Jorge de Figueiredo Dias, *Direito Penal (Parte Geral – Tomo I)*, ed. Coimbra Editora, 2ª (Coimbra, 2007), pp. 4 e 5.

doutrinária para excluir do leque de finalidades associado à *"criminalidade de colarinho branco"* – sobretudo no que respeitava aos crimes de natureza económica e fiscal – as finalidades preventivas de natureza individual e positiva, com base na ideia de que não haveria qualquer necessidade de socialização dos seus agentes. Uma conceção que se baseou fundamentalmente no estatuto económico e social destes agentes que, segundo os autores que seguiam uma tal linha de pensamento, se encontravam bem inseridos na comunidade. Esta é uma ideia de rejeitar liminarmente, uma vez este tipo de crimes tem também subjacente a prática de condutas que comportam um significativo grau de lesão (ou perigo desta) em bens jurídicos com acrescida importância para a vida em comunidade e um certo grau de alheamento do agente relativamente à axiologia social de base, o que significa que, também nestes casos, poderá haver um defeito de socialização que justifique uma intervenção estadual igualmente no sentido de prevenção da reincidência.

Afastada que está a ideia de retribuição como finalidade associada às penas criminais, tem-se por certo que a sua aplicação tem como objetivo cumprir finalidades de natureza preventiva. Estas finalidades vão contribuir, também – e ainda que de modo diverso-, para a determinação concreta da pena.

Assim, por um lado, as penas têm como primeiro desígnio o *"restabelecimento da paz jurídica comunitária abalada pelo crime"*, isto é, o objetivo de conferir à comunidade uma ideia de segurança na manutenção da vigência da norma violada e, consequentemente, de revalidação do bem ou bens jurídicos protegidos que se mostraram afetados com a prática do crime[136]. Por este turno teremos, então, inerente uma ideia de prevenção geral positiva.

[136] Segundo Germano Marques da Silva a prevenção geral positiva reforça a função pedagógica do Direito Penal, no sentido de orientação dos comportamentos e de reafirmação dos valores prosseguidos pela coletividade. Assim, está aqui subjacente o objetivo de reforçar a consciência jurídica comunitária, quer para a revalidação das normas jurídico-penais, quer para a sua disposição para o cumprimento destas normas. *Cfr.*, Germano Marques da Silva, *Direito Penal Português, Volume I (Parte Geral. Introdução e Teoria da Lei Penal)*, ed. Verbo, 2001, p. 47.

Tem sido entendido que a prevenção geral de integração é porventura a finalidade primordial da pena, sendo ela que vai permitir ao aplicador da sanção penal desenhar os limites, ainda abstratos, mínimos e máximos da pena, enquanto medida ótima de proteção dos bens jurídicos e da tutela da confiança da comunidade na sua manutenção. Será, então, dentro de uma moldura oferecida pela prevenção geral positiva (*moldura de prevenção*), entre o *"ponto ótimo ideal"* e o *"limiar mínimo*[137]*"* em que é ainda possível a defesa do ordenamento jurídico, que o julgador fará intervir os vetores de ponderação preventiva especial para, a partir daqui, determinar a medida exata da pena.

Há, ainda, quem entenda que a aplicação de uma sanção estatal sobre uma conduta típica surtirá um efeito de intimidação sobre a comunidade em geral, que tomando conhecimento da sua efetividade e execução relativamente ao prevaricador, tenderia a afastar-se da prática de um tal tipo de condutas (*prevenção geral negativa ou de intimidação*).

Posicionamo-nos ao lado de JORGE FIGUEIREDO DIAS que, relativamente a esta questão, considera que a prevenção geral de intimidação obtida pela aplicação de uma sanção criminal não constitui, em si mesma, uma finalidade autónoma das penas. Não obstante, seria algo utópico negar-se que a aplicação de uma pena não surte, ainda que de forma meramente incidental, um efeito geral de intimidação, devendo, nesse sentido, ser também um fator a considerar no momento da determinação da sanção aplicável[138].

[137] A moldura de prevenção tem, então, um teto máximo (ponto ótimo) e um limiar mínimo, que Figueiredo Dias denomina *"o ponto ainda comunitariamente suportável de medida da tutela dos bens jurídicos"*. *V.*, do autor, *Direito Penal, cit.*, p. 81.

[138] Veja-se, a título de exemplo, algumas decisões jurisprudenciais que se posicionam justamente neste sentido: Acórdão do Tribunal de Relação de Évora, datado de 10-05-2016, com o processo nº 142/14.5GTABF.E1, relatado por Gilberto Cunha; Acórdão do Tribunal da Relação de Coimbra, de 17-12-2014, processo nº 52/14.6GTCBR.C1, que teve como relator Orlando Gonçalves; e Acórdão do Tribunal da Relação de Coimbra, de 07-09-2011, com o nº de processo 24/10.0GCCTB.C1, relatado Luís Ramos.

Dentro daquela moldura de prevenção, passa a ser imperiosa a consideração de vetores relacionados com a prevenção especial que dirão respeito, não às finalidades e aos efeitos da sanção criminal sobre a comunidade, mas antes sobre o papel destes relativamente ao agente, em si mesmo.

Associam-se, a esta ideia de prevenção especial, finalidades de natureza negativa e de natureza positiva. Relativamente à prevenção especial de sentido negativo, tem vindo a entender-se que a pena servirá (em termos latos) como uma advertência individual dirigida ao agente, no sentido da sua dissuasão da prática de futuros crimes, de evitação da reincidência[139]. Por outro lado, no que respeita à prevenção especial positiva, atender-se-á já à medida da necessidade de socialização do agente, o que, como se compreende, corresponderá a um juízo a ser levado a cabo pelo legislador *se* e *na necessária medida* em que exista, em concreto, uma carência de socialização.

Aliada a esta necessidade – ainda que eventual – de socialização do agente, está a ideia de um certo alheamento deste relativamente àquelas que são as conceções axiológicas fundamentais da comunidade em que se insere. Ao atribuir-se, ainda que somente em casos de carência, uma finalidade desta estirpe às penas criminais, estar-se-á, desde logo, a enfatizar o apelo que o Direito Penal faz à tutela dos valores e dos bens jurídicos mais caros ao seio social que, justamente por esta caraterística de essencialidade, são dignos de uma tutela jurídico-penal e não de qualquer outra[140-141].

[139] Neste sentido, atente-se à cuidada análise empreendida relativamente a esta questão no Acórdão do Tribunal da Relação de Coimbra, datado de 10-03-2010, com o processo nº 1452/09.9PCCBR.C1, que teve como relator Ribeiro Martins.

[140] Nas palavras de Faria Costa, *"A função do direito penal é a de proteger bens jurídicos (...), é a de defender ou proteger bens jurídicos que tenham dignidade penal"*. *Cfr.*, José Faria Costa, *Noções Fundamentais de Direito Penal (fragmenta iuris poenalis)*, ed. Coimbra Editora, 4ª (Coimbra, 2015), p. 13.

[141] Não poderíamos de deixar de fazer referência, também aqui (e uma vez mais), a Figueiredo Dias, uma vez que o autor realça que esta finalidade de tipo preventivo especial positivo nem sempre se mostra operante, bastando, em muitos casos, a tomada em consideração de finalidades *"de pura defesa social"*. Na esteira deste autor, as medidas de segurança constituem *"o campo por excelência de atuações (...)* [da] *dimensão*

1.2. Contraordenações tributárias: antevisão das finalidades inerentes à aplicação de coimas

No que respeita, contudo, às finalidades subjacentes à aplicação de sanções pela prática de ilícitos contraordenacionais, vislumbra-se um fecundo solo para a divergência de posições.

A este respeito, importa, desde já, rematar que não tendemos para a defesa de uma similitude absoluta das finalidades das sanções de tipo criminal em face das sanções de natureza contraordenacional: a coima não constitui uma reação criminal do ordenamento jurídico, o que é visível, desde logo, pela sua inconvertibilidade em pena de prisão[142]. A coima – sanção típica e, aliás, caraterizadora do ilícito de ordenação social[143] – situa-se num campo de atividade emi-

preventivo-especial", ainda que *"ela tenha também lugar, em certos casos, no âmbito da pena"* (p. 82). Como não cuidaremos, nesta sede, da (importante) temática jurídico-penal das medidas de segurança, remetemos toda a atenção para o autor, *in Direito Penal, cit.*, pp. 86-105.

142 O que se constata, desde logo, pela leitura comparativa dos artigos 89º do RGCO com o 49º do CP (e fazendo-se, claro está, um nexo de comparação entre a coima e a pena de multa, pois ambas constituem sanções pecuniárias). Enquanto que a consequência do não pagamento, nos termos legalmente previstos, da coima tem como consequência a instauração de um processo executivo (note-se: no caso específico das coimas aplicadas pela prática de contraordenações tributárias, desde que não hajam sido aplicadas pelos tribunais comuns, a cobrança coerciva é efetuada por via de um processo de execução fiscal, por via da al. b), do nº 1 do artigo 148º do CPPT), já no que respeita à multa, lê-se na norma do artigo 49º do CP que a multa *"que não tenha sido substituída por trabalho,* [se] *não for paga voluntária ou coercivamente, é cumprida prisão subsidiária pelo tempo correspondente reduzido a dois terços, ainda que o crime não fosse punível com prisão"*. Abrindo, ainda, um outro parêntesis: poder-se-ia argumentar que subsistem no CP previsões normativas que estabelecem o princípio da inconvertibilidade da pena de multa, quando incumprida, em pena de prisão subsidiária. Estamos, em concreto, a referir-nos ao nº 7 do artigo 90º-B, que se refere à pena de multa quando aplicada às pessoas coletivas. No entanto, esta inconvertibilidade em prisão subsidiária não tem na sua base uma justificação de tipo objetivo, isto é, dirigida a (e baseada na) sanção em si, mas antes as próprias caraterísticas inerentes às pessoas coletivas (uma justificação, em nosso entender, de natureza puramente subjetiva).

143 É de chamar, aqui, à colação Mário Ferreira Monte, pois parece-nos certeira a observação relativamente à definição de tipo formalista que é feita no artigo 1º do RGCO, no sentido de que é contraordenação *"todo o facto ilícito e censurável que preencha*

nentemente público e de natureza sancionatória, pelo que lhe estará sempre associada uma reação estadual de desvalor jurídico. Nesse sentido, à sua aplicação presidirão necessariamente certo tipo de finalidades e estas revestem-se de elevada importância, ainda que, quer no que diga respeito às finalidades em si, quer no que concerne ao complexo núcleo – diríamos – *valorativo* em que se materializa a sua *importância*, diferenças profundas existam quando se as coloque em comparação com as sanções jurídico-criminais.

O que podemos dizer, em jeito de introito, é que estamos de acordo com a doutrina maioritária, no sentido em que julgamos não haver (nem poder haver, sob pena de se desvirtuar a própria natureza do ilícito contraordenacional) uma correspondência direta entre as finalidades subjacentes à aplicação de uma sanção criminal e as que estão na base da aplicação de uma coima. No entanto, tendemos para ver na sanção contraordenacional, sobretudo em determinado tipo de ilícitos contraordenacionais, como os jurídico-tributários, a concorrerem para a teleologia da ação sancionatória estadual, finalidades preventivas também de sentido positivo, em moldes que mais adiante serão adensados.

Como não poderia deixar de ser, a tomada de posição no sentido de se vislumbrar, na imposição de sanções de tipo contraordenacional, finalidades de sentido positivo acaba por se relacionar intimamente com o modo como se concebe o conteúdo material do ilícito contraordenacional.

Já tivemos oportunidade de fazer um breve enquadramento à diversidade de posições que têm vindo a ser manifestadas, quanto a esta matéria, por diversos autores, dos mais próximos aos temporalmente mais distantes.

um tipo legal" no qual se comine uma coima, o que significa que os ilícitos contraordenacionais acabam por *sê-lo*, de forma positivada e formal, quando a sanção que a eles se associa seja uma coima. Isto significa que, no (por vezes sinuoso) caminho da distinção entre o Direito Penal e o Direito das Contraordenações, o próprio tipo de sanção que está na base de um e de outro acaba por funcionar como um importante elemento distintivo e caraterizador – pese embora não o único. *Cfr.*, do autor, *Lineamento de Direito das Contraordenações*, ed. AEDUM, 2ª (Braga, 2017), pp. 85 a 87.

2. O conteúdo ético das condutas no domínio das contraordenações tributárias

Para LANGE e MICHELS, o fundamento da contraordenação não iria ao encontro do ferimento de um bem jurídico, enquanto que para FIGUEIREDO DIAS, ainda que considerando que todos os ilícitos têm como pressuposto uma certa medida de ofensa de um *"bem"* jurídico protegido, o Direito das Contraordenações estaria desenhado de forma a que a lesão do bem se encontre fora da conduta, verificando-se apenas quando haja uma ligação entre a conduta e a previsão normativa que a censura. Assim, segundo este autor a valoração da ilicitude é suportada por este substrato complexo *(substrato de valoração jurídica)* composto pela conexão entre a conduta (em si mesma, axiologicamente neutra) e a proibição legal[144].

Não obstante, encontram-se na doutrina autores mais recentes com posições bem mais firmadas no sentido do conteúdo ético das condutas subjacentes ao ilícito contraordenacional. A título de exemplo, TIAGO LOPES DE AZEVEDO parte de uma distinção entre o *ser* e o *dever ser* jurídico para concluir que, pese embora num estádio original as condutas sancionáveis pelo Direito das Contraordenações pudessem caraterizar-se por uma anomia axiológica, a evolução do quadro legislativo e dogmático neste âmbito trouxe-nos por um caminho diverso, em que é já possível encontrar-se condutas tipificadas como contraordenações que apresentam um caráter axiológico relevante. Uma relevância ética tal que inviabilizaria, na opinião do autor, o enquadramento de tais condutas como amorais, desde logo por contenderem com a *"consciência social"*, elevada, na sociedade atual, a valor carente de guarida estadual[145].

Este conceito de *"consciência social"* havia sido já invocado por AMÉRICO TAIPA DE CARVALHO, que assume uma posição (minori-

[144] *Cfr.*, uma vez mais, JORGE DE FIGUEIREDO DIAS, *Temas Básicos da Doutrina Penal: «Do Direito Penal Administrativo ao Direito de Mera Ordenação Social»*, ed. Coimbra Editora (Coimbra, 2002), pp. 146 e 147.

[145] *V.*, TIAGO LOPES DE AZEVEDO, *Da Subsidiariedade no Direito das Contra-Ordenações: Problemas, Críticas e Sugestões práticas*, ed. Wolters Kluwer Portugal (Lisboa, 2011), pp. 106 a 111.

tária, mas, em todo o caso, perfeitamente defensável) no sentido de associar a todo o tipo de contraordenações um grau (ainda que variável) de eticidade[146]. Para o autor, o legislador não protege uma qualquer ordenação; se dá guarida a uma dada *ordem* é porque esta tutela valores sociais, sendo através das sanções adstritas à sua violação que o Estado garante que os infratores *"se consciencializem da (...) relevância social"* daquela mesma[147].

3. Argumentos em prol de uma dimensão ética: sentido e alcance da nossa posição

Relativamente às contraordenações tributárias – que aqui são o nosso objeto –, entendemos que é possível reconhecer-lhes uma carga ético-social acrescida (como porventura será também possível, por exemplo, nas contraordenações ligadas ao Direito do Consumo, ao Direito do Ambiente e ao Direito do Trabalho).

Esta dimensão axiológica das condutas que estão na base do ilícito contraordenacional tributário está, em nosso entender, diretamente ligada ao facto de haver uma maior proximidade ao bem juridicamente protegido. Isto é, seguindo o entendimento oferecido pela doutrina maioritária – no sentido em que, no que respeita aos crimes, o bem jurídico está logo contido, de forma expressa, direta e implícita na conduta, ao passo que nas contraordenações o bem jurídico apenas é apreensível de forma incidental quando há uma conexão da conduta com a proibição normativa –, entendemos que em determinados setores jurídicos, a conduta contraordenacional apresenta uma maior aproximação ao bem jurídico, que pode ser identificado sem que aquela careça de uma associação à censura positivada do legisla-

[146] Contra esta posição, considerando que o Direito das Contraordenações, não só não protege, como não deve proteger bens essenciais da comunidade, ficando-lhe somente alocada *"a proteção de regras de vivência comunitária axiologicamente neutras ou sem ressonância ética"*, veja-se Flávia Noversa Loureiro, «Os poderes de investigação nas contraordenações concorrenciais – ou a "criminalização" do direito administrativo sancionatório», *Scientia Ivridica – Tomo LXVI, Nº 344* (Braga, 2017), pp. 241 e 242.

[147] *Vide*, Américo Taipa de Carvalho, *Direiro Penal – Parte Geral (Questões Fundamentais, Teoria Geral do Crime)*, ed. Coimbra Editora, 2ª (Coimbra, 2008), pp. 128 e 129.

dor. Por essa razão, associa-se a tais condutas uma carga ética acrescida que justificará, pelos motivos que a breve trecho desenvolveremos, a entrada em força das finalidades de tipo preventivo (em certos casos, mesmo finalidades preventivas de sentido positivo[148]).

Importa compreender o porquê de nos posicionarmos deste modo. Para tal, mostra-se imprescindível identificar – ainda que de uma forma muito apartada – qual o bem jurídico que, em geral, se vê afetado pela prática de infrações tributárias e, num segundo momento, justificarmos o porquê de considerarmos que as condutas subjacentes ao ilícito contraordenacional tributário se aproximam, enfim, de um modo mais arreigado daquele bem juridicamente protegido.

No sentido da existência de um fundo valorativo e ético associado às infrações fiscais (reiteramos, às infrações fiscais e não somente aos crimes fiscais), encontramos, desde logo, a autorizada posição de Soares Martinez. O autor associa à violação dos comandos normativos no domínio tributário uma afetação de *"toda a ordem social"* e, enfim, uma ofensa também a princípios éticos.

A justificação que apresenta para sustentar tal entendimento é, segundo cremos, absolutamente fundamental para que se compreenda, no fundo, em que se baseia, no que toca às infrações tributárias, o poder punitivo e sancionatório do Estado sobre os cidadãos.

Como já fomos atalhando, as receitas tributárias têm como destino a satisfação de necessidades públicas, sustentando toda a máquina estadual, desde logo no que respeita à atividade prestativa e social do Estado, pelo que a ocultação de elementos que permitam às administrações tributárias prover à tributação de acordo com o princípio da capacidade contributiva – pelo menos do modo o mais aproximado quanto possível – porá em perigo interesses gerais de toda a comunidade.

[148] Também Pedro Soares Martinez afirma que a punição das infrações tributárias tem *"intuitos punitivos de retribuição da ofensa. Também com intuitos preventivos, de intimidar aqueles que, no futuro, fossem tentados a praticar violações semelhantes. E ainda com intuitos regeneradores, orientados no sentido de modificar o infrator, permite-lhe que não reincida em atitudes anti-sociais* [sic] *e se reconcilie com a comunidade ofendida". Vide,* Pedro Soares Martinez, *Direito Fiscal, cit.*, p. 330.

O importante é compreender – e é aqui que, parece-nos, reside a pedra de toque de toda a argumentação de SOARES MARTINEZ – que as violações às normas jurídico-tributárias *"não afetam apenas os direitos patrimoniais do Estado e outras entidades públicas, em cujo caso lhes poderia corresponder somente uma reconstituição das esferas patrimoniais afetadas por aquelas violações, mas põem em causa toda a ordem social"*.

E tem, em nosso entender, razão o autor quando afirma que não deve ser levado a cabo um juízo de censura moral menos severo relativamente à falsificação, por hipótese, de uma escrituração comercial, com a finalidade de defraudar a arrecadação de receitas tributárias, do que aquele que tem lugar quando uma igual falsificação é efetuada com o objetivo de afetar os interesses dos credores em geral.

Questão relacionada com este conteúdo ético, num plano mais prático do que teorético, tem que ver com a perceção da comunidade em geral: isto é, parece que a consciência social não sairá tão abalada quando estejam em causa infrações tributárias, desde logo por, não raras as vezes, ser difícil percecionar, no que diz respeito aos impostos, *"a utilidade comum do seu destino"*. E esta dificuldade resulta, até, das suas próprias caraterísticas intrínsecas, desde logo o facto de a relação jurídica fiscal, ao contrário do que acontece com as taxas, não assentar numa correlação de tendencial equivalência económica e jurídica, não havendo, por isso, um nexo recíproco e independente entre os deveres adstritos a cada uma das partes (lado ativo e lado passivo da relação).

Quando se está perante – como é aqui o caso – bens jurídicos supraindividuais ou gerais, essa é uma dificuldade algo natural e reconhecida já até pela própria doutrina penalista, desde logo por AUGUSTO SILVA DIAS que, citando RAINER KELLER, vem considerar que os objetos jurídico-penais se tornaram *"cada vez mais definidos cientificamente, espiritualizados e, assim, subtraídos à perceção sensorial quotidiana*[149]*"*. E uma tal dificuldade de perceção associada, como se vê,

[149] *Cfr.*, AUGUSTO SILVA DIAS, «"Delicta in se" e "Delicta mere prohibita": uma análise das descontinuidades do ilícito penal moderno à luz da reconstrução de uma distinção clássica» (Universidade de Lisboa, 2003), p. 794.

a condutas que contendam com bens jurídicos sociais e gerais, em contraposição aos bens jurídicos individuais, por norma mais facilmente apreensíveis e detetáveis, leva a que se torne também pouco fácil a percetibilidade do próprio dano.

Julgamos, então, que o que está em causa nos crimes tributários é justamente uma violação de um bem jurídico supraindividual[150], mas passível de identificação, que se reconduz à sustentabilidade financeira do Estado e, por conseguinte, a afetação em sentido negativo da sua capacidade de satisfazer as necessidades financeiras e a promoção da justiça social, finalidades que se associam, desde logo em termos jus-positivados, à própria tributação.

A abonar este nosso entendimento, aluda-se também a José Casalta Nabais que, referindo-se concretamente aos impostos, vem considerar que estes não podem ser entendidos como *"um mero poder para o Estado, nem simplesmente com um mero sacrifício para os cidadãos, mas antes um contributo indispensável a uma vida em comum e próspera de todos os membros da comunidade organizada em Estado*[151]*"*.

Tal não significa que o Estado não sancione, como também refere Soares Martinez, a violação de normas de teor mais instrumental e técnico em razão do perigo que a não observação de determinados comportamentos desencadeia para a ordem jurídico-tributária, como um todo. Segundo o autor, esta é uma realidade verificável também no Direito Penal, na medida em que nele também se prevê um corpo de normas punitivas que têm a sua razão de ser na evitação de deter-

[150] Sem nunca perder de vista, contudo, que mesmo os bens jurídicos de natureza coletiva – como aquele que aqui enunciamos – apresentam, por norma, a caraterística de se lhes poder assacar também um componente individualizante, na medida em que ele *"dever poder ser gozado por todos e por cada um, sem que ninguém deva poder ficar excluído desse gozo"*. É nesta possibilidade de gozo individual de um bem jurídico coletivo que Figueiredo Dias faz assentar o interesse individual legítimo dos cidadãos na integridade do bem jurídico coletivo, ainda que esse interesse se possa revelar mais difuso do que nos bens de natureza puramente individual. Sobre esta questão, atente-se a Jorge de Figueiredo Dias, *Direito Penal (Parte Geral – Tomo I), cit.*, pp. 150 a 151.

[151] *Vide*, José Casalta Nabais, *O Dever Fundamental de Pagar Impostos*, ed. Almedina (Coimbra, 1998), p. 185.

minados riscos que, uma vez verificados, podem desencadear uma lesão em bens jurídicos fundamentais[152].

Parece-nos ter aqui acuidade a distinção que HARTMANN, invocado por AUGUSTO SILVA DIAS, opera entre os *valores de ato* e os *valores de situação*, na medida em que os primeiros se dirigem a uma função de ordenação e os segundos a uma função proteção. Assim sendo, a função de ordenação espelha determinado tipo de estados que são passíveis de lesão por qualquer acontecimento, ocorrendo uma modificação causal desse mesmo estado. Por sua vez, a função de proteção constitui-se pelo dever jurídico que, ao contrário do *supra* enunciado estado, só pode ser lesado através de um comportamento de sentido contrário àquele que é o seu dever[153].

Este segundo vetor valorativo, dirigido à situação e a uma função protetiva ou conservadora daquela que é uma determinada ordem estadual que, no fundo, assegura que as suas tarefas são desempenhadas e a sua atividade segue de acordo com o seu natural devir, aproxima-se daquele que, em nossa opinião, sustenta o campo jurídico contraordenacional, sobretudo no domínio das contraordenações tributárias.

Portanto, entendemos que no concreto âmbito das contraordenações tributárias, subjacente à conduta está, de forma direta e imediata, a violação de um valor comunitário de manutenção da boa ordem e gestão da atividade estadual. Já num segundo plano, mais incidental e mediato, o ferimento – este em grau variável, dotado de uma maior ou menor aproximação do bem jurídico, consoante o tipo contraordenacional em causa – do bem jurídico de natureza social de sustentação do Estado[154], desde logo no que concerne à produção de

[152] Para uma análise mais cuidada de todas as referências por nós aqui estabelecidas relativamente ao autor, ver PEDRO SOARES MARTINEZ, *Direito Fiscal*, ed. Almedina, 10ª (Coimbra, 2000), pp. 334 a 336.

[153] *Vide*, AUGUSTO SILVA DIAS, «"Delicta in se" e "Delicta mere prohibita": uma análise das descontinuidades do ilícito penal moderno à luz da reconstrução de uma distinção clássica», *cit.*, p. 810 e 811.

[154] SOARES MARTINEZ considera mesmo que este se trata de um bem jurídico que se *"situa a nível cimeiro"*. *Cfr.*, *Direito Fiscal*, *cit.*, p. 328.

bens jurídicos, à satisfação de necessidades públicas e à diminuição das desigualdades sociais.

Tivemos já oportunidade de levar a cabo uma breve incursão pelo vasto mundo das obrigações acessórias de natureza fiscal e de discorrer um pouco acerca do seu significado e objetivos. Concluímos, ao lado de um considerável leque de autores[155], que estas têm como desígnios, num primeiro plano, permitir e, num segundo plano, facilitar a tributação, mas também fazê-lo tendo por base uma determinação, tanto quanto possível, exata das forças económicas dos contribuintes, pois só assim será possível acautelar que estes cumprem os seus deveres de contribuir para o bom desenrolar das tarefas estaduais (que a todos beneficia) apenas e só na medida da sua capacidade contributiva[156].

Assim, dando-se por pacificada a ideia de que o objetivo de um Estado de Direito Democrático, no âmbito da sua atividade fiscal, não é, em si mesmo, a arrecadação de receita, mas antes a obtenção de um adequado suporte financeiro para a levada a prática de todas as tarefas, desde logo a de produção de bens públicos e semipúblicos, que tem a cargo, tarefas essas que se mostram, hodiernamente, como essenciais para a vida em comunidade e até para o acautelamento do livre desenvolvimento do ser-humano, deve entender-se que o incumprimento das obrigações de natureza acessória (que, como vimos, possibilitam a obtenção desse suporte financeiro de um modo constitucionalmente enquadrado), terá algum tipo de ressonância ética.

Se a arrecadação da receita fiscal não se trata de um fim, mas antes de um meio tendente ao acautelamento e promoção de toda a atividade do Estado, dirigida – como se exige e espera – para o bem geral da comunidade, não devem ter-se por meramente técnicas as normas jurídicas que fazem impender sobre os cidadãos obrigações

155 Veja-se, por todos, J.L. Saldanha Sanches, *A Quantificação da Obrigação Tributária (Deveres de Cooperação, Autoavaliação e Avaliação Administrativa)*, ed. LEX, 2ª (Lisboa, 2000), desde logo a p. 57.

156 Também neste sentido, aluda-se a José Casalta Nabais, *O Dever Fundamental de Pagar Impostos*, pp. 185 e 186.

de natureza formal e acessória que permitam a esse mesmo Estado, corporizado nos seus órgãos e serviços, o real conhecimento das suas concretas situações económicas e financeiras, que permitam, com justeza, o contributo de todos e de cada um para o financiamento dos bens e serviços comunitários. O incumprimento de tais obrigações irá, então, contender, frustrar e, em alguns casos, até impedir que o sistema fiscal funcione devidamente, não só em termos puramente financeiros (por poder resultar numa diminuição da receita tributária), mas em termos de adequação principiológica e jurídico-constitucionalmente enquadrada (por estar apto a fomentar maiores desigualdades sociais, desde logo por via de um apuramento irrealista, para mais ou para menos, da capacidade contributiva dos cidadãos).

Na doutrina encontram-se, aliás, posições que vão ao encontro deste nosso entendimento. A respeito das obrigações de natureza acessória escreveu PEDRO SOARES MARTINEZ:

> *"Não será mais grave faltar ao pagamento do imposto do que deixar de prestar declarações? Do ponto de vista da perigosidade social não é; porquanto o Fisco, desde que saiba da existência das relações jurídico-tributárias, de que geralmente toma conhecimento através das declarações dos contribuintes e dos terceiros, tem possibilidade, salva a hipótese de insolvência dos devedores, de acautelar os créditos respetivos. Além disso, (...) a falta de pagamento poderá atribuir-se a penúria de bens, ou de liquidez, a desleixos, a esquecimentos, que mais dificilmente explicarão muitas das ilicitudes que se situam no campo do Direito Tributário Formal.*
>
> *A falta de declarações, a falsidade das mesmas, o desaparecimento de arquivos e registos colocam, frequentemente, o Fisco na impossibilidade de assegurar os créditos tributários; porquanto, em tais casos, o credor do imposto nem chegará a ter conhecimento do que é, ou terá da sua situação um conhecimento imperfeito, viciado. É compreensível (...) que, em face de ilícitos suscetíveis de conduzir à ocultação dos elementos das relações jurídicas de imposto, o Direito manifeste reações de particular dureza (...) porque essas ilicitudes revelam condutas sociais mais perigosas, mais facilmente reprováveis do ponto de vista ético[157] (...)".*

[157] *Vide*, PEDRO SOARES MARTINEZ, *Direito Fiscal, cit.*, p. 332.

Tendo por base tudo aquilo que tivemos oportunidade de expor, consideramos que as condutas em que se materializam as contraordenações tributárias apresentam uma carga ético-social acrescida, que se justifica pelo facto de estas apresentarem uma maior proximidade ao bem juridicamente protegido.

Essa maior aproximação não justifica, contudo, que elas devam estar submetidas a um regime jurídico-penal, com todas as consequências que daí advêm. O princípio da subsidiariedade da intervenção do Direito Criminal tem necessariamente uma palavra a dizer também neste âmbito e, de facto, não nos parecem estar reunidas as condições necessárias, desde logo porque, ainda que havendo uma afetação mediata e incidental de um bem jurídico, a tutela deste tem condições para ser eficaz pela via da aplicação de sanções de natureza não penal.

Por outro lado, ainda que consideremos que também podem concorrer, no domínio contraordenacional tributário, para a teleologia da ação sancionatória estadual, finalidades preventivas de sentido positivo, não cremos que estas tenham o mesmo sentido e significado que as finalidades preventivas positivas associadas à aplicação de uma pena criminal.

Às sanções aplicadas às contraordenações tributárias, ao contrário dos crimes, não se associará uma ideia de reinserção comunitária; estas não se dirigem à personalidade íntima do agente, pois, em regra, quem pratica uma contraordenação não está carente de (res) socialização. No entanto, entendemos – ao lado de autores como Taipa de Carvalho e Tiago Lopes de Azevedo – que é possível almejar, por via das sanções de tipo contraordenacional, também um vetor finalístico de prevenção especial positiva no sentido da (re) consciencialização comunitária[158] do infrator, numa tentativa da sua aproximação para aqueles que são os valores sociais de ordenação de um Estado e, no especial caso do ordenamento jurídico-tributário, para a importância do cumprimento dos seus deveres de colaboração

[158] Por todos, veja-se Américo Taipa de Carvalho, *Direiro Penal – Parte Geral (Questões Fundamentais, Teoria Geral do Crime), cit.*, pp. 130 e 131.

fiscal junto daquele. Assim, quanto muito, haverá nestes infratores uma carência de *sentido de comunidade* e de aproximação daqueles que são, também, os seus deveres face ao *todo* social.

Com uma tal conceção das coisas, não queremos cair no erro de aproximar a dimensão jus-contraordenacional do Direito Penal. Isso servia inverter uma tendência que consideramos ter sido de louvar: a da separação, pelos Estados, do trigo do joio, associando as sanções mais gravosas inseridas no bloco do Direito Sancionatório Público apenas às atuações que, de forma mais direta e imediata, imprimem lesões nos bens jurídicos fundamentais de uma comunidade.

Tal não significa, porém, que se deva negar a todo o custo uma dimensão ética, ainda que mais esbatida, a determinado tipo de condutas contraordenacionais. Como dissemos, estamos em crer que essa dimensão está presente no domínio contraordenacional tributário e, como vimos também, não estamos sozinhos na defesa de uma tal consideração.

Capítulo IV
O Procedimento Contraordenacional Tributário

Depois de termos procedido a uma contextualização das contraordenações tributárias no ordenamento jurídico português e de estabelecermos a ligação destas com o incumprimento das obrigações tributárias, quer a principal e de natureza pecuniária, quer com as obrigações acessórias e de colaboração, urge dedicarmos a nossa atenção aos já referidos *"mecanismos premiais aptos a favorecer o ressarcimento do dano resultante da infração tributária*[159]*"*, que designaríamos antes de *"instrumentos legais que permitem uma redução ou uma dispensa da coima pela regularização da situação tributária"*.

Eles são instrumentos legais, antes de mais, por se tratarem de prerrogativas que resultam diretamente do texto legal, isto é, de soluções plasmadas pelo legislador em normas jurídicas, quer estas se encontrem previstas no Regime Geral das Infrações Tributárias, quer se localizem no Regime Geral das Contraordenações, subsidiariamente aplicável às infrações tributárias nos termos da al. b) do artigo 3º do RGIT.

O principal efeito jurídico associado à aplicação destes instrumentos é o da redução da coima abstratamente aplicável, pese embora, como se verá *infra*, pode mesmo dar-se o caso de, mediante a verifica-

[159] Como já mencionamos, esta é a terminologia empregue por Isabel Marques da Silva (e, deve referir-se, também pela maioria da jurisprudência). *Cfr.*, Isabel Marques da Silva, *Regime Geral Das Infrações Tributárias (Nº 5 Da Coleção de Cadernos Do IDEFF)*, ed. Almedina, 1ª (Lisboa, 2010), pp. 62 e ss., em especial as pp. 68 a 73.

ção de certos pressupostos, haver lugar a uma dispensa da coima ou a uma mera declaração de censura escrita, por via do proferimento de uma admoestação.

Por outro lado, estes são instrumentos que se tornam passíveis de aplicação por efeito necessário de uma regularização da situação tributária, isto é, na regularização da falta cometida e que levou a que o agente fosse alvo de censura por parte do ordenamento jurídico.

Foi justamente esta última questão – a da regularização da situação tributária – que nos levou a dar particular relevo ao estudo das obrigações tributárias que gravitam em torno da relação jurídica tributária. Consoante se esteja perante uma contraordenação que tenha, na sua base, o incumprimento da obrigação de pagamento de um tributo, por um lado ou, por outro, o incumprimento de uma obrigação acessória e de natureza colaborativa, o modo como o agente deve proceder à regularização da falta será naturalmente diverso. É, por isso, de cabal importância que o agente compreenda, não só a natureza e o âmbito da atuação ou da omissão juridicamente relevante que levou a cabo, como também a forma como pode regularizar a sua situação de incumprimento, devendo ter ainda perfeito entendimento relativamente aos efeitos (tendencialmente) positivos que uma atuação nesse sentido pode repercutir ao nível sancionatório.

Importa, ainda, mencionar que a grande maioria destes instrumentos, apesar de ter sido pela primeira vez arrumada de forma harmónica e uniforme no RGIT, tinha já a sua existência – ainda que com algumas diferenças na sua configuração, âmbito e pressupostos de base – em legislação anterior, desde logo no Regime Jurídico das Infrações Fiscais Não Aduaneiras e no antigo Código de Processo Tributário[160].

Procuraremos organizar o tratamento destes instrumentos, para efeitos do presente trabalho, de acordo com a ordem em que eles sur-

[160] O Código de Processo Tributário foi aprovado pelo Decreto-Lei nº 154/91, de 23 de abril e revogado pelo Decreto-Lei nº 433/99, de 26 de outubro, que aprovou o Código de Procedimento e de Processo Tributário.

gem no RGIT, a qual abandonaremos, contudo, por razões de coerência material e discursiva, quando tal se mostre necessário.

1. Importância do estudo dos instrumentos legais de redução da coima numa lógica procedimental

Antes de nos debruçarmos sobre os instrumentos legais que permitem a redução da coima, importa fazermos um apelo à importância do seu estudo dentro de uma lógica procedimental. Como se verá, no âmbito destes instrumentos legais que visam a redução da coima, é possível encontrar-se pelo menos um que se encontra temporalmente localizado numa fase pré-procedimental: o direito à redução das coimas, previsto no artigo 29º do RGIT. No particular caso do direito à redução, o facto de não haver lugar a um procedimento contraordenacional propriamente dito é, aliás, uma das razões da sua existência, desde logo pela amplitude da redução que a sua aplicação prática pode surtir na medida concreta da coima, o facto de evitar os custos financeiros e humanos associados à instauração de um procedimento contraordenacional tributário.

Importa, por isso, ter presente em que termos se procede à instauração do procedimento contraordenacional.

Apesar de alguma doutrina utilizar indistintamente os dois termos, o processamento das contraordenações tributárias implica necessariamente a instauração de um *procedimento* contraordenacional tributário, podendo dar-se o caso de, posteriormente, haver lugar a um *processo* de contraordenações tributárias[161].

[161] Estamos em crer que o próprio legislador incorre neste erro terminológico, desde logo no momento em que intitula a secção II do RGIT de "Processo de aplicação de coimas" quando, em bem da verdade, os artigos que a compõem se referem, em termos estritos, a um procedimento de aplicação de coimas. Referimos a secção II em primeira instância por nos parecer, aqui, ter-se por mais latente a incorreção terminológica da lei. Não obstante, também estranhamos a opção por se designar o Capítulo II de "Processo de contraordenação tributária", uma vez que este capítulo trata, em bem da verdade, quer do procedimento, quer do processo contraordenacional tributário e não apenas de uma destas realidades.

Na verdade, nos termos do artigo 53º do RGIT, os tribunais tributários de primeira instância – ressalvados os casos em que a contraordenação deva ser julgada pelos tribunais comuns[162] –, apenas têm competência para decidir em matéria contraordenacional tributária quando seja impugnada a aplicação de coima ou sanções acessórias, ou quando seja praticado um ato administrativo lesivo para o qual a lei preveja a possibilidade de *recurso jurisdicional*[163].

É, por isso, perfeitamente plausível que o íter sancionatório, em matéria de contraordenações tributárias, se inicie e termine junto das autoridades administrativo-tributárias sem nunca haver uma intervenção jurisdicional.

2. Fase da iniciativa ou de impulso procedimental

O procedimento contraordenacional tributário é, em termos gerais, como um qualquer outro procedimento, entendido como o conjunto de atos, dotados de relativa autonomia, organizados sequencialmente e direcionados à produção de um determinado resultado (o ato final da cadeia procedimental que, no caso do procedimento contraordenacional tributário, será a decisão no sentido de sancionar, ou não, o presumível infrator), dos quais aqueles primeiros são instrumentais[164].

[162] De acordo com o artigo 51º, os tribunais tributários apenas têm competência para conhecer os recursos da aplicação de sanções tributárias sem natureza criminal, isto é, das impugnações dos atos (administrativos) de aplicação de coimas e sanções acessórias. Atendendo ao artigo 38º do RGCO, subsidiariamente aplicável ao RGIT, serão competentes para o conhecimento dos recursos os tribunais judiciais quando se verifique concurso de crime e contra-ordenação, ou quando, por um mesmo facto, uma pessoa deva responder a título de crime e outra a título de contraordenação.

[163] É o caso, a título exemplificativo, da possibilidade de o infrator impugnar o ato de indeferimento do requerimento de nomeação de defensor, nos termos do nº 3 do artigo 53º do RGCO, subsidiariamente aplicável ao RGIT.

[164] Seguimos, aqui, de perto a posição adotada por Joaquim Freitas Rocha relativamente à noção operativa de procedimento. Veja-se, por isso, do autor, *Lições de Procedimento E Processo Tributário*, ed. Almedina, 6ª (Coimbra, 2018), pp. 99 a 105. Para um estudo enquadrado sobre a noção operativa de procedimento, veja-se também João Carlos Simões Gonçalves Loureiro, *Stvida Ivridica 13 – O Procedimento Administra-*

É um procedimento que acaba por seguir os trâmites comuns do procedimento administrativo geral. Tem uma fase de eclosão ou de impulso que, tratando-se de um procedimento de tipo sancionatório, acaba por se caraterizar como um impulso tendencialmente administrativo e de natureza marcadamente oficiosa[165]. Isto é, por um lado, o procedimento tem início por via de uma atuação administrativa, não surgindo, em regra, por iniciativa dos infratores; por outro, a administração tributária está, como posteriormente se verá, vinculada a desencadear o procedimento de contraordenações tributárias quando tome conhecimento de factos que integrem um dos tipos contraordenacionais legalmente previstos no RGIT, não se vislumbrando, nesta particular sede, a inclusão de quaisquer espaços de oportunidade.

3. Fase instrutória e de investigação: problemáticas em torno do auto de notícia

Após o desencadeamento formal do procedimento, segue-se uma fase instrutória, que tem em vista a recolha de todos os factos e elementos, desde logo probatórios, que interessem à sustentação e fundamentação da decisão final[166]. A fase de instrução e investigação, no procedimento contraordenacional tributário, pode ser dispensada quando este teve por base um auto de notícia levantado por funcionário competente[167], nos termos da al. a) do artigo 56º e do nº 2 do artigo 69º do RGIT, por se entender – ainda que, refira-se, não de

tivo Entre a Eficiência E a Garantia Dos Particulares (Algumas Considerações), ed. Coimbra Editora (Coimbra, 1995), pp. 62 a 64.

[165] O Regime Geral das Contraordenações alude expressamente a esta natureza administrativa e oficiosa do procedimento contraordenacional no seu artigo 54º, nº 1.

[166] Para um mais amplo enquadramento da fase instrutória no procedimento administrativo geral, atente-se à obra de Ricardo Azevedo Saldanha, *Introdução Ao Procedimento Administrativo Comum*, ed. Coimbra Editora (Coimbra, 2013), pp. 77 a 84.

[167] Apesar disso, a entidade administrativa não pode abster-se de proceder à recolha de elementos que se revelem indispensáveis para a prova, quer da culpabilidade, quer da inocência do infrator. Isto é, apesar de o procedimento contraordenacional tributário se desencadear com base num auto de notícia que respeite cabalmente os requisitos legais previstos nos artigos 57º a 59º do RGIT, a entidade competente não deve sim-

forma expressa – que este documento tem um valor probatório especial.

Para que esta fase instrutória seja legalmente dispensada, o auto de notícia deve, contudo, obedecer a um conjunto de requisitos formais que atestem, em conformidade, o já aludido valor probatório reforçado.

Em primeiro lugar, para que possa ser levantado auto de notícia, devem ter-se por verificados um requisito de ordem subjetiva e um requisito de ordem objetiva de base. O primeiro requisito exige que o funcionário em causa tenha competência para o levantamento desse auto, nos termos do artigo 59º do RGIT[168], e o segundo obriga a que o mesmo funcionário tenha verificado presencialmente os factos constitutivos da contraordenação tributária, ainda que o conhecimento destes ocorra fora do exercício das suas funções, ou sem qualquer tipo de conexão com as mesmas.

Falhando um destes requisitos fundamentais – isto é, se o funcionário que presenceie pessoalmente os factos não conste do leque de entidades a quem a lei atribui competência para o levantamento de auto de notícia, ou se, sendo funcionário investido de uma tal competência, não tenha tido conhecimento direto e pessoal dos factos –, a base do procedimento contraordenacional tributário não poderá já ser o auto de notícia, mas antes a participação ou a denúncia[169], nos termos do artigo 60º do RGIT.

plesmente assumir uma atitude de passividade relativamente à recolha de informações e elementos que possam influir no sentido da culpabilidade ou inocência do infrator.

[168] Têm competência para o levantamento do auto de notícia, nomeadamente, os órgãos de polícia criminal com competência para a fiscalização tributária, os Diretor-geral e subdiretores-gerais, bem como os diretores de serviços da Direção-Geral dos Impostos e da Direção-Geral das Alfândegas e dos Impostos Especiais sobre o Consumo, diretores de finanças e diretores de finanças adjuntos, chefes de finanças, pessoal técnico superior e pessoal técnico da área da inspeção tributária da Direção-Geral dos Impostos e da Direção-Geral das Alfândegas e dos Impostos Especiais sobre o Consumo, bem como outros funcionários das respetivas direções que exerçam funções de inspeção, nos termos legais.

[169] A participação implicará que o funcionário em causa tenha tomado conhecimento dos factos no exercício das suas funções ou em virtude delas. Se, porém, o funcionário

Os requisitos essenciais do auto de notícia constam fundamentalmente do artigo 57º do RGIT. Não obstante, a lei não atribui o mesmo valor, nem a mesma carga de essencialidade a todos eles, o que se mostra, desde logo, visível pelas consequências jurídicas que esta associa à falta de uns e de outros elementos.

Há, então, determinados elementos do auto de notícia cuja falta constituirá uma mera irregularidade procedimental, podendo esta ser reparada (sendo, aqui, de aplicar subsidiariamente o regime previsto para as irregularidades, constante do artigo 123º do CPP[170]), e outros que, estando em falta, acarretam a nulidade insuprível do auto e do procedimento, nos termos do artigo 63º do RGIT.

Os elementos cuja falta acarreta a nulidade do auto e do respetivo procedimento são tidos por essenciais pelo facto de, por um lado, *a) se dirigirem à competência do autuante e à sua comprovação e autenticidade* e, por outro, *b) diretamente se correlacionarem com o direito de defesa do infrator.*

O auto de notícia será, por isso nulo, se: *i) for levantado por funcionário sem competência, nos termos da lei, para o ato* (artigos 57º, nº 1 e 63º, nº 1, al. a) do RGIT); *ii) do auto não constar a assinatura do autuante* (al. i), do nº 1 do artigo 57º e primeira parte da al. b) do artigo 63º, nº 1 do RGIT); *iii) estiver em falta um dos elementos essenciais da infração* (als. a) a h), do nº 1 do artigo 57º e segunda parte da al. b) do artigo 63º, nº 1 do RGIT).

Uma questão que se nos afigura mais problemática relaciona-se diretamente com a falta dos requisitos essenciais da infração e da forma como deve, em conformidade, ser interpretada a norma constante da parte final da al. b), do nº 1 do artigo 63º do RGIT.

toma conhecimento dos referidos factos fora do exercício das suas funções ou sem ser por causa delas, o procedimento contraordenacional tributário deve ter já, na sua base, uma denúncia escrita e não a participação. Em qualquer dos casos, nem a participação nem a denúncia dispensam a fase instrutória do procedimento, uma vez que não têm, como sucede com o auto de notícia, valor probatório reforçado.

[170] O regime das irregularidades constante do CPP é subsidiariamente aplicável às infrações tributárias por força da leitura conjugada dos artigos 3º, al. b) do RGIT e 41º, nº 1 do RGCO.

A lei atribui ao auto de notícia um valor probatório reforçado, admitindo até, como se referiu, que o procedimento instaurado com base em auto de notícia possa implicar a dispensa da fase instrutória e de investigação (a fase que, como também já se aludiu, visa justamente o carreamento dos elementos factuais e probatórios essenciais para a sustentação da decisão final do procedimento contraordenacional). Há que atender, ainda, a outra variável: nos termos do artigo 70º do RGIT, o infrator é formalmente notificado pelo dirigente do serviço tributário, desde logo para, no prazo de 10 dias, exercer o seu direito de defesa e juntar os elementos probatórios que pretender ao procedimento, devendo ser, no seguimento desse mesmo ato, informado do facto ou factos apurados no procedimento contraordenacional e da punição em que incorre.

Ora, no caso de o procedimento ter sido instaurado com base em auto de notícia, diz-nos o nº 3 do artigo 70º que aquela informação factual pode ser substituída por cópia do auto de notícia. Isto significa que, em tais casos, a factualidade com base na qual o infrator irá exercer o seu direito de defesa poderá muito bem ser aquela que consta *sine qua non* do texto do auto.

Somos, por isso, da opinião que o auto de notícia deve ser um documento redigido de forma especialmente ponderada, sendo de exigir ao autuante um maior zelo ao nível da descrição dos factos e ao respetivo enquadramento legal dos mesmos. Cremos que só desta forma é que se terá por efetivamente acautelado o direito do infrator a ser informado e, em consonância, também o exercício do seu direito de defesa, quanto mais quando seja suprimida a fase instrutória do procedimento.

Entendemos, também, que só será devidamente exercido o direito de defesa quando o infrator tenha o conhecimento dos factos que abstratamente lhe são imputados, da correspondente base e das consequências jurídicas que podem hipoteticamente resultar da sua atuação.

Neste sentido, consideramos que deve ter-se por nulo o auto de notícia que se limite, na descrição factual, a identificar o autuante, a proceder à indicação das referências espácio-temporais atinentes à prática da infração e as disposições legais que preveem a contraordenação em causa, sempre que tais elementos não se façam acompanhar de uma descrição o mais completa possível dos factos que constituem a infração e da indicação de todas as circunstâncias que influam na determinação da responsabilidade do presumível infrator, atento ao especial valor probatório deste documento.

Esta posição não se nos afigura extremada, desde logo pelo facto de, pese embora as nulidades elencadas no artigo 63º do RGIT se adjetivem de *insupríveis*, tal deriva, não do facto de *"não poder haver sanação das anomalias processuais que constituem estas nulidades, mas pelo facto de elas não poderem ser consideradas como sanadas pelo mero decurso do tempo sem arguição pelos interessados ou por qualquer actuação do próprio Tribunal, como é de regra nas nulidades sanáveis ou nas meras irregularidades*[171]*"*.

Quais são as consequências práticas da constatação deste facto?

Antes de mais, nos termos do nº 5 do artigo 63º do RGIT, as nulidades insupríveis podem ser arguidas até à decisão condenatória se tornar definitiva, isto é, até esta deixar de ser legalmente impugnável. Assim, a arguição da nulidade ou o seu conhecimento oficioso pode ocorrer, quer na fase administrativa, quer na fase jurisdicional e, em alguns casos, a deficiência em juízo pode ser sanada, repetindo-se a prática do ato irregular ou omitido.

No caso concreto do auto de notícia levantado em violação do preceituado nos termos dos artigos 57º, 59º e 63º, nº 1, als. a) e b) do RGIT, tem-se entendido que, pese embora o ato não possa ser repetido, há ainda possibilidade de não se extinguir o processo, não havendo, por isso, uma absolvição da instância ou um arquivamento do processo contraordenacional. Isto porque a lei, de acordo com os números 3 e 4 do artigo 63º procura dar uma diferente solução a tal problema.

Assim sendo, a declaração da nulidade do auto de notícia terá como primeira consequência *"a anulação dos termos subsequentes do pro-*

[171] *Vide,* Acórdão do Tribunal Central Administrativo do Sul, de 17-10-2013, Processo nº 06925/13, relatado por Joaquim Condesso.

cesso que deles dependam absolutamente", ainda que se devam aproveitar todas "*as peças úteis ao apuramento dos factos*[172]". Por outro lado, sendo a nulidade constatada em sede de *recurso jurisdicional* da decisão de aplicação de coima, deve o tribunal ordenar a remessa do processo à autoridade administrativa para eventual sanação da mesma e renovação do acto sancionatório, desde logo atendendo ao nº 4 do mesmo artigo 63º, que prevê especificamente a transmutação do auto de notícia nulo, nos termos das als. a) e b) do nº 1 do artigo 63º, em participação escrita[173].

Depois deste incurso pelas problemáticas em torno do auto de notícia e pelos efeitos que delas podem decorrer em sede da fase instrutória do procedimento contraordenacional tributário, cumpre-nos ainda deixar a nota – pese embora sobre este tópico nos debrucemos posteriormente – de que pode (sublinhando o "pode") haver lugar a uma "segunda" fase instrutória, por iniciativa do infrator.

Sem prejuízo de um desenvolvimento mais profícuo desta questão, pode o infrator, em sede de exercício do seu direito de defesa, juntar novos elementos probatórios ao procedimento e até requerer novas diligências. Não obstante, como se verá, está nas mãos do dirigente do serviço, a quem compete a direção da fase instrutória, a decisão de deferir ou não a realização das diligências requeridas.

4. Direito de audição e defesa do infrator

Como já referimos, o procedimento contraordenacional tributário acaba por adotar as fases típicas do procedimento administrativo em geral, pese embora se estruture com base em enunciados principiológicos específicos, decorrentes do seu enquadramento no grande âmbito do Direito Sancionatório Público.

Dentro do íter procedimental aqui em análise, autonomiza-se uma *subfase* cuja essencialidade é notória, pois é ela que efetivamente

[172] *Cfr.*, nº 3 do artigo 63º do RGIT.

[173] Seguindo esta posição, veja-se o Acórdão do Tribunal Central Administrativo do Sul, de 08-06-2017, Processo nº 1206/15.3BELRA, que teve como relator Joaquim Condesso.

marca a natureza bilateral, e não *"unilateral ou inquisitiva"* do procedimento[174], não podendo abster-nos de lhe fazer a devida referência.

É o próprio texto constitucional que impõe que a administração pública, no decurso da sua atividade, assegure a participação dos cidadãos na formação das decisões ou deliberações que lhes disserem respeito (nº 5 do artigo 267º da CRP).

A participação dos administrados materializa-se, por um lado, no direito a serem estes ouvidos antes da tomada de decisão, mas após já uma fase de recolha de elementos factuais e probatórios passíveis de espelhar um determinado sentido decisório por parte da entidade administrativa. O objetivo da fase de audição do infrator se localizar, em termos procedimentais, antes da tomada de decisão é o de justamente lhe ser dado o poder de, por algum modo, *"influenciar a tomada de posição da Administração[175]"*.

Porém, em matéria sancionatória, mais do que o simples facto de ser dada aos infratores a possibilidade de serem ouvidos, prestando as declarações que entendam por convenientes, para que se possa antever nesta fase o exercício puro de um *direito de defesa*, há que lhes ser também dada a faculdade de carrear novos elementos ao procedimento, desde logo provas, pois só assim serão efetivamente capazes de influenciar e motivar a decisão da entidade administrativa.

No âmbito dos *"processos de contra-ordenação, bem como em quaisquer processos sancionatórios"*, o texto constitucional é claro e objetivamente impõe ao legislador ordinário que seja assegurado aos infratores, em sede de procedimento e processo contraordenacional, o direito de audição e de participação.

O RGCO dedica especificamente a esta matéria o artigo 50º, impondo que não haja lugar à *"aplicação de uma coima ou de uma sanção acessória sem antes se ter assegurado ao arguido a possibilidade de, num prazo razoável, se pronunciar sobre a contra-ordenação que lhe é imputada e sobre a sanção ou sanções em que incorre"*.

[174] Neste sentido, atente-se Joaquim Freitas Rocha, *Lições de Procedimento E Processo Tributário*, 2018, *cit.*, pp. 139 e 140.

[175] *Vide*, Fernanda Paula Oliveira e José Eduardo Figueiredo Dias, *Noções Fundamentais de Direito Administrativo*, ed. Almedina, 3ª (Coimbra, 2013), pp. 208 e 209.

Importa, aqui, enunciar algumas considerações que têm vindo a ser feitas pela jurisprudência constitucional a este respeito. De facto, o Tribunal Constitucional tem vindo a desenvolver a tese segundo a qual *"havendo uma menor ressonância ética"* associada ao ilícito contraordenacional (sublinhamos, desde já, que há, então, por parte do TC, o reconhecimento de uma ressonância ética e não, como alguns autores têm vindo a defender, a absoluta inexistência de um tal conteúdo), não pode, relativamente a este, defender-se a existência de *"um espartilho constitucional formal que não tolere certa maleabilização do exercício do contraditório*[176]*"*.

O núcleo central do direito de defesa, em sede de procedimento contraordenacional, consiste em ser dada ao infrator a possibilidade de expor o *"seu ponto de vista quanto às imputações que lhe são feitas pela acusação, contraditar as provas contra si apresentadas, apresentar novas provas e pedir a realização de outras diligências e debater a questão de direito em causa*[177]*"*. Por estas ordens de razão, entende o TC que o artigo 50º consagra a exigência de que sejam comunicados aos infratores os factos que lhe são imputados, a sua qualificação jurídica e as sanções que incorrem, não sendo, contudo, de impor que a aludida notificação faça alusão às provas tidas em conta pela autoridade administrativa e que sustentam a imputação que lhes é dirigida.

Pese embora um tal entendimento, num Acórdão mais recente, o Tribunal Constitucional justifica uma decisão em sentido concordante com as pronúncias anteriores deste tribunal com o facto de os infratores em causa não terem sido impedidos de aceder ao processo, desde que o requerendo, e procedendo, deste modo, à sua consulta[178]. Estando de acordo com um tal sentido decisório, somos de entender que, pese embora se admita que a notificação feita pela entidade administrativa competente ao infrator, para efeitos de exercício do

[176] *Cfr.*, Acórdão do Tribunal Constitucional nº 278/99, de 05-05-1999, relatado por Alberto Tavares da Costa.

[177] Veja-se o Acórdão do Tribunal Constitucional nº 352/98, de 12-05-1998, que teve como relator Bravo Serra.

[178] *Cfr.*, Acórdão do Tribunal Constitucional nº 537/2011, de 15-11-2011, relatado por José Borges Soeiro.

seu direito de defesa, não tenha necessariamente de conter o manancial probatório que sustenta a imputação que se lhe dirige, no caso de este requerer a consulta dos documentos do procedimento com a finalidade de consultar o material probatório que suporta, e esta lhe seja negada, estar-se-á já perante uma atuação que conflitua com o disposto no texto constitucional, por violação do direito de defesa dos infratores em sede contraordenacional.

Pois bem, a norma do artigo 50º do RGCO é subsidiariamente aplicável aos procedimentos e processos contraordenacionais tributários, devendo, contudo, ser conjugada com os artigos 70º e 71º do RGIT que especificam os termos em que o direito de defesa do arguido deve ser exercido no contencioso contraordenacional tributário.

Em termos sumários, da leitura conjugada dos dois artigos, conclui-se que:

i. Está na disponibilidade do infrator fazer, ou não, uso da faculdade que lhe é conferida pela lei relativamente ao exercício do seu direito de defesa;

ii. O infrator, uma vez notificado dos factos apurados em sede do procedimento contraordenacional tributário e da punição em que incorre, dispõe de um prazo de 10 dias[179], contado de forma contínua, para apresentação de defesa e, eventualmente, junção de prova;

iii. O infrator pode fazer as declarações que considere pertinentes, desde logo as que revelem para a determinação da sua responsabilidade ou para a determinação concreta da sanção aplicável,

[179] Este prazo de 10 dias é, então, contado de forma contínua, não se suspendendo aos sábados, domingos e/ou feriados, pese embora, caso termine num desses dias (entenda-se, não úteis), se transfira o seu término para o primeiro dia útil seguinte. Uma tal conclusão é alcançada por via da conjugação dos artigos 41º do RGCO com o 104º, nº 1 do CPP que, no que respeita à contagem dos prazos, manda aplicar as normas previstas para o processo civil. Assim sendo, deverá atender-se globalmente ao disposto no artigo 138º do CPC.

oralmente ou por escrito, sendo que, pronunciando-se verbalmente, as suas declarações devem ser reduzidas a escrito[180];

iv. O infrator tem o direito ao silêncio, sendo que o mesmo não pode ser entendido como um reconhecimento da sua responsabilidade, à semelhança do que acontece no processo penal, sendo aqui subsidiariamente aplicáveis o artigo 61º, nº 1, al. c) e o nº 1 do artigo 343º do CPP[181].

Remetemos para outra sede a análise cuidada de um dos instrumentos legais que visam a redução da coima aplicável, atendendo à regularização da situação tributária por parte do infrator, que está temporalmente localizado justamente nesta fase do procedimento contraordenacional tributário, desde que antes de se ter por esgotado o prazo para o exercício do direito de defesa: a antecipação do pagamento da coima, prevista na norma do artigo 75º do RGIT.

5. Fase decisória

Após a fase instrutória, havendo lugar a esta, e depois de ser dada ao infrator a oportunidade de exercer o seu direito de audição e defesa, eis que surge o momento em que o órgão com competência para a decisão manifesta o seu sentido decisório que, nesta sede, passará pela aplicação de uma sanção contraordenacional (principal e/ou acessória) ou pelo arquivamento do procedimento contraordenacional tributário, previsto no artigo 77º do RGIT[182].

[180] Sobre a redução a escrito das declarações prestadas oralmente pelo infrator em sede de procedimento contraordenacional tributário, veja-se JORGE LOPES DE SOUSA e MANUEL SIMAS SANTOS, *Regime Geral Das Infrações Tributárias Anotado, cit.*, p. 481.

[181] Assim, tal como no processo penal, o infrator terá direito ao silêncio, não podendo, em virtude da sua atuação silente, ser procedimental ou processualmente desfavorecido. Para mais profundos desenvolvimentos sobre o direito ao silêncio em matéria processual penal, veja-se MÁRIO FERREIRA MONTE e FLÁVIA NOVERSA LOUREIRO, *Direito Processual Penal (Roteiro Prático)*, ed. AEDUM (Braga, 2012), p. 165.

[182] Sobre o arquivamento do procedimento, veja-se as considerações empreendidas *infra*, relativamente à especial proeminência dos princípios da legalidade e da oficialidade em sede contraordenacional tributária.

Atendendo ao que já se referiu sumariamente em ponto anterior, no caso de o infrator beneficiar da antecipação do pagamento da coima, prevista no artigo 75º do RGIT e, em conformidade, ter também regularizado a sua situação tributária, não haverá lugar a uma fase decisória nos moldes a que aludiremos *infra*.

Em regra, a competência para a decisão caberá aos dirigentes dos serviços tributários territorialmente competentes, conforme resulta da conjugação dos artigos 76º, nº 1, 67º, números 1 e 2 e 52º do RGIT. No que respeita às contraordenações tributárias não aduaneiras, às quais dedicamos aqui particular atenção, é em alguns casos necessário atender-se ao tipo de contraordenação em causa e, em determinadas situações, também ao valor de imposto em falta, para aferir a competência para a aplicação das correspondentes sanções[183]. Refira-se, também, que à luz do nº 3 do artigo 76º do RGIT, o órgão com competência para a aplicação da coima pode proceder à delegação daquela, assim como para o arquivamento do procedimento, em *"funcionários qualificados"*[184].

[183] No que concerne especificamente às contraordenações não aduaneiras, deve reservar-se especial atenção para a leitura da al. b) do artigo 52º do RGIT. Esta norma procede à distribuição da competência para a aplicação de sanções contraordenacionais do seguinte modo:
a) a aplicação das sanções correspondentes às contraordenações previstas no artigo 114º e nos artigos 116º a 126º, bem como das contraordenações autónomas, compete ao dirigente do serviço tributário local da área onde a infração teve lugar;
b) pese embora o referido no ponto anterior, a aplicação das coimas previstas nos artigos 114º, 118º, 119º e 126º, no caso de o imposto em falta ser superior a € 25.000, compete ao diretor de finanças da área onde a infração teve lugar, ou ao diretor da Unidade dos Grandes Contribuintes, relativamente aos contribuintes cujo acompanhamento permanente seja sua atribuição, competindo-lhes, ainda, a aplicação de sanções acessórias;
c) tratando-se, porém, das contraordenações previstas nos artigos 113º, 115º e 127º a 129º do RGIT, a competência para a aplicação das sanções respetivas é do diretor de finanças da área onde a infração teve lugar, ou do diretor da Unidade dos Grandes Contribuintes, relativamente aos contribuintes cujo acompanhamento permanente seja sua atribuição, competindo-lhes, ainda, a aplicação de sanções acessórias.

[184] A doutrina tem entendido que, na falta de indicação legal que refira o que se entende por "funcionários qualificados", deve considerar-se que a delegação pode ser

A decisão que venha aplicar uma sanção, podendo esta ser uma coima, ou uma coima e uma sanção acessória, deve conter um conjunto de elementos essenciais, devidamente elencados no artigo 79º do RGIT.

Estamos, aqui, perante uma decisão administrativa de natureza sancionatória, que se materializa num ato passível de afetar *"direitos ou interesses legalmente protegidos"* dos seus destinatários. Neste sentido, atendendo ao teor do texto constitucional, desde logo da norma constante do nº 3 do artigo 268º, exige-se que as entidades administrativas fundamentem esse ato de forma expressa e acessível, o que – seguindo de perto a jurisprudência maioritária – deve significar que as indicações contidas na decisão sejam suficientes para que o infrator exerça o seu direito de defesa, desde logo permitindo-lhe ter um *"conhecimento perfeito dos factos que lhe são imputados, das normas legais em que se enquadram e condições em que pode impugnar judicialmente aquela decisão*[185]*"*.

feita relativamente a outros funcionários que não somente o imediato inferior hierárquico, desde que tenham qualificações idênticas à entidade a quem originariamente a lei atribui competência decisória. Obviamente que, à luz do regime geral da delegação de poderes, previsto nos artigos 44º e ss. do CPA, o delegante deve especificar os poderes que são delegados, os atos que o delegado pode praticar, devendo, ainda, mencionar norma atributiva do poder delegado e aquela que habilita o órgão a delegar. O ato de delegação de competências está sujeito a publicação em Diário da República e no sítio institucional da entidade em causa, no prazo de 30 dias, mencionando todos os elementos exigidos no 151º artigo do CPA. De relembrar, ainda, que os destinatários do ato devem estar ocorrentes do ato de delegação de competências, razão pela qual, aquando da prática do ato delegado, a entidade em causa deve fazer menção à sua qualidade de delegado (artigo 48º do CPA). Para melhores desenvolvimentos, veja-se Jorge Lopes de Sousa e Manuel Simas Santos, *Regime Geral Das Infrações Tributárias Anotado, cit.*, pp. 509 a 511.

[185] Seguindo este preciso sentido, atente-se, a título exemplificativo e não exaustivo, os Acórdãos do Supremo Tribunal Administrativo, de 01-02-2017, com o Processo nº 0723/16, relatado por Casimiro Gonçalves; de 16-01-2013, Processo nº 01064/12, que teve como relator Lino Ribeiro; de 16-05-2012, com o Processo nº 0160/12, relatado por Fernanda Maçãs; e de 30-11-2005, Processo nº 0833/05, que teve como relator Jorge de Sousa.

Estamos ao lado José Osvaldo Gomes quando o autor exalta como um dos principais indicadores da vigência de um Estado de Direito Democrático *"a participação dos administrados e o controle da atividade administrativa"*, sendo aqui enquadrada *"a problemática da fundamentação ou motivação dos atos administrativos, entendida como a obrigação de enunciar expressamente os fundamentos de facto e de direito que determinaram o seu autor*[186]*"*.

A decisão que aplica a coima deve conter informações que se reportam ao próprio infrator, desde logo a sua identificação e a de eventuais comparticipantes, uma descrição sumária dos factos, com a indicação das normas violadas (normas de primeiro grau) e das normas punitivas (normas de segundo grau), assim como a sanção aplicável (a coima e, eventualmente, também sanções acessórias), acompanhada dos elementos que justificaram e motivaram a decisão. Deve, ainda, indicar-se que vigora o princípio da *reformatio in pejus* (pese embora se admita a possibilidade de agravamento da coima

[186] Um dever geral de fundamentação que deve, em nossa opinião, ser especialmente reforçado no âmbito da atividade sancionatória da administração. Seguindo, ainda, a linha de raciocínio do autor, não poderíamos estar mais de acordo com os enunciados a que se refere relativamente à fundamentação dos atos administrativos, desde logo na necessidade de haver lugar a uma fundamentação clara, suficiente e congruente, pautada pela exatidão legal e sempre estabelecendo uma coordenação entre os motivos de facto e de Direito. *Cfr.*, José Osvaldo Gomes, *Fundamentação Do Acto Administrativo*, ed. Coimbra Editora, 2ª (Coimbra, 1981), pp. 9 a 22 e 112 e ss.

quando a situação económica e financeira do arguido tiver *"melhorado de forma sensível"*[187]) e a condenação em custas[188].

Da decisão, deve também constar o prazo de que o infrator dispõe para o pagamento da coima ou para a impugnação do ato decisório[189] (relembre-se que se trata de um ato lesivo) que, nesta sede, é de 20

[187] É, também no âmbito do Direito das Contraordenações Tributárias, atribuída ao infrator a vantagem processual, em sede impugnatória, de lhe não ser modificada prejudicialmente a sanção aplicada, seja este ou não o recorrente. Esta vantagem não é, contudo, incondicionada. Devemos relembrar que ao contencioso contraordenacional tributário é subsidiariamente aplicável a norma do artigo 18º do RGCO, desde logo o seu nº 1, que indica quais os elementos essenciais para a determinação da medida da coima. Diz-nos o referido preceito que a medida da coima é *"determinada em função da gravidade da contra-ordenação, da culpa, da situação económica do agente e do benefício económico que este retirou da prática da contra-ordenação* [sic]*"*. A situação económica do agente é, por isso, um dos vetores a ter em conta aquando da determinação da coima a aplicar ao caso concreto. No seguimento desta ideia, vem posteriormente o artigo 72º-A do RGCO (também aplicável ao RGIT, por via do seu art. 3º, al. b)) prever possibilidade de agravamento do montante da coima, no caso de a situação económica e financeira do arguido ter, entretanto, melhorado de forma sensível. Seguindo de perto o comentário de Jorge Lopes de Sousa e de Manuel Simas Santos (*ob. cit.*, pp. 521), parece-nos fazer todo o sentido, para que possa alterar-se em prejuízo do infrator o montante da coima, se atente, quer à sua situação económica, quer à sua situação financeira, pois ambas não se reconduzem a uma mesma realidade. Daí considerarmos ter sido propositado o legislador do RGCO se referir, no nº 1 do artigo 18º, à "situação económica", mas no nº 2 do 72º-A fazer alusão à "situação económica e financeira". Para que haja, então, um afastamento do princípio da proibição da *reformatio in pejus*, há que atender *"não só às alterações patrimoniais da situação do arguido, mas também às alterações de meios pecuniários"*. Sendo certo que, e invocando novamente os ensinamentos dos autores *supra* citados, ainda que verificados os requisitos para a alteração da coima em sentido prejudicial ao infrator, deve ser-lhe dada a possibilidade de se pronunciar sobre esta, uma vez que tal direito se encontra assegurado constitucionalmente, por via do nº 10 do artigo 32º da CRP.

[188] Aplica-se ao RGIT, no concerne às custas, os artigos 92º a 95º do RGCO. Acrescente-se que, no procedimento contraordenacional tributário, à semelhança do que sucede nos termos do RGCO, não há lugar ao pagamento de taxa de justiça (nº 1 do artigo 93º do RGCO).

[189] O infrator (ou seu defensor – *cfr.* nº 2 do artigo 59º do RGCO) pode impugnar o ato administrativo de decisão de aplicação de coima e/ou sanções acessórias, sendo o meio processual adequado o previsto no artigo 80º do RGIT, o *recurso das decisões de aplicação de coimas*. O referido recurso deve ser dirigido ao tribunal tributário de 1ª instância ter-

dias, decorridos os quais, verificando-se uma atitude passiva do infrator, seguir-se-á uma fase de cobrança coerciva do valor da coima[190]. Sobre a impugnação do ato administrativo decisório em sede contraordenacional tributária, debruçaremos especial atenção em ponto autónomo, *infra*.

Tem vindo a verificar-se na jurisprudência, sobretudo dos tribunais superiores, uma maior exigência relativamente à fundamentação do ato administrativo sancionatório, em sede de procedimento contraordenacional tributário. A indicação dos elementos que contribuíram para a fixação da coima deve ser feita, pela entidade administrativa competente, em moldes que, pese embora não sejam (nem devam ser) tão exigentes como os de uma decisão condenatória no âmbito do Direito Criminal, permitam ao infrator exercer adequadamente o seu direito de defesa. Isso passa, desde logo, pelo conhecimento exato das normas tributárias que infringiu e das normas sancionatórias que podem vir a ser aplicadas à sua concreta situação, em virtude disso.

Isto significa, desde logo, que apesar da al. b) do artigo 79º do RGIT exigir que se faça referência a uma descrição sumária dos factos, esta não pode ser entendida como uma descrição meramente tópica e resumida dos mesmos. Entendeu o Supremo Tribunal Administrativo que, nomeadamente, *"se as normas que enquadram as condutas consideradas ilícitas não são corretamente referenciadas ou são omitidas, fica desta forma impossibilitado o arguido de dirigir a sua defesa contra tais preceitos"* e que, nesse sentido, uma decisão que não proceda a essa correta

ritorialmente competente e apresentado presentar no serviço tributário onde tiver sido instaurado o processo de contraordenação.

[190] Atendendo à norma da al. c) do artigo 3º do RGIT em conjugação com a al. b) do nº 1 do artigo 148º do CPPT, o Processo de Execução Fiscal é o meio processual adequado para proceder à cobrança coerciva das dívidas que tenham por base coimas fixadas em decisões, sentenças ou acórdãos relativos a contraordenações tributárias, exceto quando aplicadas pelos tribunais comuns.

referenciação *"não dá cumprimento às exigências do art. 79º, nº 1, alínea b), do RGIT, pondo em causa os direitos de defesa do arguido*[191]*"*.

Por outro lado, importa ainda frisar que a indicação dos elementos que contribuíram para a fixação da coima e, havendo lugar a esta, também da sanção acessória, não pode ser feita por via de mera remissão para documentos distintos do documento que concretamente integra o ato decisório, sob pena de se privar o infrator de se aperceber *"facilmente de todos os elementos necessários para a sua defesa, sem necessidade de se deslocar aos serviços da administração tributária para examinar o processo*[192]*"*.

Um outro ponto que julgamos de ser do maior interesse é o da fundamentação do ato decisório em que seja aplicada sanção acessória.

Cremos que, atendendo ao elenco de sanções acessórias cuja aplicação é admitida pelo RGIT, tais sanções podem, não raras vezes, revelar-se bem mais severas para o infrator do que o pagamento de uma coima de elevada monta. Em alguns caos, estas sanções contendem com o próprio livre exercício de alguns direitos por parte dos infratores, como é exemplo a sanção acessória de encerramento de estabelecimento, ou a privação temporária do direito de participar em feiras.

Entendemos, por isso, que quando a entidade administrativa com competência decisória aplique uma sanção acessória, deve proceder a

[191] *Cfr.* Acórdão do Supremo Tribunal Administrativo, de 16-01-2013, com o Processo nº 01064/12, relatado por Lino Ribeiro. Veja-se, também no mesmo sentido, o Acórdão do STA, de 01-02-2017, Processo nº 0723/16, que teve como relator Casimiro Gonçalves.

[192] Neste sentido, atente-se, nomeadamente, ao Acórdão do Tribunal Central Administrativo do Sul, de 22-01-2015, Processo nº 07568/14, relatado por Catarina Almeida e Sousa, em que o tribunal decidiu não estarem satisfeitos os requisitos mínimos da fundamentação do ato decisório de aplicação da coima, uma vez que, na descrição sumária dos factos, o Chefe do Serviço de Finanças competente para a decisão limitou-se a mencionar *"Ao (À) arguido (a) foi levantado Auto de Notícia pelos seguintes factos: os quais se dão como provados"*. Vejam-se, ainda, os Acórdãos do Supremo Tribunal Administrativo, de 30-11-2005, com o Processo nº 0833/05, relatado por Jorge de Sousa, e de 21-02-2001, Processo nº 025661, que teve como relator Lúcio Barbosa.

uma fundamentação dotada de especial completude, que contenha, desde logo: *a) uma fundamentação formal, que comprove estarem preenchidos os requisitos legais para a aplicação, naquele caso concreto, de uma sanção acessória*[193]*; b) uma fundamentação material, em que se faça especial referência às justificações e motivações da entidade administrativa com competência decisória, indicando, desde logo: i) a gravidade da infração; ii) os elementos que comprovam a especial culpa do infrator*[194]*; iii) uma demonstração de que foi devidamente atendido e respeitado o princípio da proporcionalidade na aplicação da sanção acessória*[195].

De tudo o que ficou dito, conclui-se que a importância de uma decisão administrativa sancionatória devidamente fundamentada e legalmente enquadrada, permitirá: *a)* garantir o regular exercício do direito de defesa por parte do infrator; *b)* assegurar a realização do interesse público, desde logo pela verificação de uma atuação administrativa transparente, objetiva e racional; *c)* facilitar a tarefa de con-

[193] Nesta sede, importaria, em primeiro lugar, indicar estar em causa uma contraordenação tributária grave (28º, nº 1 do RGIT), ou seja, uma contraordenação abstratamente punível com coima cujo limite máximo seja superior a €15.000, ou que, independentemente da coima aplicável, a lei expressamente qualifique como tal (23º, nº 3 do RGIT). Em segundo, dada a remissão direta que o nº 3 do artigo 28º do RGIT faz para os artigos 21º e 21º-A do RGCO, indicar e comprovar que se preenchem os pressupostos que a lei exige para a aplicação da sanção acessória em concreto (por exemplo, a sanção acessória de privação do direito de participar em feiras ou mercados só pode ser aplicada quando, verificados os outros pressupostos de base, a contraordenação tiver sido praticada durante ou por causa da participação em feira ou mercado).

[194] Estas exigências decorrem, antes de mais, diretamente do artigo 30º, nº 4 da CRP, mas também do próprio nº 1 do artigo 21º do RGCO.

[195] Este nosso entendimento parece encontrar especial cabimento se se atender ao que fora já vertido pelo Tribunal Constitucional relativamente à aplicação de sanções acessórias no âmbito de outos domínios sancionatórios que não o criminal. O TC veio, então, considerar que não basta que o infrator tenha praticado uma contraordenação que preencha os requisitos legais que permitam a aplicação de uma sanção acessória para que esta seja, *"como efeito necessário (automático)"* aplicada. Pelo contrário, fazendo desde logo vénia ao nº 4 do artigo 30º da Constituição, *"só o deve ser, se, em face dos contornos do caso, se apresentar como necessária e adequada (proporcionada) à gravidade da contraordenação e à intensidade da culpa do agente"*. Atente-se, por isso, ao conteúdo do Acórdão do Tribunal Constitucional nº 327/99, de 26-05-1999, relatado por Messias Bento.

trolo jurisdicional do ato, no caso de o infrator proceder à sua impugnação junto de um tribunal.

6. Fase integrativa da eficácia

A tomada de decisão, em sede de procedimento contraordenacional tributário, apenas será dotada de eficácia, desencadeando em pleno todos os efeitos jurídicos a que está adstrita, quando o ato que contém o sentido decisório é devidamente notificado ao infrator.

Uma tal ideia resulta, antes de mais, da própria Constituição, que no nº 3 do artigo 268º exige que os atos administrativos estejam sujeitos à notificação dos interessados. Por outro lado, é possível vislumbrar-se afloramentos desta necessidade, no âmbito mais circunscrito do Direito das Contraordenações, pela leitura do Regime Geral das Contraordenações. De facto, é indicado pelo artigo 46º do RGCO que todo o tipo de decisões, medidas e despachos tomados pelas autoridades administrativas devem ser comunicados às pessoas a que são dirigidos, acrescentando, porém, que no que respeita a decisões que admitam impugnação sujeita a prazo – como é o caso das decisões que apliquem uma sanção, qualquer que ela seja, conforme já referimos –, a comunicação deve revestir a forma de notificação.

Mais concretamente, no âmbito do Direito Contraordenacional Tributário, igual leitura pode ser feita do próprio artigo 80º do RGIT, em que se indica que o prazo de 20 dias para impugnar – ou recorrer, utilizando a terminologia da norma – (d)o ato decisório que aplique uma sanção começa a contar a partir do momento em que este é notificado ao infrator ou infratores. É importante atender-se ao teor norma do nº 4 do artigo 47º do RGCO, em que claramente se refere que, sendo várias as pessoas a notificar da decisão sancionatória, o prazo para a impugnação começa a correr somente quando se tenha por notificada a última pessoa.

Contrariamente ao que sucede no âmbito do Regime Geral das Contraordenações, em sede do qual a notificação das decisões que apliquem sanções segue as regras do processo penal, subsidiariamente aplicáveis por via do nº 1 do artigo 41º do RGCO, no domínio das contraordenações tributárias, às notificações são aplicáveis as normas do Código de Procedimento e Processo Tributário, nos termos do nº 2 do artigo 70º do RGIT.

Cremos, contudo, ser de censurar o facto de uma norma de pendor mais generalista como a do artigo 70º, nº 2, que cabalmente nos indica que *"às notificações no processo de contra-ordenação aplicam-se as disposições correspondentes do Código de Procedimento e de Processo Tributário"*, estar localizada no corpo de um artigo que se refere estritamente à notificação do arguido para o exercício do seu direito de audição e defesa[196]. Teria sido mais congruente com a própria sistematização de todo o diploma, incluir-se esta mesma norma no artigo 3º, em que é feita referência a todos os diplomas que subsidiariamente se aplicam ao RGIT, tal como foi, aliás, feito relativamente à matéria de execução das coimas[197].

Sendo dado por assente, então, que às notificações em sede de procedimento contraordenacional tributário se aplicam as regras constantes dos artigos 35º e seguintes do CPPT, importa referir que:

a) Em termos substanciais, isto é, no que concerne ao conteúdo das notificações, estas devem conter (*i*) a indicação da entidade que praticou o ato decisório, informando se houve lugar a delegação ou subdelegação de competências, (*ii*) os termos da decisão[198], (*iii*) o montante das custas, (*iv*) a advertência do

[196] Veja-se, comprovando esta ideia, o Acórdão do Tribunal Central Administrativo do Sul, de 21-05-2015, com o Processo nº 08616/15, relatado por Joaquim Condesso, em que é referido *"Os requisitos da notificação da decisão de aplicação de coima estão previstos no art. 79º, nº 2, do R.G.I.T., aplicando-se ao acto de notificação as regras constantes do C.P.P.T. (cfr. arts. 36º e seg. do C.P.P.T.)."*.

[197] Diz-nos a al. d) do artigo 3º do RGIT que *"quanto à execução das coimas,* [são subsidiariamente aplicáveis] *as disposições do Código de Procedimento e de Processo Tributário"*. Não veríamos qualquer inconveniente (aliás, veríamos somente vantagens) em se ter incluído nesta mesma alínea d) também uma referência à aplicação subsidiária das disposições deste mesmo CPPT para o regime das notificações.

[198] Em qualquer dos casos, não pode considerar-se que os termos da decisão, que devem seguir no corpo do texto da notificação, podem de algum modo substituir ou complementar o conteúdo do ato administrativo que contém a decisão em si. A notificação deve, antes, conter a globalidade da decisão e não complementá-la ou substituí-la.

infrator para o pagamento da coima, seu prazo e os efeitos do seu incumprimento; (*v*) os meios de defesa do infrator e, consequentemente, o prazo para reagir contra o ato notificado;

b) Contrariamente ao que sucede no âmbito do procedimento tributário, em que, havendo falta ou vício dos requisitos substanciais das notificações, o interessado *"pode requerer a notificação dos elementos que tenham sido omitidos ou a passagem de uma certidão que os contenha*[199]*"*, sanando-se, assim, a irregularidade verificada, conforme resulta do artigo 37º do CPPT, em sede contraordenacional tributária a solução legal é diversa. Assim sendo, o artigo 37º do CPPT não é subsidiariamente aplicável, existindo uma norma especial no RGIT que expressamente determina a nulidade (insuprível) das notificações das decisões administrativas sancionatórias, não podendo tal irregularidade *"ser sanada por qualquer outra forma distinta da repetição do ato afetado*[200]*"* (al. d), do nº 1 do artigo 63º do RGIT);

c) Tem sido maioritariamente entendido pelo Supremo Tribunal Administrativo[201] que a notificação das decisões de aplicação da

[199] *Vide*, Joaquim Freitas Rocha, *Lições de Procedimento E Processo Tributário*, 2018, *cit.*, p. 155.

[200] *Cfr.*, Jorge Lopes de Sousa e Manuel Simas Santos, *Regime Geral Das Infrações Tributárias Anotado*, *cit.*, p. 521.

[201] Veja-se, a título exemplificativo e não exaustivo, os Acórdãos do Supremo Tribunal Administrativo, de 19-10-2016, Processo nº 0958/16, relatado por Francisco Rothes; de 18-11-2015, com o número de Processo 0754/14, que teve como relator Fonseca Carvalho; e de 18-06-2013, Processo nº 0595/13, relatado por Fernanda Maçãs. Esta opção não deixa de nos levantar algumas dúvidas, desde logo pelo facto de se invocar, não raras vezes nas decisões *supra* referidas, a doutrina de Jorge Lopes de Sousa e Manuel Simas Santos, concretamente a que se encontra vertida na página 477 do seu RGIT anotado, de 2010, em comentário ao artigo 70º do RGIT, e em que os autores referem que, relativamente à notificação para o exercício do direito de defesa, não se está perante um ato que se reporte a uma decisão, pelo que não deve ser de exigir que a notificação seja feita por carta registada com aviso de receção. Apesar disso, os mesmos autores, na página 516, referindo-se à possibilidade de pagamento voluntário da coima, a qual é comunicada ao infrator, de acordo com a doutrina e jurisprudência maioritárias, aquando da notificação da decisão sancionatória final, referem que a referida notificação deve efetuar-se por carta registada com aviso de receção.

coima pela prática de contraordenações tributárias deve ser efetuada por carta registada simples (38º, nº 3 do CPPT), e não por carta registada com aviso de receção, uma vez que as notificações dos atos administrativos sancionatórios em sede de procedimento tributário não se subsumem ao conteúdo da norma do nº 1 do artigo 38º do CPPT;

No caso de a carta registada ser devolvida, tem entendido, também com abrangência maioritária, o STA que não funciona a presunção de notificação prevista na norma do nº 1 do artigo 39º do CPPT, pois apesar de este artigo não prever uma *"solução directa à questão dos efeitos decorrentes da devolução da carta registada simples,* numa *interpretação da norma em conformidade com a garantia constitucional da notificação (cfr. art. 268º, nº 3, da CRP)"*, entende-se ser de aplicar *"o regime que está previsto para a forma de notificação com aviso de recepção, de que resulta a imposição de uma segunda carta registada, nos termos do estatuído no art. 39º, nºs 5 e 6, do CPPT.*[202]"

7. A impugnação do ato administrativo decisório em sede contraordenacional tributária (recurso das decisões sancionatórias)

Como foi já por nós referido, do documento que contém a decisão administrativa sancionatória, deve constar, nos termos do nº 2 do artigo 79º do RGIT, o prazo de que o infrator dispõe para a impugnação do ato decisório[203] que aplique a coima e, eventualmente, também sanções acessórias. O prazo previsto para que o infrator possa

[202] *Vide,* Acórdão do Supremo Tribunal Administrativo, de 18-06-2013, Processo nº 0595/13, relatado por Fernanda Maçãs.

[203] O infrator (ou seu defensor – *cfr.* nº 2 do artigo 59º do RGCO) pode impugnar o ato administrativo de decisão de aplicação de coima e/ou sanções acessórias, sendo o meio processual adequado o previsto no artigo 80º do RGIT, o *recuso das decisões de aplicação de coimas.* O referido recurso deve ser dirigido ao tribunal tributário de 1ª instância territorialmente competente e apresentado presentar no serviço tributário onde tiver sido instaurado o processo de contraordenação.

impugnar o ato referido é, nos termos do nº 1 do artigo 80º, de 20 dias[204].

O artigo 84º do RGIT refere-se genericamente aos efeitos da interposição de *recurso*. Pode ler-se, nesta disposição legal, que este *recurso* só terá efeito suspensivo mediante a prestação de garantia, por qualquer uma das formas previstas nas leis tributárias, no prazo de 20 dias.

À primeira vista, poderia o intérprete retirar desta norma a ideia de que a impugnação do ato administrativo sancionatório a que se refere o artigo 80º teria, como regra, efeitos meramente devolutivos, suspendendo-se os efeitos do ato impugnado somente com a prestação de garantia idónea.

Apesar de a norma não o clarificar – o que, em nossa opinião, deveria ter sido prontamente feito pelo legislador –, a regra do efeito meramente devolutivo apenas vigora para as decisões exequíveis, isto é, *"as que sejam proferidas por tribunais tributários ou pelas autoridades*

[204] O prazo de 20 dias a que alude o referido artigo é contado a partir da notificação da decisão condenatória, sendo aplicáveis as regras de contagem previstas no artigo 60º do RGCO, pelo que deve entender-se que este prazo se suspende aos sábados, domingos e feriados e, se o prazo findar em dia durante o qual não for possível, durante o período normal, a apresentação do recurso, aquele transfere-se para o primeiro dia útil seguinte. Acrescente-se, ainda, que tem sido uniformemente entendido pelo STA que, se este prazo terminar em férias judiciais, por força da al. e) do artigo 279º do Código Civil, deve transferir-se o referido termo para o primeiro dia útil seguinte. O entendimento é, em termos muito sumários, o seguinte: pese embora este não se trate de um ato processual, mas substantivo, a apresentação do requerimento de interposição de recurso judicial de decisão de aplicação da coima, especificamente em processo contraordenacional tributário, *"é um acto a praticar em juízo"*. Aduz, por isso, o STA (refira-se, em inúmeros acórdãos) que o prazo do artigo 80º do RGIT tem *"sem margem para qualquer dúvida, natureza judicial pois trata-se de um pedido dirigido a tribunal e cuja decisão lhe está cometida em exclusividade"*, não sendo de valorar o facto de o requerimento em causa ser entregue nos serviços tributários, dado que, nesta sede, estes funcionam como *"mero recetáculo do requerimento"*, que é efetivamente dirigido ao tribunal tributário.
Para um enquadramento jurisprudencial destas questões, vejam-se os Acórdãos do Supremo Tribunal Administrativo, de 20-12-2006, com o Processo nº 0992/06 (relator: Baeta de Queiroz); de 21-09-2011, Processo nº 0318/11 (relator: Francisco Rothes); e de 28-05-2014, com o Processo nº 0311/14 (relator: Aragão Seia).

administrativas que se tornem definitivas, quer por trânsito em julgado, quer por não interposição de recurso jurisdicional[205]"

Assim, pese embora o que parece indicar, numa primeira leitura, a norma do artigo 84º do RGIT, a necessidade de prestação de garantia para suspender o efeito do ato condenatório[206] na pendência de *recurso* da decisão administrativa sancionatória é de rejeitar. Tem sido, então, entendido que:

a) Uma solução desse tipo estaria em contradição com o regime previsto para o Direito Processual Penal *"em que se estabelece que o recurso de decisões condenatórias tem sempre efeito suspensivo, relativamente à condenação (cfr. art. 408º, nº 1, al. a), do C.P.Penal) e só as decisões condenatórias transitadas em julgado têm força executiva (cfr. art. 467º, nº 1, do mesmo Código)"*[207];

b) Se verificaria um desajustamento desta solução com o RGCO, em que se prevê que a coima é paga somente após a decisão se tornar definitiva ou transitar em julgado (artigo 88º, nº 1 do RGCO) e que o não pagamento, em conformidade com o disposto naquele artigo 88º, daria lugar à execução (89º, nº 1 do RGCO);

c) A possibilidade de se antecipar a execução de uma *"hipotética condenação"*, ainda não definitiva, atentaria contra o princípio da presunção de inocência, até ao trânsito em julgado da decisão condenatória, consagrada pelo nº 2 do artigo 32º da CRP.

Indo mais longe, o STA entendeu, já no ano de 2013, que o direito à tutela jurisdicional efetiva e o respeito pelo preceituado na Constituição, exigem que, mesmo em caso de rejeição liminar do *recurso*

[205] *Vide*, Jorge Lopes de Sousa e Manuel Simas Santos, *Regime Geral Das Infracções Tributárias Anotado*, ed. Áreas Editora (Lisboa, 2010), p. 582.

[206] Sobre a importância de se aplicar este raciocínio somente aos atos administrativos com natureza condenatória praticados em sede do procedimento contraordenacional tributário, veja-se Jorge Lopes de Sousa e Manuel Simas Santos, *Regime Geral Das Infrações Tributárias Anotado*, p. 583.

[207] Veja-se, neste sentido, o Acórdão do TCA-Sul, de 15-11-2011, Processo nº 04847/11, relatado por Joaquim Condesso.

de decisão de aplicação de coima, a administração tributária apenas possa prosseguir com a execução, na pendência de recuso jurisdicional daquela rejeição para instância superior, *"depois de notificar o recorrente para prestar garantia ou demonstrar que a não pode prestar, por insuficiência de meios económicos, nos termos gerais, sob pena de em caso de eventual provimento do recurso o mesmo se tornar inútil, com violação do direito à tutela judicial efectiva*[208]". Isto significa que, mesmo havendo uma decisão jurisdicional que rejeite a impugnação do recorrente relativamente ao ato administrativo condenatório, se o infrator recorrer da referida decisão jurisdicional, nos termos do artigo 83º do RGIT, caso a AT pretenda proceder à execução do valor da coima, ser-lhe-á exigido que notifique o infrator para prestar garantia, nos termos gerais, ou requerer a isenção da mesma.

De qualquer modo, se a decisão jurisdicional que rejeitou a impugnação do ato condenatório é, ainda, passível de recurso para uma segunda instância (seja o Tribunal Central Administrativo, nos termos do nº 1 do artigo 83º, seja para o Supremo Tribunal Administrativo, na situação referida no nº 2 daquela disposição), nos termos do artigo 83º do RGIT, entendemos que não faz sentido que o ato condenatório seja passível de ser executado na eventualidade de o infrator, ou não prestar garantia idónea, ou não demonstrar insuficiência de meios económicos para o efeito, como refere o artigo 84º.

Entendemos que faria todo o sentido que houvesse, antes de mais, uma clarificação do texto da norma do artigo 84º do RGIT, no sentido de se precisar que a necessidade de prestação de garantia para a obtenção de efeitos suspensivos do ato decisório está circunscrita às decisões que sejam já exequíveis, indicando o que se entende, para este efeito, por "decisões exequíveis".

Pode equacionar-se que, em termos sistemáticos, a aposição do artigo 84º seguida do artigo 83º do RGIT – que, como vimos, se refere ao recurso da sentença – poderia funcionar como elemento interpretativo, no sentido de circunscrever o efeito meramente

[208] *Cfr.* Acórdão do Supremo Tribunal Administrativo, de 15-05-2013, Processo nº 0665/13, relatado por Fernanda Maçãs.

devolutivo do ato, salvo a já aludida prestação de garantia, apenas aos recursos previstos no preceito daquele artigo 83º. Porém, essa circunscrição não é feita de forma textual e, à parte deste elemento sistemático, dificilmente se poderia concluir que o efeito suspensivo condicionado à prestação de garantia idónea se reservava apenas ao recurso previsto no artigo 83º do RGIT. Aliás, se essa fosse cabalmente a intenção do legislador, bastaria tê-lo referido expressamente, ou na norma do artigo 84º, ou adiando um novo normativo ao artigo 83º do RGIT.

Em qualquer dos casos, mantendo-se a redação conforme ela está, corre-se o risco de se confundir a coima aplicada na sequência da prática de uma contraordenação tributária com um tributo. Faz todo o sentido o regime erigido pelo legislador tributário relativamente à regra do efeito meramente devolutivo[209], atendendo, justamente, às caraterísticas essenciais dos tributos, desde logo a sua natureza eminentemente financeira e as suas finalidades, que são – relembramos – a produção de bens públicos e semipúblicos e a satisfação de necessidades de natureza tendencialmente coletiva.

Não obstante o mérito de tal solução, um igual raciocínio não pode ser feito relativamente às coimas, ainda que em matéria contraordenacional tributária, uma vez que estas são, em termos técnico-jurídicos, sanções, não compartilhando das mais elementares caraterísticas dos tributos e servindo fins absolutamente distintos. Desde logo, a base principiológica associada a uma e a outra matérias jurídicas é altamente diversa, vigorando no Direito Contraordenacional Tributário, enquanto ramo do Direito Sancionatório Público, determinados princípios e regras de base – como é o caso da presunção da inocência –, que não apresentam a mesma configuração e densidade no âmbito do Direito Tributário.

[209] Atendendo ao nº 4 do artigo 103º do CPPT, quando o sujeito passivo impugna judicialmente um ato tributário, tendo em vista a anulação total ou parcial do mesmo, sabe que a impugnação em causa só terá efeitos suspensivos se, a seu requerimento, for prestada garantia adequada, no prazo de 10 dias após a notificação para o efeito pelo tribunal, valendo a regra do efeito meramente devolutivo da ação de impugnação.

A abonar a este modo de ver as coisas, relembre-se que, no que respeita ao Regime Geral das Contraordenações, a impugnação da decisão da autoridade administrativa que aplique uma coima, prevista no seu 59º artigo, tem efeito suspensivo, uma vez que lhe é subsidiariamente aplicável a al. a), do nº 1 do artigo 408º do CPP, por via do nº 2 do artigo 41º do RGCO[210]. Também em sede de contraordenações estradais, importa referir que, desde a entrada em vigor da Lei nº 72/2013, de 3 de setembro, que alterou o artigo 187º do Código da Estrada, a impugnação judicial da decisão administrativa que aplique uma coima, uma sanção acessória ou determine a cassação do título de condução tem efeito suspensivo. Até então, o Código da Estrada apenas atribuía, por via da anterior redação do artigo 187º, efeito meramente devolutivo à impugnação dos atos de condenação no pagamento de coimas.

[210] Refira-se que, recentemente, o Tribunal Constitucional julgou inconstitucional a norma do artigo 67º, nº 5 do Estatuto da Entidade Reguladora da Saúde, aprovado pelo Decreto-Lei nº 126/2014, de 22 de agosto, de acordo com a qual a impugnação judicial de decisões da Entidade Reguladora da Saúde que apliquem coima têm, em regra, efeito devolutivo, estando o efeito suspensivo destas condicionado: *i)* à demonstração do prejuízo considerável causado pela execução da decisão e *ii)* à prestação de caução, em substituição da coima, de montante equivalente ao desta, independentemente da sua disponibilidade económica. Concluiu, na decisão, o TC que *"esta garantia* [de recurso] *é um verdadeiro direito de ação, pois não se refere a uma decisão judicial, mas a uma decisão administrativa, proferida por entidade administrativa, sendo exigível, para que o direito à tutela efetiva e o princípio da presunção de inocência sejam respeitados, que o regime de recurso e de acesso ao tribunal não sofra restrições excessivas ou desproporcionadas"*, e acrescentando que *"a aplicação do princípio da presunção de inocência no processo contraordenacional, dada a natureza jusfundamental do princípio e a sua essencialidade para o Estado de Direito democrático, não pode variar de intensidade consoante o poder económico maior ou menor do arguido, podendo apenas ser um valor ponderável e suscetível de restrição, em função do peso de outros direitos fundamentais em conflito (...), questão que não está em causa no presente processo e noutros deste tipo, pois a celeridade ou a eficácia, apesar de serem valores com proteção constitucional, não constituem manifestamente valores equiparados à presunção da inocência."*. Veja-se, então, o Acórdão do Tribunal Constitucional nº 728/2017, de 15-11-2017, relatado por Maria Clara Sottomayor.

8. Reflexões em torno da principiologia aplicável ao procedimento contraordenacional tributário

8.1. O princípio da legalidade em sede contraordenacional tributária

O enquadramento do ramo das contraordenações tributárias no âmbito do Direito Sancionatório Público leva que, em sede de procedimento contraordenacional tributário, vigore com especial proeminência o princípio da legalidade.

Como se sabe, nos termos do nº 2 do artigo 266º da CRP, os órgãos administrativos encontram-se subordinados à Constituição e à lei, o que significa que, quer a iniciativa para a sua atuação, quer o conteúdo desta, devem ter uma base normativa, isto é, resultar da letra da lei. É, então, o próprio texto constitucional que determina a exigência de que a lei seja simultaneamente o pressuposto e o fundamento de toda a atuação administrativa e não apenas o limite desta[211].

Uma vez que, em sede de procedimento contraordenacional tributário, o que está em causa é uma atividade administrativa de natureza sancionatória, isto é, de aplicação de uma sanção específica por parte de órgãos integrados na administração pública, e que pode mesmo ir além do espectro pecuniário e contender com o próprio livre exercício de alguns direitos por parte dos infratores[212], o princípio da legalidade acaba por assumir, aqui, uma configuração tendencialmente mais estrita.

Este nosso entendimento é, aliás, justificado pela aproximação do Direito das Contraordenações, desde logo em termos de principiologia, ao Direito Penal e, consequentemente, pelo maior afastamento

[211] Neste sentido, veja-se MÁRIO AROSO DE ALMEIDA, *Teoria Geral Do Direito Administrativo: Temas Nucleares*, ed. Almedina (Coimbra, 2012), pp. 33 a 35. e, ainda, RICARDO AZEVEDO SALDANHA, *Introdução Ao Procedimento Administrativo Comum*, ed. Coimbra Editora (Coimbra, 2013), pp. 40 a 42.

[212] De entre as sanções acessórias elencadas no artigo 28º do RGIT veja-se, a título exemplificativo e como forma de conferir acuidade à ideia que expusemos *supra*, a possibilidade de o infrator ficar temporariamente privado do direito de participar em feiras, mercados, leilões ou arrematações e concursos de obras públicas, de fornecimento de bens ou serviços e de concessão, promovidos por entidades ou serviços públicos (al. d)), ou ainda de lhe poder ver ser encerrado estabelecimento ou depósito (al. e)).

dos moldes jus-administrativistas, ainda que uns dos principais atores em sede dos procedimentos contraordenacionais tributários sejam, em suma, os órgãos da administração tributária, também eles órgãos da administração pública.

A aproximação entre o Direito das Contraordenações e o Direito Penal é desde logo visível pela determinação legal efetuada, quer no RGIT, quer no RGCO, no sentido da aplicação subsidiária do Código Penal e do Código de Processo Penal, bem como de legislação penal complementar[213], não havendo idêntica previsão normativa relativamente aos códigos administrativos[214].

Por outro lado, uma tal comunicabilidade é, ainda, visível pela existência de algumas soluções comuns, quer em termos terminológicos, quer em termos de regime, entre ambos os ramos jurídicos. A título de exemplo, ainda no âmbito deste nosso trabalho, abordaremos com particular destaque os regimes da dispensa e da atenuação especial da coima[215]. Ambos os instrumentos legais tinham já existência no Código Penal[216] e foram como que adaptados ao domínio infracional tributário e introduzidos no RGIT[217]. Como se compreende, os

[213] Atenda-se, por isso, ao artigo 3º do RGIT e aos artigos 32º e 41º do RGCO.

[214] Constatando esta mesma ideia, FREDERICO L. COSTA PINTO considera, ainda, que uma solução no sentido da aplicação subsidiária das normas procedimentais administrativas ao domínio contraordenacional *"(...) criaria o risco de um bloqueio completo da atividade sancionatória da administração por cruzamento de regimes e garantias jurídicas". Vide*, FREDERICO DE LACERDA DA COSTA PINTO, "O Ilícito de Mera Ordenação Social E a Erosão Do Princípio Da Subsidiariedade Da Intervenção Penal," in *Direito Penal Económico E Europeu: Textos Doutrinários (Vol. I)*, ed. Coimbra Editora (Coimbra, 1998), pp. 260-261.

[215] A dispensa da coima encontra-se prevista no nº 1 do artigo 32º e a atenuação especial no nº 2 do mesmo artigo do RGIT.

[216] Referimo-nos aos artigos 72º e 73º do CP, no que respeita à atenuação especial da pena, e ao artigo 74º, no que concerne à dispensa da pena. Importa, contudo, deixar claro que, no que diz respeito aos crimes tributários, o RGIT contém uma norma especial relativamente a estes dois instrumentos legais, sendo de aplicar, quando se esteja perante um crime tributário, à dispensa da pena o nº 1 do artigo 22º do RGIT, e à atenuação especial da pena o nº 2 do mesmo artigo.

[217] Pese embora já se encontrassem previstos em legislação anterior, mais concretamente no artigo 21º do RJIFNA.

pressupostos de base atinentes à dispensa e à atenuação especial previstos no CP não são cabalmente idênticos aos que constam no RGIT para efeitos de crimes tributários; o mesmo se diga, de modo mais arreigado, relativamente aos pressupostos aplicativos destes regimes no que concerne já às contraordenações tributárias. Apesar disso, não pode negar-se a similitude de soluções e uma congregação da base principiológica atinente a um e a outro ramos do Direito, que se não verifica já – pelo menos não em igual medida – com as soluções típicas do Direito Administrativo.

Com uma tal constatação, não pretendemos demarcar-nos da ideia que temos vindo a deixar assente: o Direito das Contraordenações e o Direito Penal são realidades diversas e dotadas de recíproca autonomia. A aproximação que entre eles se verifica deve-se, segundo cremos, ao facto de ambos fazerem parte do grande âmbito do Direito Sancionatório Público[218], que se encontra erigido com base em determinado tipo de princípios e garantias especiais[219] que não têm reflexo, pelo menos não ao mesmo nível, em sede de outros ramos do Direito. Só uma tal forma de conceber as coisas é que justifica que também em sede contraordenacional valha o princípio constitucional de aplicação do regime que seja globalmente mais favorável ao infra-

[218] Uma idêntica posição é firmada por ANTÓNIO LEONES DANTAS, em *Direito Das Contra-Ordenações (Questões Gerais)*, ed. AEDUM, 2ª (Braga, 2010), p. 5.

[219] A extensibilidade de alguns princípios aplicáveis ao Direito Criminal ao Direito das Contraordenações é também referida por JOSÉ JOAQUIM GOMES CANOTILHO e por VITAL MOREIRA, no comentário ao 29º artigo da CRP, em sede do qual os autores afirmam que, pese embora tais princípios se enquadrem num preceito com a epígrafe «aplicação da lei criminal» e sejam diretamente aplicáveis justamente à matéria criminal e às suas sanções, eles devem também ser analogicamente aplicáveis a outros domínios sancionatórios, desde logo ao Direito Contraordenacional, nomeadamente o princípio da legalidade, da não retroatividade, da aplicação retroativa da lei mais favorável, e ainda o princípio da proporcionalidade e da necessidade das sanções. *Vide,* dos autores citados, *Constituição Da República Portuguesa Anotada – Vol. I,* ed. Coimbra Editora, 4ª (Coimbra, 2007), pp. 498 e ss. e, complementarmente, p. 526.

tor[220] (nº 4 do artigo 29º da CRP), bem como o princípio de natureza processual penal do *"in dubio pro reo"*[221].

Retomando o tópico aqui em análise, o princípio da legalidade, em sede de procedimento e processo contraordenacional, acaba por assumir uma natureza especialmente estrita. Neste apartado, reservaremos uma maior atenção para a análise das suas repercussões a um nível procedimental.

E, nesta senda, vislumbra-se uma particular tensão entre a ideia de legalidade, no sentido de uma submissão administrativa mais arreigada aos trâmites legais, quer ao nível da iniciativa procedimental, quer ao nível decisório, e a ideia de oportunidade, isto é, no domínio dos espaços de atuação não vinculada atribuídos pelo legislador ao aplicador da norma.

8.2. A especial proeminência dos princípios da legalidade e da oficialidade

O RGIT não contém nenhuma norma que expressamente se dirija à sedimentação do princípio da legalidade. É, por isso, necessário que o intérprete se socorra do direito subsidiário, desde logo do RGCO que, nos termos do artigo 43º, dá conta de que o *"processo"* das contraordenações obedecerá ao princípio da legalidade. Perante norma de redação tão simples e minimalista, impõe-se que, uma vez mais, se proceda a uma leitura alargada dos preceitos e se convoquem outros diplomas legais – desde logo o CPP – para, em concreto, compreender qual o âmbito e extensão deste princípio em sede de procedimento contraordenacional.

[220] A jurisprudência tem vindo a decidir unanimemente neste sentido, podendo, a título exemplificativo, indicar-se algumas decisões jurisprudenciais, desde logo o Acórdão do Supremo Tribunal Administrativo de 22-09-2004, Processo nº 0570/04, e o Acórdão do Tribunal Central Administrativo do Sul, de 13-03-2014, Processo nº 07259/13.

[221] Veja-se, neste sentido, João Ricardo Catarino e Nuno Victorino, *Regime Geral Das Infrações Tributárias Anotado (Com Remissões, Notas, Jurisprudência, Doutrina, Estudos e Legislação Aplicável)*, ed. Vislis Editores (Lisboa, 2002), p. 397.

Antes de adensarmos as questões materiais que se nos revelam de maior pertinência relativamente a este princípio, consideramos por bem deixar a nota de que discordamos da técnica legislativa utilizada pelo legislador nesta sede.

Em primeiro lugar – correndo o risco de nos repetirmos –, consideramos terminologicamente incorreta a redação do artigo 43º do RGCO, uma vez que se refere unicamente ao "processo" quando, na verdade, quer o processo, quer o procedimento contraordenacional estão submetidos ao princípio da legalidade, não fazendo, na nossa ótica, sentido, desde logo por questões de rigor técnico, tratar ambas as realidades de forma indiferenciada.

Em segundo, não compreendemos por que motivo o Capítulo II do RGCO, intitulado *«Princípios e disposições gerais»*, não contém uma norma que elenque os princípios efetivamente aplicáveis aos procedimentos e aos processos contraordenacionais, referindo-se somente ao princípio da legalidade e de um modo que consideramos particularmente incipiente. Não é, aliás, sequer feita uma remissão direta para um qualquer diploma em que se possa, enfim, ir recolher os elementos que permitam ao intérprete dar conteúdo ao princípio da legalidade previsto no artigo 43º do RGCO. Entendemos, por isso, que se impunha um maior cuidado na sedimentação legal, positivada e objetiva dos vetores principiológicos aplicáveis ao Direito Contraordenacional, o que, a nosso ver, só aprimoraria a interpretação e a aplicação do RGCO, sobretudo quando este se trata de um regime absolutamente troncal e subsidiariamente aplicável aos diversos âmbitos da responsabilidade contraordenacional (desde logo, também às contraordenações tributárias e seu processamento).

Assim, particularmente no domínio das contraordenações tributárias, o aplicador normativo depara-se com a dificuldade de ter de proceder a uma dupla remissão legal, devendo fazer uma leitura conjugada, primeiro, do RGIT com o RGCO e, depois, do RGCO com o CPP, para poder encetar um juízo interpretativo de adequação e compreender, enfim, em que moldes se estrutura o princípio da legalidade vigente no procedimento de contraordenações tributárias.

Passemos, contudo, a considerações de âmbito material.

As manifestações do princípio da legalidade em sede contraordenacional tributária são diversas e apresentam, desde logo, relevo no que respeita à instauração do próprio procedimento.

Como já atalhamos, o procedimento contraordenacional tributário marca-se por um impulso tendencialmente administrativo, vinculado e de natureza oficiosa. A partir do momento em que a administração tributária tenha conhecimento de factos que integrem qualquer um dos conceitos de contraordenação tributária, fica obrigada à instauração do respetivo procedimento, não tendo prerrogativas de poder que lhe permitam *"formular juízos de oportunidade sobre a conveniência ou não de* [o] *instaurar*[222]*"*. Isto significa que a iniciativa relativa ao impulso procedimental está nas mãos do órgão administrativo competente, por um lado e, por outro, a decisão de dar início ao procedimento *"não está na disponibilidade do sujeito propulsor*[223]*"*, decorrendo antes de um imperativo legal que o submete a um dever de agir.

Por outro lado, importa ainda frisar que nem todos os modos de levada ao conhecimento da administração tributária de factos suscetíveis de enquadrarem tipos de contraordenações tributárias são legalmente admissíveis para que se dê início a um procedimento. Há, também aqui, uma clara manifestação do princípio da legalidade e da vinculação dos órgãos administrativos à lei.

É, por isso, essencial que se conjugue o disposto no artigo 54º do RGIT, que obriga a administração tributária a desencadear um procedimento quando haja suspeitas da prática de uma contraordenação tributária, com o artigo 56º do mesmo diploma, em que se faz prever os documentos que podem servir de base à instauração desse procedimento[224] (e não processo, como refere a norma). Neste sen-

[222] *Cfr.*, Jorge Lopes de Sousa e Manuel Simas Santos, *Regime Geral Das Infracções Tributárias Anotado*, ed. Áreas Editora (Lisboa, 2010), pp. 415, 416 e 434.

[223] Neste sentido, ainda que relativamente ao procedimento tributário, veja-se Joaquim Freitas Rocha, *Lições de Procedimento E Processo Tributário*, 2018, *cit.*, p. 107.

[224] Consideramos ser de cabal importância a referência a esta vinculação dos órgãos da AT ao preceituado nas normas jurídicas relativamente ao modo como se lhes chega ao conhecimento a prática da contraordenação tributária. Esta nossa ideia assenta muito

tido, os órgãos da AT estão obrigados, por um lado, à instauração do procedimento contraordenacional quando tomem, por qualquer via, conhecimento de um facto suscetível de constituir uma contraordenação tributária; por outro lado, os factos de que se tome conhecimento devem assumir a forma de um dos documentos que legalmente podem servir de base a um procedimento contraordenacional, nos termos do artigo 56º, e obedecer aos requisitos elencados 57º e seguintes do RGIT[225].

O mesmo se diga relativamente aos meios de prova, em sede dos quais se vislumbra uma vinculação legal do dirigente do serviço tributário a *"juntar sempre"* ao procedimento *"os elementos oficiais de que disponha ou possa solicitar para esclarecimento dos factos"*, impendendo, por isso, sobre este um dever de atender a todos os dados que se revelem pertinentes para a averiguação do tipo contraordenacional e de todos os elementos que contribuam para a determinação da medida

na lógica inerente ao próprio procedimento que, pese embora seja tendente à exteriorização da vontade de um órgão, não pode esta resultar de uma vontade manifestada de forma arbitrária, mas antes dentro de um invólucro de subordinação a uma série de regras impostas legal e constitucionalmente, como nos dá, de um modo perfeitamente enquadrado, JOAQUIM FREITAS DA ROCHA, na obra já por nós anteriormente citada (pp. 97 e 98). O procedimento implica, assim, uma ténue, mas necessária articulação entre a verdade material, que é o objetivo primeiro (e último) da sua instauração, e a verdade formal, pois se exige que aquela verdade seja alcançada em respeito de uma série de normas pré-estabelecidas, e prestando vénia a determinados limites de base. E, nesse sentido, parece-nos certeira a constatação de JOÃO CARLOS GONÇALVES LOUREIRO quando afirma que uma tal comunicação entre os espectros material e formal tem especial relevo no âmbito dos procedimentos sancionatórios, uma vez que estes se revelam *"mais marcado*[s] *pelos cuidados com a proteção do cidadão do que outros procedimentos"*. *Vide*, do autor, *Stvida Ivridica 13 – O Procedimento Administrativo Entre a Eficiência e a Garantia Dos Particulares (Algumas Considerações)*, *cit.*, pp. 39 e 40.

225 O procedimento contraordenacional tributário deve ter, na sua base, em geral, um dos seguintes elementos: auto de notícia levantado por funcionário competente, participação de entidade oficia, denúncia feita por qualquer pessoa, ou declaração do contribuinte ou obrigado tributário a pedir a regularização da situação tributária antes de instaurado o processo de contra-ordenação, caso não seja exercido o direito à redução da coima.

da sanção, estando, contudo, limitado aos meios de prova legalmente admissíveis nos termos da lei[226].

Por outro lado, também relativamente à extinção do procedimento contraordenacional tributário, e ao seu consequente arquivamento pela entidade competente, se verifica uma tendencial vinculação das entidades administrativas tributárias aos específicos trâmites legais. O procedimento tributário apenas pode ser declarado extinto: *a) pelo pagamento da coima* ou *b) pela verificação de determinadas situações de facto, pese embora não impliquem o pagamento da coima, justificam a extinção do procedimento.*

Assim, o procedimento contraordenacional é extinto por via do pagamento voluntário da coima, nos termos da al. c) do artigo 61º do RGIT. Não obstante, pode também dar-se a sua extinção antes de ter sido paga a coima, se o procedimento prescrever, ou em caso de amnistia, mas também se se provar a morte do arguido[227] ou se for

[226] Como nos dão conta Jorge Lopes de Sousa e Manuel Simas Santos, em sede contraordenacional tributária são admissíveis os meios gerais de prova previstos no Código Civil, no Código de Processo Civil, no RGCO e no Código de Processo Penal, desde logo a prova documental, pericial, testemunhal (embora com as adaptações e limitações que decorrem nos números 2 e 3 do artigo 72º do RGIT), a acareação, entre outros. Neste sentido, veja-se, dos autores, *Regime Geral Das Infrações Tributárias Anotado*, ed. Áreas Editora, 4ª (Lisboa, 2010), pp. 484 a 494.

[227] É pacífica a ideia de que o procedimento contraordenacional se extingue quando o arguido seja uma pessoa singular e biológica, mas não necessariamente se se tratar de uma pessoa coletiva. Embora esta ilação não resulte diretamente do artigo 61º RGIT, deve atender-se ao facto de, em primeiro lugar, estar já uniformizada a ideia de que a extinção de uma sociedade comercial por via de fusão (artigos 97º e ss. do Código das Sociedades Comerciais) não fará extinguir o procedimento contraordenacional tributário instaurado previamente à fusão, mantendo-se, por isso, a obrigação de pagamento da coima e de cumprimento das demais sanções acessórias por parte da nova sociedade (*Cfr.*, Acórdão de uniformização de jurisprudência nº 2/2004, de 11-02-2004, relatado por Políbio Silva Flor), sendo ainda de mencionar as situações em que, mesmo após a extinção da pessoa coletiva ou pessoa fiscalmente equiparada, há lugar à responsabilidade subsidiária dos administradores e gerentes, bem como de pessoas que exerçam, ainda que somente de facto, funções de administração, nos termos do artigo 8º do RGIT.

recebida acusação em processo criminal (alíneas a), b) e d) do artigo 61º do RGIT).

Além das causas previstas no artigo 61º do RGIT, o procedimento contraordenacional tributário será extinto no caso de existirem dúvidas fundadas sobre os factos suscetíveis de constituírem contraordenação tributária, nos termos do nº 1 do artigo 77º do mesmo diploma, situação de facto essa que faz impender sobre a entidade administrativa competente o dever de arquivar o procedimento. Estar-se-á, aqui, perante uma das manifestações da comunicabilidade principiológica entre o Direito Penal e o Direito das Contraordenações, a que já aludimos, mais concretamente no que respeita ao princípio constitucional do *in dubio pro reo*. Assim, no caso de existirem dúvidas no sentido do enquadramento de uma dada conduta dentro de um tipo contraordenacional tributário, desde logo por falta ou insuficiência de provas[228], a valoração a ser empreendida pela entidade

[228] De atender, porém, aos especiais contornos que este princípio pode assumir no âmbito de uma (eventual) fase jurisdicional, isto é, quando o procedimento se transmuta, por via recursiva, em processo contraordenacional tributário, desde logo em razão da aplicação subsidiária do artigo 127º do CPP ao processo de contraordenações tributárias, que consagra o princípio da livre apreciação de prova. Este princípio, não querendo significar que o julgador tenha um poder de valoração arbitrário, permite-lhe, atendendo às regras da experiência comum e à intermediação de elementos psicológicos, com base num substrato objetivo lógico, atender à prova produzida. E, assim, deve oferecer-se especial atenção a casos em que erradamente se possa julgar estar perante factos incertos que, em bem da verdade, e desde logo atendendo a esta prerrogativa dos juízes, o não são. O bom exemplo de uma tal situação está vertido no Acórdão do TCA-Norte, de 27-11-2014, relatado por Ana Patrocínio, em que pode ler-se: "*Cumpre acentuar que o tribunal não se socorreu do princípio «in dubio pro reo», que apenas significa que perante factos incertos, a dúvida favorece os arguidos, porque não teve quaisquer dúvidas da valoração da prova e, ficou seguro do juízo de censura ao arguido. No caso vertente, tal princípio só teria sido violado se da prova produzida e documentada resultasse que, ao condenar o arguido com base em tal prova, o juiz tivesse contrariado as regras da experiência comum ou atropelasse a lógica intrínseca dos fenómenos da vida, caso em que, ao contrário do decidido, deveria ter chegado a um estado de dúvida insanável e, por isso, deveria ter decidido a favor do arguido. Ora, se a fundamentação não viola o princípio da legalidade das provas e da livre apreciação da prova (...), não pode concluir-se que a mesma prova gera factos incertos, que implique dúvida razoável que afaste a valoração efectuada pelo tribunal para que deva alterar-se a decisão de facto recorrida, sendo, por conseguinte, lícita e válida a decisão de facto.*"

competente para o seu conhecimento deve seguir o sentido que se mostrar mais favorável ao infrator e, por isso, ser lançada mão do arquivamento do referido procedimento. Atendendo, porém, à letra da norma, é fundamental compreender-se que tais dúvidas, para que justifiquem o arquivamento, devem ser fundadas e insupríveis, não podendo basear-se numa mera convicção *pessoal* do órgão administrativo competente, mas antes alicerçar-se numa situação de incerteza que assente numa *"contradição insanável sobre os factos ou a impossibilidade de os determinar"*[229].

Como se depreende do que fora até aqui analisado, relativamente ao procedimento contraordenacional tributário verifica-se uma especial proeminência do princípio da legalidade, desde logo no que respeita à instauração do procedimento contraordenacional tributário e ao momento da sua extinção, bem como no que concerne essencialmente a matérias que contendam com as garantias dos infratores em sede procedimental.

8.3. Previsão de espaços de oportunidade administrativa

Pese embora o que ficou acima dito, o princípio da legalidade, numa vertente mais estrita, sofre alguns desvios por via da introdução de alguns espaços de maior abertura a uma valoração do aplicador da norma. Há, assim, algumas matérias em sede das quais o legislador do RGIT veio permitir alguma maleabilidade *"no aparente rigor emergente da subordinação (...) ao princípio da legalidade*[230]*"* a que se mostra sujeito o procedimento contraordenacional tributário.

A inclusão destes espaços de oportunidade revela-se mais perceptível quando o legislador utiliza o verbo "poder" em diversas normas do RGIT, sobretudo no âmbito dos instrumentos legais que potenciam a redução ou a dispensa da coima. Nestes casos, não se está perante, como bem se compreenderá, um poder incondicionado, mas

[229] *Cfr.*, João Ricardo Catarino e Nuno Victorino, *Regime Geral Das Infrações Tributárias Anotado (Com Remissões, Notas, Jurisprudência, Doutrina, Estudos E Legislação Aplicável), cit.*, p. 410.

[230] *Vide*, António Leones Dantas, *Direito Das Contra-Ordenações (Questões Gerais), cit.*, p. 13.

antes balizado por um conjunto de pressupostos legais de base que fundamentam e limitam a atuação do órgão competente, mas que, em todo o caso, lhes confere uma margem de decisão no sentido de aplicar ou não aplicar um determinado regime ao caso em apreço. Seguindo, de perto, a terminologia de PEDRO MONIZ LOPES, estamos aqui perante verdadeiras *normas habilitantes permissivas*[231].

É o que sucede, desde logo, em sede dos regimes da dispensa da coima, prevista no nº 1 do artigo 32º (*"pode não ser aplicada coima"*), da atenuação especial da coima, nos termos do nº 2 daquele mesmo artigo (*"a coima pode ser especialmente atenuada"*) e, no âmbito do direito à redução das coimas, no específico caso previsto no nº 4 do artigo 29º, introduzido pela Lei nº 66-B/2012, de 31 de dezembro, que concretamente prevê, não o direito a uma redução, mas à não aplicação da coima, desde que verificados determinados requisitos de ordem subjetiva e objetiva (*"pode não ser aplicada coima"*).

Este é, também, o entendimento de ISABEL MARQUES DA SILVA, que, falando especificamente da atenuação especial da coima – embora o mesmo sentido interpretativo deva ser seguido relativamente aos restantes instrumentos legais indicados –, diz constituir uma *"mera faculdade da Administração ou do juiz, em sede de recurso*[232]*"*.

Sobre estes instrumentos, dedicaremos uma maior atenção e especial cuidado de seguida, pelo que para lá nos remetemos.

Contudo, estes não são os únicos casos em que o legislador confere à administração tributária um maior espaço de valoração casuística da sua atuação. Também na fase de defesa do infrator, em sede procedimental, uma tal margem de apreciação – diríamos – menos condicionada lhe é conferida.

[231] Nas palavras do autor, tais normas conferem ao aplicador da norma *"discricionariedade ao nível do agir ou não agir"*, atribuindo-lhe *"a permissão de uma conduta (uma decisão)"*. É, assim, dada ao órgão administrativo competente uma margem de valoração que lhe permite escolher se determinados efeitos legalmente previstos se produzirão, ou não, no caso concreto. *V.*, PEDRO MONIZ LOPES, *Princípio Da Boa Fé E Decisão Administrativa*, ed. Almedina (Coimbra, 2011), pp. 192 a 194.

[232] *Vide*, ISABEL MARQUES DA SILVA, *Regime Geral Das Infrações Tributárias (Nº 5 Da Coleção de Cadernos Do IDEFF), cit.*, p. 70.

8.4. Tensões entre os princípios da participação e do contraditório e o princípio da oportunidade administrativa

Houve já oportunidade de fazermos referência à intercomunicabilidade de alguns princípios constitucionais aplicáveis em sede criminal relativamente ao Direito das Contraordenações, tendo ficado dito, na esteira da melhor doutrina, que, na grande maioria dos casos, estes são aplicados analogicamente[233]. Não obstante, no que respeita ao direito de defesa e de participação dos infratores no âmbito dos procedimentos contraordenacionais, como já se referiu noutra sede, existe um comando constitucional expresso que impõe ao legislador ordinário que tal direito seja efetivamente assegurado.

Também neste âmbito é possível encontrar-se normas que permitem à administração tributária atuar com alguma margem de maleabilidade e adequação.

O infrator, além de ter o direito de ser ouvido sobre os factos contra si apurados, sendo, como já se mencionou, a sua audição um elemento indispensável para que lhe possa ser aplicada uma sanção a título contraordenacional, pode também intervir no procedimento de forma mais direta, apresentando provas e até requerendo a realização de diligências.

É certo que a invocação de novos factos, e até o carreamento de novos itens probatórios, por parte do infrator aquando do exercício do seu direito de defesa, podem levar a que se realizem novas diligências de instrução ou de investigação por parte dos serviços tributários, desde logo se tais elementos se mostrarem relevantes para o apuramento da verdade material. Entram, aqui, em ação os princípios do inquisitório e da oficialidade. A administração tributária deve atuar, assim, no sentido do apuramento de todos os factos e elementos que permitam determinar a responsabilidade do infrator em sede contraordenacional e apurar a medida concreta da sanção a ser aplicável, não estando condicionada ao impulso do infrator para levar a

[233] Fazemos, uma vez mais, referência a J.J. Gomes Canotilho e a Vital Moreira, *Constituição Da República Portuguesa Anotada – Vol. I, cit.*, p. 498.

cabo todas as diligências que se mostrem necessárias à obtenção de tais elementos.

Porém, a plasticidade dos já aludidos espaços de oportunidade afigura-se mais visível, não no âmbito dos especiais poderes de atuação que configuram o princípio do inquisitório, mas antes no momento em que é o próprio infrator a requerer, aquando do exercício do direito de audição e defesa, a realização de novas diligências. Isto porque a doutrina[234] entende que *"cabe ao dirigente do serviço que dirige a instrução do pedido"*, uma vez interpelado pelo infrator no sentido da realização de uma diligência, *"deferir ou não a realização"* desta. Ou seja, é ao dirigente do serviço que cabe ajuizar se a diligência requerida se afigura, ou não, útil para a descoberta da verdade material e, em conformidade, proceder, ou não, ao seu deferimento, sendo o entendimento do Supremo Tribunal Administrativo que *"em processo de contraordenação, a autoridade competente não está obrigada a ordenar a realização de todas as diligências de prova requeridas[235]"*.

Uma outra situação em que o legislador atribui à entidade administrativa competente significativa margem de ponderação decisória consoante as circunstâncias do caso, tem que ver com a nomeação de defensor em sede de procedimento contraordenacional. O infrator não tem de se fazer representar por defensor, mas tem o direito de, se o pretender, fazer-se acompanhar de advogado (nº 1 do artigo 53º do RGCO, subsidiariamente aplicável ao RGIT). Não obstante, quando as circunstâncias do caso revelarem a necessidade ou a conveniência de o arguido ser assistido por defensor, a autoridade pode proceder à nomeação oficiosa do mesmo, ou ainda mediante requerimento do infrator.

Nestes casos, quer a decisão de nomear oficiosamente um defensor, quer a de deferir o requerimento do infrator nesse sentido, vis-

[234] Referimo-nos, concretamente, ao Regime Geral das Infrações Tributárias anotado e comentado, da autoria de Jorge Lopes de Sousa e de Manuel Simas Santos, por nós já citado (*v.*, p. 481), e que é usualmente referenciado, para efeitos desta matéria, pela jurisprudência quando está em causa o requerimento de diligências pelo infrator aquando do exercício do seu direito de defesa.

[235] *Cfr.*, Acórdão do STA, datado de 19-04-2017 e relatado por António Pimpão.

lumbra-se um espaço para *"a apreciação casuística da autoridade que dirige o processo de contraordenação*[236]*"*. Tem, contudo, vindo a ser entendido que a entidade administrativa deveria, a título oficioso, nomear um defensor para o infrator indiciado no procedimento quando este apresentasse algum tipo de deficiência (acrescentaríamos, *cognitiva*), ou quando a gravidade da infração e/ou da sanção assim o justificassem[237]. Em qualquer dos casos, resulta claro que a nomeação oficiosa de defensor, nesta sede, consiste numa decisão no âmbito da qual, pese embora devam pesar os circunstancialismos legais previstos na norma já aludidos, é conferida uma ampla margem de apreciação à entidade administrativa.

A norma é, contudo, clara relativamente ao controlo jurisdicional que pode vir a ser feito nestes casos, uma vez que expressamente vem indicar que do indeferimento do requerimento de nomeação de defensor, efetuado pelo infrator, cabe recurso para o tribunal[238].

[236] Neste sentido, Jorge Lopes de Sousa e Manuel Simas Santos, *Regime Geral Das Infracções Tributárias Anotado, cit.*, pp. 481 e 482.

[237] *Vide*, João Ricardo Catarino e Nuno Victorino, *Regime Geral Das Infrações Tributárias Anotado (Com Remissões, Notas, Jurisprudência, Doutrina, Estudos E Legislação Aplicável), cit.*, p. 389.

[238] *Cfr.* nº 3 do artigo 53º do RGCO.

Capítulo V
Instrumentos legais que permitem a redução, a atenuação ou a dispensa da coima

Neste Capítulo V, dedicar-nos-emos ao estudo pormenorizado de cada um dos instrumentos legais que permitem a redução, a atenuação ou a dispensa da coima no âmbito do Direito Contraordenacional Tributário.

Será essencial, dado que, como já temos vindo a referir com relativa abundância, este constitui o requisito transversal à aplicação de todos estes instrumentos legais, proceder ao enquadramento do conceito de regularização da situação tributária.

Seguidamente, proviremos ao estudo do regime que se encontra previsto para cada um dos já aludidos instrumentos legais, que optaremos por analisar em apartados autónomos e, sempre que tal se mostre possível e adequado de um ponto de vista material, seguindo a ordem em que estes se encontram referenciados no Regime Geral das Infrações Tributárias.

1. Regularização da situação tributária

A regularização da situação tributária constitui um dos requisitos legais basilares para a aplicação dos instrumentos legais que permitem uma redução ou uma dispensa da coima.

Na verdade, para que qualquer um destes instrumentos legais possa ter lugar, é sempre exigido ao infrator que proceda à regularização da falta de natureza jus-tributária verificada com a prática da contraordenação, consista esta no incumprimento da obrigação tributária principal de natureza pecuniária ou de deveres de colaboração e cooperação do sujeito passivo para com a administração tributária.

O apelo a esta regularização resulta da lei de forma expressa, conforme se constata da leitura:

i. Da al. c) do nº 1 do artigo 30º, para o exercício do direito à redução da coima;
ii. Da al. b) do nº 1 do artigo 32º, relativamente à dispensa da coima;
iii. Do nº 2 do artigo 32º, no que concerne à atenuação especial da coima;
iv. Do nº 3 do artigo 75º para a antecipação do pagamento da coima;
v. Do nº 4, *a contrario sensu*, do artigo 78º, que se refere ao pagamento voluntário da coima.

Tivemos já oportunidade de mencionar que foi justamente com o objetivo de descortinar o modo pelo qual podem os infratores proceder à regularização da situação tributária, para efeitos de aplicação destes instrumentos legais, que procedemos a um estudo das obrigações tributárias que gravitam em torno da relação jurídica tributária, entendida em termos amplos. Na introdução ao Capítulo II, havíamos concluído que a regularização da situação tributária seria necessariamente feita de modo diverso consoante a natureza da obrigação jurídico-tributária incumprida que estivesse na base da contraordenação tributária perpetrada.

Esta é uma ideia que resulta, desde logo, do nº 3 do artigo 30º do RGIT, em que é referido que se entende *"por regularização da situação tributária, para efeitos deste artigo, o cumprimento das obrigações tributárias que deram origem à infração"*. Pese embora a aposição de uma aparente circunscrição deste entendimento do que seja a regularização da situação tributária ao regime do direito à redução das coimas, a verdade é que, quer a doutrina[239], quer a jurisprudência[240], têm entendido que

[239] A título exemplificativo, veja-se Jorge Lopes de Sousa e Manuel Simas Santos, *Regime Geral Das Infrações Tributárias Anotado, cit.*, pp. 320, 508 e 515.

[240] Neste sentido, consulte-se os Acórdãos do Supremo Tribunal Administrativo, de 03-04-2013, Processo nº 05/13, relatado por Valente Torrão; de 13-10-2010, com o Pro-

o conceito de *regularização da situação tributária* previsto nesta norma é igualmente aplicável a todos os restantes instrumentos legais previstos no RGIT.

Isto significa que sempre que haja uma pretensão, por parte do infrator, de se sujeitar a um destes instrumentos legais, o primeiro passo a dar é o de identificar a contraordenação tributária cometida para, posteriormente, apreender qual a obrigação concretamente incumprida e a natureza que lhe está subjacente, de modo a que tome consciência de como pode, então, proceder à sua regularização junto dos serviços tributários competentes.

Quando a contraordenação tem, na sua base, o incumprimento da obrigação principal de pagamento da dívida tributária, a regularização ocorre pela entrega, nos serviços tributários competentes, do valor atinente à prestação tributária em dívida e demais acréscimos legais, como resulta, aliás, do artigo 9º do RGIT. É o caso, a título exemplificativo, da contraordenação tributária prevista no artigo 114º do RGIT (falta de entrega da prestação tributária) e da que consta do artigo 126º do mesmo diploma, que ocorre quando se verifique a transferência para o estrangeiro de rendimentos sujeitos a imposto, obtidos em território português por entidades não residentes, sem que se mostre pago ou assegurado o imposto devido.

Tivemos já oportunidade de nos deter relativamente à existência de um extenso leque de obrigações acessórias que podem estar adstritas, ora ao sujeito passivo da relação jurídica tributária, ora a entidades terceiras a esta relação. Estas obrigações de natureza acessória materializam-se, em termos gerais, na apresentação de declarações, na exibição de documentos fiscalmente relevantes, na prestação de informações e na prática de certos atos com relevância fiscal, resultando, fundamentalmente, de um dever geral de colaboração e de atuação de boa-fé que vincula reciprocamente os sujeitos passivos e algumas entidades que com estes mantêm relações especiais, assim como a própria administração tributária.

cesso nº 0670/10, relatado por Isabel Marques da Silva; e de 07-07-2010, com o nº de Processo 0356/10, que teve como relator Jorge de Sousa.

Adiantamos, também, que no RGIT se encontram previstos tipos contraordenacionais em cujo âmbito se encontra justamente descrito o incumprimento de cada um destes deveres laterais, acessórios e de colaboração. A regularização da situação tributária passará, nestas situações, pelo cumprimento voluntário dessas obrigações, ainda que já numa fase patológica da relação jurídica tributária (aqui entendida em termos amplos), dentro de um determinado prazo, que varia consoante o instrumento legal em causa.

Assim, atendendo à latitude especialmente abrangente de contraordenações tributárias que, na sua base, comportem o incumprimento de deveres acessórios de colaboração, entendemos que a regularização da situação tributária pode dar-se:

a) Pela apresentação de declarações em falta ou de prova de que se efetivou a apresentação destas – será o caso, desde logo, da contraordenação prevista e punível no artigo 116º, de parte das contraordenações referidas no artigo 117º (esta é uma norma bastante abrangente, pelo que aqui será de considerar apenas a parte em que estritamente se refira à entrega de declarações, como é o caso das declarações de início, alteração ou cessação de atividade, das declarações autónomas de cessação ou alteração dos pressupostos de benefícios fiscais e das declarações para inscrição em registos que a administração fiscal deva possuir de valores patrimoniais, previstas no seu nº 2, ou da declaração de registo e da comunicação à administração tributária, da informação a que as instituições financeiras reportantes se encontram obrigadas a prestar por força do disposto no Decreto-Lei nº 61/2013, de 10 de maio, prevista no nº 10), assim como o da que se encontra plasmada no artigo 125º-B do RGIT, que se refere à apresentação de prova de que foi apresentada, pelos alienantes e adquirentes de ações e outros valores mobiliários em que não tenham intervindo as entidades previstas nos artigos 123º e 124º do CIRS, a declaração de modelo oficial à autoridade tributária e aduaneira, perante as entidades referidas no nº 3 do artigo 128º do CIRS, ou de que a aquisição das ações ou valores mobiliários foi realizada com a intervenção das já aludidas entidades, referidas naqueles artigos 123º e 124º do CIRS;

b) Pela exibição de documentos fiscalmente relevantes[241] – é, aqui, perfeitamente enquadrável a contraordenação prevista no artigo 113º (recusa de entrega, exibição ou apresentação de escrita e de documentos fiscalmente relevantes), mas também algumas das contraordenações referidas no artigo 117º do RGIT, como é o caso da parte em que se refere à exibição de documentos, desde logo de *"documentos comprovativos dos factos, valores ou situações constantes das declarações, documentos de transporte ou outros que legalmente os possam substituir, comunicações, guias, registos, ainda que magnéticos"*, ou de documentação respeitante à política adotada em matéria de preços de transferência. Inscreveríamos, ainda, neste ponto de análise, a contraordenação prevista e punível nos termos do artigo 122º do RGIT, que se refere à falta de apresentação, no prazo legal e antes da respetiva utilização, de livros, registos ou outros documentos relacionados com a contabilidade ou outros com relevância fiscal exigidos na lei;

c) Pela prática de atos com relevância fiscal – podem inscrever-se, neste apartado, a designação de representante fiscal, ou ainda a apresentação da identificação do gestor de bens ou direitos, por parte daquele representante, quando lhe seja solicitado, atendendo ao disposto no artigo 124º, assim como a abertura de conta bancária ou a movimentação de valores através desta, nos termos do artigo 129º do RGIT. Entendemos que pode também compaginar-se, aqui, a execução da contabilidade de harmonia com as regras de normalização contabilística, a escrituração de livros ou a elaboração de outros elementos de escrita, ou de registos que estejam em atraso, atendendo ao disposto no artigo 121º do RGIT;

[241] Nos termos do nº 4 do artigo 113º do RGIT, são considerados documentos fiscalmente relevantes *"os livros, demais documentos e respectivas versões electrónicas, indispensáveis ao apuramento e fiscalização da situação tributária do contribuinte"*.

d) Pela comunicação ou prestação de determinadas informações com relevância fiscal: a prestação, ainda que fora do prazo legal, *"de informações ou esclarecimentos que autonomamente devam ser legal ou administrativamente exigidos"*, como resulta do nº 1 do artigo 117º do RGIT, podendo aqui inscrever-se, a título exemplificativo, a comunicação de rendimentos e retenções, nomeadamente pelas entidades devedoras de rendimentos que estejam obrigadas a efetuar a retenção, total ou parcial (artigo 119º do CIRS), ou a apresentação do mapa recapitulativo previsto na alínea f) do nº 1 do artigo 29º do Código do IVA, por parte das entidades elencadas no artigo 127º do CIRC. Julgamos ser de incluir neste ponto, também, a comunicação das informações a efetuar pelas instituições financeiras reportantes, nos termos do Decreto-Lei nº 61/2013, de 10 de maio, como resulta do previsto no nº 2 do artigo 119º-B do RGIT, assim como a comunicação de esquemas ou atuações de planeamento fiscal propostos a clientes ou outros interessados, por parte das entidades que, nos termos do artigo 5º do Decreto-Lei nº 29/2008, de 25 de fevereiro, se qualifiquem como um promotor[242];

e) Pela correção de inexatidões ou pelo preenchimento de omissões, relativos a documentos, declarações ou informações a que determinadas entidades se encontram vinculadas a prestar, nos termos da lei – é, aqui, de atender com especial cuidado ao disposto no artigo 119º do RGIT, que se refere justamente às omissões e inexatidões nas declarações ou em outros documentos fiscalmente relevantes. De considerar, ainda, a inclusão neste ponto do artigo 119º-A do RGIT, este já referente às omissões ou inexatidões relativas aos atos, factos ou documentos relevantes para a apreciação de pedidos de informação vinculativa, apresentados nos termos do artigo 68º da LGT.

[242] Neste sentido, vejam-se os artigos 17º a 20º do Decreto-Lei nº 29/2008, de 25 de fevereiro.

f) Pela emissão de recibos ou faturas ainda não emitidos, nos termos da lei – este será o modo pelo qual se poderá proceder à regularização da situação tributária quando esteja em causa a prática da contraordenação prevista no artigo 123º do RGIT.

Como é bom de ver, são diversos e distintos os modos pelos quais o infrator deve proceder à regularização da situação tributária desconforme quando esteja em causa a prática de uma contraordenação tributária que, na sua base, implique o incumprimento de uma obrigação de natureza acessória e de colaboração.

2. Violação negligente do segredo fiscal: impossibilidade de regularização da "situação tributária"

Continua, porém, por dar resposta à forma como deve proceder o infrator que incorra na prática da contraordenação prevista no artigo 115º do RGIT, que se refere à violação negligente do segredo fiscal, no que concerne ao preenchimento do requisito da *regularização da situação tributária,* para efeitos da aplicação de quaisquer dos regimes legais que permitem uma redução ou a dispensa da coima.

Na base desta particular contraordenação, não se vislumbra o incumprimento de uma obrigação de natureza tributária, nem de cariz principal, nem de cariz acessório. Trata-se, isso sim, de uma atuação desconforme com o ordenamento jurídico pelo facto de ocorrer a revelação ou o aproveitamento de determinadas informações que estejam sujeitas a segredo fiscal, a que se teve acesso no exercício de funções ou por causa delas, somente quando aquela atuação se verifique a título de negligência. Isto significa que a pedra de toque deste tipo contraordenacional é, não o acesso às informações sujeitas a segredo em si, mas a sua revelação ou aproveitamento indevidos, ainda que negligente.

Para efeitos da aplicação dos instrumentos legais sobre os quais versa o nosso estudo, no que respeita ao preenchimento do requisito da regularização da situação tributária, tem a doutrina entendido que é de dispensar a sua verificação. Isto é, estando em causa um infrator ao qual seja de imputar a contraordenação prevista no artigo 115º do RGIT, ocorre como que uma eliminação do requisito atinente à regularização tributária, exigindo-se apenas a verificação dos restantes pressupostos aplicativos do instrumento legal em causa[243].

Compreende-se que seja esta a solução avançada, uma vez que, de facto, não existe uma situação tributária a regularizar. No entanto, esta não deixa de ser uma solução que nos causa alguma estranheza pelo facto de imprimir alguma disparidade de posições entre infratores relativamente à possibilidade de obterem uma redução ou dispensa da coima através de qualquer um dos instrumentos legais.

Cremos que a aplicação destes instrumentos se baseia, em primeiro lugar, numa *atitude interna revelada* do infrator, pela assunção da sua falta e, em segundo, numa *atitude exteriorizada* deste no sentido de a corrigir, ainda que numa fase patológica, em que já se verificou, em concreto, um incumprimento.

Ora, neste caso concreto, abdica-se claramente da correção dessa falta. Facilmente se entende que as informações sujeitas a segredo fiscal podem ter sido reveladas ou indevidamente aproveitadas, sem que seja possível reverter a situação, mas tal não significa que não deva exigir-se deste infrator, também, um esforço adicional, no sentido de colmatar a sua falta.

Cremos que, mantendo esta solução, há um benefício claro e evidente para os infratores a quem se impute a contraordenação prevista no artigo 115º do RGIT, que não encontra, a nosso ver, qualquer justificação, pois não entendemos que este seja um tipo contraordenacional dotado de um menor grau de censurabilidade do que muitos outros previstos neste Regime Geral. Não entendemos, porém, que seja defensável um afastamento absoluto da possibilidade de, nestes casos, se poder beneficiar dos instrumentos legais que permitem a redução ou a dispensa da coima. Esta solução seria tão ou mais injusta do que a que atrás descrevemos e criticamos.

Assim, poderia equacionar-se que, neste caso em concreto, já que não é possível a regularização da situação tributária, fosse ao

[243] Esta é uma ideia desenvolvida fundamentalmente por Jorge Lopes de Sousa e Manuel Simas Santos, *Regime Geral Das Infracções Tributárias Anotado, cit.*, p. 316.

menos exigido uma retratação, por escrito, do infrator perante a(s) pessoa(s) ou entidade(s) a quem se reportava a informação indevidamente revelada ou aproveitada. A apresentação deste documento escrito junto dos serviços tributários, que posteriormente o remeteriam a quem de Direito, aliada ao preenchimento dos restantes requisitos que concretamente presidissem à aplicação do instrumento legal em causa iriam, a nosso ver, permitir que os infratores se encontrassem já em situações de maior paridade.

De outro modo, entendemos que sairia gorada a finalidade de prevenção geral positiva, no sentido em que o legislador estaria, neste caso, a tomar uma posição clara, perante a comunidade, no sentido de submeter a pressupostos aplicativos para a obtenção de uma vantagem ao nível sancionatório diferentes e, como vimos, menos exigentes, relativamente aos infratores que incorram na prática da contraordenação prevista no artigo 115º do RGIT.

3. O direito à redução das coimas (artigo 29º do RGIT)

O direito à redução das coimas é o primeiro dos instrumentos legais que permite a redução da sanção contraordenacional por via da regularização da situação tributária a surgir no RGIT.

Tal como já adiantamos, alguns destes instrumentos não surgiram pela primeira vez no RGIT, encontrando-se já previstos em legislação anterior. É o caso do direito à redução das coimas, que tinha anteriormente a sua previsão no artigo 25º do CPT, em moldes semelhantes aos que pautam hoje a sua existência no Regime Geral das Infrações Tributárias.

É, ainda, importante atender ao facto de este se tratar de um instrumento que está temporalmente localizado numa fase pré-procedimental, tendo, por isso, lugar antes de estar efetivamente instaurado o procedimento contraordenacional tributário.

A *localização temporal* do direito à redução das coimas numa fase pré-procedimental era já uma das caraterísticas deste instrumento na vigência do Código de Processo Tributário, uma vez que, desde logo na al. e) do seu artigo 19º, se introduzia como uma das *"garantias dos contribuintes (...) o direito à redução das coimas em caso de pagamento antes da instauração do respectivo processo contra-ordenacional"*. Acresce, ainda, que no antigo CPT, não poderiam beneficiar deste direito à redução os infratores confessos a quem fosse imputável contraordenação passível de aplicação de sanção acessória, casos em que seria, de forma imediata, instaurado o *"processo contra-ordenacional*[244]*"*.

Importa dar nota de que esta solução foi mantida aquando da entrada em vigor do RGIT, estando, então, previsto na al. d) do artigo 30º deste diploma, como requisito geral para o exercício do direito à redução, o facto de *"não ser aplicável sanção acessória"*. Esta situação veio, contudo, a alterar-se a partir da entrada em vigor da Lei nº 55-B/2004, de 30 de dezembro que, por via do seu 42º artigo, revogou a ora alínea d) do artigo 30º do RGIT[245].

Este é, então, um instrumento legal que vai beneficiar o infrator, na medida em que fará operar uma redução no montante mínimo legal da coima abstratamente aplicável à contraordenação perpetrada, que pode ir dos 87,5%[246] (redução máxima[247]) aos 25% (redução mínima).

[244] *V.*, artigo 30º, nº 1 do CPT, de acordo com a redação inicial, dada pelo Decreto-lei nº 154/91, de 23 de abril.

[245] Como referem Nuno Victorino e João Ricardo Catarino, esta alteração legislativa, *"ao revogar esta alínea d) do nº 1 do artigo 30º, retirando o limite negativo* [que consistia, como se viu, na não aplicação de uma sanção acessória], *consiste em estender este procedimento às contra-ordenações graves"*. *V.*, dos autores, "A Evolução Do RGIT – Regime Geral Das Infracções Tributárias – Nas Leis de Orçamento de Estado Para 2005 E 2006," *Fiscalidade – Revista de Direito E Gestão Fiscal, Nº 25* (Coimbra, 2006), pp. 174 e 175.

[246] Estas percentagens de redução estão de acordo com a redação mais recente dada ao artigo 29º do RGIT, introduzida pelo artigo 155º da Lei nº 64-B/2011, de 30 de dezembro, que veio operar justamente um aumento percentual da margem de redução das coimas em sede de direito à redução, nas situações previstas nas als. a) e b) do artigo 29º, mantendo, contudo, inalterada a margem de redução da coima para a hipótese prevista na al. c).

[247] Pesem embora as margens de redução previstas no nº 1 do artigo 29º, importa atender ao montante mínimo geral das coimas, previsto nos números 3 e 4 do artigo 26º do RGIT. Assim, mesmo havendo lugar à redução da coima, o montante desta não poderá ser inferior a €25,00, se o infrator for pessoa singular, ou a €50,00, no caso de se tratar de pessoa coletiva, sociedade, ainda que irregularmente constituída, ou outra entidade fiscalmente equiparada, atendendo à redação mais recente deste nº 3, dada pelo

A motivação do legislador para fazer operar um tal benefício é o de reconhecer – e sobretudo o de fomentar – *"a autodenúncia*[248]*"* dos infratores, que assumam a sua atuação desconforme com o ordenamento jurídico antes de se ter por iniciado o procedimento contraordenacional, quando acompanhada, na generalidade dos casos, da regularização da situação tributária. Esta ideia é tanto ou mais evidente quando se constata que, como bem denotam Jorge Lopes de Sousa e Manuel Simas Santos, o benefício verificado, isto é, a margem percentual de redução da coima, varia *"conforme a espontaneidade demonstrada*[249]*"* pelo infrator confesso.

artigo 155º da Lei nº 64-B/2011, de 30 de dezembro, conjugada com a norma do nº 4 desse mesmo artigo 26º. Note-se que, até então, o montante mínimo das coimas era de €15,00 para as pessoas singulares e de €30,00 para as pessoas coletivas, sociedades, ainda que irregularmente constituída, ou outras entidades fiscalmente equiparadas. Contrariamente ao que sucede com os limites gerais máximos das coimas, o RGIT não admite que os limites mínimos destas possam ser alterados em virtude de norma jurídica especial. Parece ser esta a intenção do legislador que, no nº 1 do artigo 26º, relativo aos limites máximos das coimas aplicáveis às pessoas coletivas, refere que *"se o contrário não resultar da lei, as coimas aplicáveis (...) podem elevar-se até ao valor máximo de (...)"*, e introduzindo semelhante previsão normativa no nº 2, que se refere já aos limites máximos da coima aplicáveis às pessoas singulares, escusa-se de o fazer quando introduz os limites mínimos. Neste preciso sentido, veja-se o Acórdão do STA, de 15-02-2017, com o nº de Processo 01195/16, relatado por Ana Paula Lobo.

[248] *Cfr.*, João Ricardo Catarino e Nuno Victorino, *Infracções Tributárias – Anotações Ao Regime Geral*, ed. Coimbra Editora, 3ª (Coimbra, 2012), pp. 287 e 288. No entanto, estamos de acordo com estes mesmos autores quando, num artigo publicado na *Revista Fiscalidade*, referem que um outro fundamento para o grau consideravelmente elevado da redução do valor da coima aplicável se deve, também, ao facto de, tratando-se de um procedimento com lugar antes da instauração do procedimento contraordenacional tributário, se evitar *"todo o expediente de tramitação e despesas que tal processo acarretaria para a administração tributária"*. Concretamente sobre esta nota, veja-se, daqueles autores, "A Evolução Do RGIT – Regime Geral Das Infracções Tributárias – Nas Leis de Orçamento de Estado Para 2005 E 2006.", *cit.*, p. 173.

[249] *Vide,* dos autores referidos, *Regime Geral Das Infracções Tributárias Anotado, cit.*, p. 309. Discordamos, porém, dos autores relativamente à terminologia adotada neste mesmo segmento, pois, em termos precisos, referem que o benefício aqui em causa varia *"conforme a espontaneidade demonstrada pelo contribuinte"* [sublinhado nosso], pese embora, a título exemplificativo, possa haver lugar a uma redução da coima, nos termos do artigo 29º do RGIT, também quando seja cometida a contraordenação prevista no artigo 115º

Assim, contrariamente ao que se disse relativamente ao procedimento contraordenacional tributário em geral, importa aqui referir que, no que concerne ao direito à redução das coimas, nos termos do artigo 29º do RGIT:

i. Este é um procedimento contraordenacional tributário *sui generis*. Da sua instauração poderá efetivamente haver lugar a um sancionamento do infrator, por via da aplicação de uma coima, ainda que reduzida, e até mesmo de uma sanção acessória, pelo que não se revela coerente, nem juridicamente correto denominá-lo de outro modo que não de procedimento contraordenacional tributário. Não obstante, este procedimento não é regulado pelo RGIT, nem pelo RGCO, dado ambos tratarem unicamente dos procedimentos contraordenacionais ditos "comuns".

A solução encontrada pela doutrina – e seguida pela jurisprudência[250] – para este problema, é consiste na aplicação das regras do procedimento tributário em geral, desde logo das normas constantes da LGT e da legislação que a complementa, nos termos da al. b) do seu artigo 2º, nomeadamente o CPPT e o CPA. Considera quem defende tal solução que *"as relações que se estabelecem no âmbito das infrações tributárias são relações legalmente qualificadas como de natureza jurídico-tributária*[251]*"*.

O enquadramento do *procedimento de redução de coimas tributárias* – se é que o podemos assim denominar – na lógica do procedimento tributário em geral, vai significar que se lhe aplique determinado tipo de normas que são altamente distintas das que vigoram no procedimento contraordenacional tributário. Por exemplo, como este se

(violação negligente do segredo fiscal), a qual não implica que o infrator atue enquanto contribuinte, desde logo porque o tipo não se conexiona diretamente com o pagamento de prestação tributária, nem com o cumprimento de obrigação tributária acessória.

[250] A título de exemplo, e por espelhar bem a solução aqui referida, veja-se o Acórdão do Tribunal Central Administrativo do Norte, de 16-03-2017, com o Processo nº 00803/16.4BEPNF, relatado por Mário Rebelo.

[251] *Cfr.*, Jorge Lopes de Sousa e Manuel Simas Santos, *Regime Geral Das Infrações Tributárias Anotado, cit.*, p. 311.

trata, em bem da verdade, de um procedimento petitório (há, genericamente, um pedido de redução da coima aplicável), parece ser de valer, aqui, a regra do indeferimento tácito, na hipótese de a entidade competente para a fixação da coima (que não deixa de ser uma das elencadas no artigo 52º do RGIT) não se pronunciar no prazo de quatro meses[252]. Parece-nos ser esta uma das consequências de se seguir a solução ora enunciada, tanto mais que, nos termos do nº 3, *in fine*, do artigo 33º do RGIT, o prazo de prescrição do procedimento contraordenacional tributário suspende-se *"no caso de pedido de pagamento da coima antes de instaurado o processo de contra-ordenação desde a apresentação do pedido até à notificação para o pagamento"*. Recorde-se que, no que ao procedimento contraordenacional respeita, vigora, não só um dever de decisão, como também um dever de pronúncia.

ii. Paralelamente, importa referir que a norma que se debruça sobre a legislação subsidiariamente aplicável ao RGIT, não faz qualquer apelo à aplicação da Lei Geral Tributária. Este é mais um dos casos em que se constata a incompletude do artigo 3º do RGIT e de onde se denota, uma vez mais, uma particular dificuldade de aplicação deste regime, desde logo pelo facto de carecer de intermediação de diplomas legais que, ora vão surgindo acessoriamente em normas de caráter especial, pese embora tenham uma amplitude aplicativa geral[253], ora nem sequer constam em apartado algum do diploma, nem sequer do RGCO, que lhe seria aqui subsidiariamente aplicável por se tratar de matéria contraordenacional (al. b) do artigo 3º do RGIT).

iii. Apesar de sermos favoráveis a esta solução, (apenas) pelo facto de o legislador do RGIT não ter, até ao momento, acautelado as dificuldades de aplicação concreta deste artigo 29º, consideramos que não é inteiramente correto o juízo feito pela doutrina que avança com a solução já aludida, desde logo no que concerne à qualificação legal, e em bloco, das relações que se estabelecem no âmbito das infrações tributárias como relações de natureza jurídico-tributá-

[252] *Vide*, números 1 e 5 do artigo 57º da LGT.

[253] Já fizemos essa alusão relativamente ao nº 2 do artigo 70º do RGIT.

ria. Bem sabemos que se trata de uma norma jurídica especial neste RGIT, mas a verdade é que o artigo 115º do RGIT (violação negligente do segredo fiscal) extravasa, em nossa opinião, essa qualificação, mas admite, também, que o infrator em causa, desde que cumpridos os requisitos legais, beneficie do direito à redução previsto no artigo 29º.

Um tal juízo pode ser feito relativamente à grande maioria das relações que se estabelecem em sede contraordenacional tributária, é certo, mas não relativamente a todas.

A solução encetada é, de facto, a que melhor acautela os direitos e interesses dos infratores, desde logo quando, mais à frente, nos referirmos ao modo como a doutrina tem entendido que deve ser feita a impugnação do ato que indefere o pedido de redução. Não obstante, entendemos que uma boa e percetível aplicação do Direito nesta matéria, exigiria que, ou se alterasse o artigo 3º do RGIT, apetrechando-o textualmente de todas as situações em que de facto é necessário convocar a aplicação de diplomas legais subsidiários, fazendo-se uma alusão direta aos diplomas que são efetivamente de aplicar, ou que se inscrevessem no RGIT novas disposições legais que regulassem direta e objetivamente este procedimento.

iv. Em todo o caso, contrariamente àquela que é a regra no procedimento contraordenacional tributário comum, este *procedimento de redução de coimas tributárias* não seria um procedimento de iniciativa administrativa e oficioso, mas antes um procedimento de natureza não administrativa, dado o seu impulso estar dependente da vontade do infrator.

O direito à redução da coima vai, então, variar consoante a espontaneidade temporal do infrator, sendo que, quanto menor tiver sido o papel interventivo da entidade administrativa no processamento interno da contraordenação e, por conseguinte, menor for o período de tempo decorrido entre a prática da contraordenação tributária e a efetivação do pedido do infrator no sentido da sua redução, maior será a margem percentual de redução verificada. Vejamos, então, com maior detalhe quais os estádios em que se divide esta possibilidade de reduzir o montante da coima, nos termos do artigo 29º do RGIT, e quais os requisitos que se subsumem a cada um deles.

3.1. Direito à redução nos 30 dias posteriores à prática da contra-ordenação

O primeiro estádio temporal em que pode ser exercido o direito à redução da coima consta da alínea a) do artigo 29º do RGIT, devendo sempre haver uma articulação desta norma com os requisitos gerais e específicos que constam do artigo 30º.

A redução da coima é, nos termos desta alínea a), a mais vantajosa para o infrator, uma vez que, estando todos os pressupostos materiais e formais preenchidos, este pagará apenas 12,5% do montante mínimo legal que abstratamente seja aplicável à contraordenação perpetrada. De referir que, atendendo ao nº 2 daquele artigo 29º, no caso de a norma especificar o montante mínimo da coima em caso de atuação negligente, será esse o *"montante mínimo"* a atender para efeitos do cálculo dos 12,5%. Não obstante, se não houver uma especificação da moldura da coima para os casos de negligência, deve considerar-se, como base de cálculo daquela percentagem, o montante mínimo previsto para uma atuação dolosa, dado o nº 2 do artigo 24º do RGIT apenas inscrever a regra da redução para metade do valor da coima prevista para o comportamento doloso à contraordenação imputada a título negligente relativamente ao montante máximo daquela, nada dizendo no que concerne ao montante mínimo.

Naturalmente, os requisitos legais para que, de facto, possa ser exercido o direito à redução das coimas nestes termos, são mais exigentes dos que os previstos para as restantes alíneas deste artigo 29º.

Em termos puramente formais, é exigido que o *"pedido de pagamento"* seja apresentado nos 30 dias posteriores ao da prática da contraordenação, sem que tenha havido, ainda, lugar ao levantamento do auto de notícia, ao recebimento da participação ou da denúncia, ou que não se tenha ainda por iniciado o procedimento de inspeção tributária.

Note-se que pode ainda não ter ocorrido nenhum dos factos que servem de base ao procedimento contraordenacional tributário, nos termos do artigo 56º do RGIT e, ainda assim, o infrator confesso não poder beneficiar da redução prevista na al. a) do artigo 29º pelo facto de terem decorrido mais de 30 dias desde a prática da contraordenação em causa, como se verá de um modo mais atento em ponto posterior.

É, então, exigido ao infrator que apresente um pedido no sentido de lhe ser conferida a redução do montante da coima. A regra, como decorre do nº 1 do artigo 30º do RGIT, é a de que o infrator confesso deve *"formular pedido expresso de pagamento da coima (...) em momento anterior à instauração do processo de contra-ordenação, em que (...)* [seja] *reconhecido pelo infractor a prática da infracção e manifestada a sua vontade de regularizar, em curto espaço de tempo, a falta cometida*[254]". A lei prevê, no entanto, algumas situações em que este pedido de pagamento e, concomitantemente, de redução da coima, não tenha de ser expressamente feito e dirigido à entidade competente.

Há, aqui, a considerar três variáveis que diretamente influenciam a materialização deste pedido, desde logo a forma concreta pela qual este deve ser apresentado: *a*) a contraordenação tem por base a não entrega de um documento ou de uma declaração (isto é, o incumprimento de uma obrigação tributária acessória), ou de prestação tributária liquidada e esta situação foi já regularizada; *b)* a contraordenação tem por base a não entrega de um documento ou de uma declaração ou de prestação tributária liquidada, estando esta situação ainda irregular, ou a não entrega de prestação tributária relativa a tributo ainda não totalmente liquidado pelos serviços; *c)* a contraordenação não se reporta a nenhuma das situações anteriores.

Vejamos, então, por partes cada uma das hipóteses elencadas.

a) A contraordenação tem por base a não entrega de um documento ou de uma declaração, estando já esta situação regularizada: quando o tipo contraordenacional encerra, em si mesmo, o incumprimento de uma obrigação tributária acessória, e o infrator se dirige, no prazo de até trinta dias após a prática da

[254] Veja-se, neste sentido, o Acórdão do Tribunal Central Administrativo do Sul, de 27-04-2017, Processo nº 952/15.6BELRA, relatado por Joaquim Condesso.

infração e antes de ser do conhecimento, por qualquer um dos meios previstos no artigo 56º do RGIT, da AT, assumindo o cometimento da mesma e cumprindo essa mesma obrigação, o ato de entrega do documento ou da declaração em falta vale implicitamente como pedido de pagamento da coima e, consequentemente, do exercício do direito à redução desta. O mesmo se diga quando a contraordenação tem por base a não entrega da prestação tributária totalmente liquidada. Neste caso, o ato de entrega da prestação tributária em falta, dentro dos mesmos circunstancialismos temporais referidos *supra*, ilibam o infrator de apresentar pedido expresso. Ambas as hipóteses estão previstas no nº 4 do artigo 30º do RGIT.

b) A contraordenação tem por base a não entrega de um documento ou de uma declaração ou de prestação tributária liquidada, não estando esta situação, ainda, regular, ou a não entrega de prestação tributária relativa a tributo ainda não totalmente liquidado pelos serviços: neste particular caso, não se deduz já a apresentação implícita de pedido no sentido do pagamento da coima e, consequentemente, para o exercício do direito à redução.

A doutrina[255] e a jurisprudência maioritária[256] entendem que a entrega de prestação tributária ainda não totalmente liquidada tem lugar quando o infrator procede ao pagamento da dívida tributária, mas não já dos juros compensatórios que decorram imediatamente nos termos da lei.

Os juros compensatórios são devidos *"quando, por facto imputável ao sujeito passivo, for retardada a liquidação de parte ou da totalidade do imposto devido ou a entrega de imposto a pagar antecipadamente, ou retido*

[255] Explicitando esta ideia, veja-se Jorge Lopes de Sousa e Manuel Simas Santos, *Regime Geral Das Infracções Tributárias Anotado*, por nós já citado, p. 316.

[256] Vejam-se, neste sentido, o já aludido Acórdão do Tribunal Central Administrativo do Sul, de 27-04-2017, Processo nº 952/15.6BELRA, relatado por Joaquim Condesso, mas também os Acórdãos do Supremo Tribunal Administrativo, de 23-05-2012, com o nº de Processo 0240/12, que teve como relatora Isabel Marques da Silva; de 04-02-2009, Processo nº 0572/08, relatado por Pimenta do Vale; e de 06-11-2008, Processo nº 0667/08, que teve como relator António Calhau.

ou a reter no âmbito da substituição tributária[257]", e ainda quando, também por facto a si imputável, tenha este recebido reembolso superior ao devido. Pese embora, nos termos do nº 9 do artigo 35º da LGT, se exija que a liquidação evidencie separadamente o valor do montante principal da dívida tributária a ser pago e o montante a pagar a título de juros compensatórios, indicando-se ainda a forma do cálculo respetivo, atendendo ao nº 8 daquele mesmo artigo, tem sido entendido que os juros compensatórios integram o cômputo da dívida tributária. Nesse sentido, verificando-se o pagamento da dívida tributária não acompanhado do pagamento de juros compensatórios, fica o infrator obrigado, para beneficiar da redução do artigo 29º do RGIT, a formular pedido em que diretamente assuma a prática da infração, demonstrando a sua vontade em regularizar o pagamento da prestação em atraso.

c) Quando abrimos, aqui, uma terceira via para os casos em que a infração não se reporta a nenhuma das situações anteriormente analisadas, queremos concretamente referir-nos ao já aludido caso de estar em causa a contraordenação por violação negligente do segredo fiscal, prevista no artigo 115º do RGIT. Entendemos que, também aqui, não se verifica qualquer possibilidade de se ficcionar o pedido de redução, uma vez que não se vislumbra uma qualquer hipótese de enquadramento de tal situação no nº 4 do artigo 30º, pois não há, concretamente, uma *situação tributária* por regularizar.

Esclarecida a questão atinente ao modo como se procede ao pedido de pagamento da coima antes da instauração do procedimento contraordenacional tributário e, em virtude deste, ao exercício do direito de redução da coima, importa atentar que, para que a referida redução opere, é necessário verificar-se outro tipo de requisitos, os quais variam consoante o tipo de pedido que está na sua base.

a. O pedido de pagamento em período anterior ao momento em que se inicia o procedimento contraordenacional tributário será

[257] *Cfr.*, números 1 e 2 do artigo 35º da LGT.

expresso nas situações não abrangidas pelo artigo 30º, nº 4 do RGIT, isto é, naqueles casos em que não houve ainda uma regularização (total ou parcial) da situação tributária. Assim, não basta a apresentação do pedido para que, de forma automática, se tenha por verificada e operante a redução da coima.

Neste particular, a lei obriga ao cumprimento de duas exigências: no prazo de 15 dias a contar da data em que o pedido tem entrada nos serviços da AT, o infrator deve regularizar a situação tributária (isto é, colmatar a falta que está na origem da prática da contraordenação), como resulta da al. c), do nº 1 do artigo 30º do RGIT, e proceder, também, ao pagamento da coima reduzida (alínea a), do nº 1 daquele artigo 30º).

Relativamente aos infratores a quem seja imputável a prática da contraordenação prevista no artigo 115º do RGIT, tem a doutrina entendido – como já tivemos oportunidade de referir – que, dado não existir concretamente uma *situação tributária irregular*, se procederá ao afastamento do requisito atinente à regularização tributária. Mantendo-se em vigor tal entendimento, neste particular caso, apenas será exigível ao infrator que, no prazo acima referido, proceda ao pagamento da coima reduzida, sem necessidade de se verificar o cumprimento de qualquer outra exigência.

b. Se o pedido é presumido, entende-se que foi regularizada a situação tributária, pois é pressuposto de base para o funcionamento de tal presunção que o infrator tenha, nos termos do nº 4 do artigo 30º do RGIT, entregue a prestação tributária ou o documento ou declaração em falta. Tendo havido já lugar a esta regularização, é exigido ao infrator que proceda ao pagamento do montante reduzido da coima no prazo de 15 dias a contar da data em que se tem por presumido o pedido de redução desta.

3.2. Direito à redução decorridos mais de 30 dias após a prática da contraordenação

A alínea b) do artigo 29º do RGIT prevê uma segunda hipótese de o infrator beneficiar de uma redução da coima, pese embora a margem de redução não seja, aqui, tão vantajosa como a que vimos estar prevista na alínea a).

Em qualquer dos casos, se o infrator, preenchidos todos os pressupostos gerais e específicos plasmados nesta alínea b) do artigo 29º, em conjugação com as normas do artigo 30º do RGIT, pode ver o valor da coima reduzido para 25% do montante mínimo legal abstratamente aplicável à contraordenação que lhe é imputada.

Todas as considerações que tecemos no apartado em que nos dedicamos à alínea a) do artigo 29º são, aqui, igualmente aplicáveis, com a ressalva, obviamente, do pressuposto temporal (que é, fundamentalmente, o elemento distintivo destas duas alíneas).

Assim, para que a redução prevista nesta alínea b) possa ter lugar, o infrator deverá apresentar pedido de pagamento (ou regularizar a situação tributária nos termos do nº 4 do artigo 30º do RGIT, de modo a que se presuma a apresentação daquele pedido), desde que não tenha havido, ainda, lugar ao levantamento do auto de notícia, ao recebimento da participação ou da denúncia, ou que não se tenha ainda por iniciado o procedimento de inspeção tributária, ainda que tenham decorrido já mais de 30 dias contados da data em que foi praticada a infração.

3.3. Direito à redução da coima requerido até ao termo do procedimento de inspeção tributária

O procedimento de inspeção tributária foi já objeto do nosso estudo quando nos versamos sobre o complexo garantístico do crédito tributário numa fase pré-patológica. Tivemos oportunidade de, nesse ponto de análise, caraterizar este procedimento, tendo referido que a sua natureza é meramente indagadora e informativa, não podendo este ser, por isso, confundido com um procedimento sancionatório. Não obstante, é perfeitamente possível que, no decurso do procedimento de inspeção, se venha a verificar irregularidades que preencham algum dos tipos contraordenacionais tributários previstos na lei. No entanto, mesmo que seja esse o caso, nunca será no âmbito do procedimento de inspeção tributária que se procederá à aplicação de uma sanção contraordenacional, havendo antes a necessidade de se dar início a um procedimento autónomo que, como vimos, se encontra regulado no Regime Geral das Infrações Tributárias.

Sendo verificada a prática de alguma infração, a identificação desta deve constar do projeto de conclusões de relatório – a par, claro está, de outros elementos –, que será comunicado à pessoa ou entidade inspecionada para esta, no prazo de entre 10 e 15 dias, se pronunciar[258].

A alínea c) do nº 1, do artigo 29º do RGIT prevê duas exigências para que possa configurar-se a hipótese de haver lugar ao exercício do direito à redução: *a)* a contraordenação deve ter sido praticada por negligência[259]; e *b)* o pedido de pagamento deve ser apresentado *"até ao termo do procedimento de inspeção tributária"*, ou seja, até à assinatura do relatório definitivo pelos funcionários que tenham intervindo no procedimento (já que deste documento deve constar a menção à apresentação de pedido de redução de coima e à regularização da sua

[258] Como resulta diretamente do artigo 60º do RCPITA.

[259] O artigo 24º do RGIT, referente à punibilidade por negligência, consagra um regime especial que se afasta, quer do previsto no CP, quer do previsto no RGCO. O artigo 13º do CP e o artigo 8º do RGCO referem que só haverá punição por negligência se a lei o prever de forma expressa. Contrariamente, o nº 1 do artigo 24º do RGIT diz-nos que as contraordenações tributárias são sempre puníveis por negligência, exceto nos casos em que a lei preveja expressamente disposição em sentido contrário. Isto significa que não haverá punição por negligência quando: *a)* a lei expressamente estabeleça que esta não tem lugar; ou *b)* quando o tipo contraordenacional seja incompatível com uma punição a título negligente. Há, de facto, tipos contraordenacionais que se enquadram perfeitamente nesta segunda hipótese, sendo de realçar o nº 1 do artigo 118º do RGIT, que circunscreve a punição a *"quem dolosamente falsificar, viciar, ocultar, destruir ou danificar elementos fiscalmente relevantes (...)"* e ainda o que se encontra previsto na al. d) do nº 2 do artigo 108º do RGIT, dado a norma em causa exigir que a conduta seja levada a cabo com a *"finalidade de iludir a perceção da prestação tributária devida pela importação do artefacto acabado ou se destine a subtrair o importador aos efeitos das normas sobre contingentação de mercadorias"*, estando subjacente uma atitude volitiva, consciente e equacionada do infrator no sentido de agir em desconformidade com o ordenamento jurídico.
O nº 2 do artigo 24º do RGIT prevê, ainda, que se a lei, quando determina o montante máximo abstratamente aplicável da coima, não proceda à distinção entre o comportamento doloso e o negligente, deve considerar-se como montante máximo, para a atuação negligente, metade do valor adstrito à conduta praticada com dolo.

situação tributária, por parte do infrator, durante o procedimento de inspeção[260]).

Nos termos do nº 3 do artigo 29º do RGIT, o infrator deve dar conhecimento da sua pretensão de pagar a coima ao funcionário que esteja a realizar a inspeção. Se o infrator não se dirigir ao funcionário (ou funcionários) que procede à inspeção, comunicando a sua intenção de pagar a coima e regularizar a situação tributária, deve aquele elaborar auto de notícia[261], fazendo menção a esse mesmo facto no relatório de inspeção final, de acordo com a al. j) do nº 3, do artigo 62º do RCPITA.

No entanto, se o infrator requerer a redução da coima, nos termos da al. c) do nº 1, do artigo 29º do RGIT, o funcionário deve abster-se de elaborar o auto de notícia e, adicionalmente, mencionar no relatório da inspeção que o auto de notícia não foi elaborado na sequência do pedido para o exercício do direito à redução[262]. Este funcionário deve, alternativamente ao auto de notícia, elaborar um relatório sucinto das faltas verificadas, com a sua qualificação jurídico-sancionatória e remetê-lo para a entidade competente para a instrução do pedido de redução da coima, como resulta do nº 3 do artigo 29º do RGIT.

O artigo 58º, nº 1, *in fine*, do RGIT indica-nos que não deve haver lugar à instauração de procedimento contraordenacional tributário enquanto decorra o prazo de pagamento a que se refere a al. b) do artigo 30º, em que se diz que, nesta situação em concreto, o direito à redução das coimas depende *"do pagamento nos 15 dias posteriores à notificação da coima pela entidade competente"*. Como é bom de ver, há aqui uma dissonância de regimes entre as alíneas a) e b), por um lado, em que não se exige que haja uma intermediação administrativa, por

[260] *Cfr.*, nº 4 do artigo 62º do RCPITA. Para uma análise doutrinária mais completa desta norma, veja-se Joaquim Freitas Rocha e João Damião Caldeira, *Regime Complementar Do Procedimento de Inspecção Tributária (RCPIT) Anotado E Comentado*, ed. Coimbra Editora (Coimbra, 2013), p. 326.

[261] Deve atender-se, aqui, à norma atribuidora dessa competência, prevista na al. l) do artigo 59º do RGIT.

[262] *Cfr.*, nº 1 do artigo 58º do RGIT.

via de um ato que notifique o infrator do montante da coima reduzida a pagar, já que esse valor consta diretamente da lei[263], e a al. c) do artigo 29º, por outro, refere que o prazo de 15 dias para o pagamento da coima reduzida e para a regularização da situação tributária começa a contar a partir da data em que o infrator é notificado, pela entidade administrativa competente, do montante da coima a pagar (pese embora já estivesse em condições de saber qual o valor reduzido da coima).

Jorge Lopes de Sousa e Manuel Simas Santos já haviam chamado a atenção para este problema, considerando que a disparidade de regimes se revela injustificada e que terá muito provavelmente resultado de uma transposição "direta" da norma do artigo 26º do CPT, que regulava a matéria que hoje se encontra prevista no artigo 30º do RGIT[264].

Sucede, porém, que na vigência do CPT, a norma que previa o direito à redução da coima relativa a contraordenação verificada na sequência de procedimento de inspeção, não se assemelha à al. c) do nº 1, do artigo 29º do atual RGIT. Enquanto nesta última norma, a coima reduzida é fixada de acordo com limites que estão concretamente definidos na lei, permitindo ao infrator calcular o montante da coima a pagar, o anterior artigo 25º, nº 1, al. c) do CPT, previa que, em situação análoga, verificados os pressupostos atinentes ao exercício do direito à redução, a coima se reduziria *"para metade do montante fixado pela entidade competente"*, não podendo aquela ser inferior ao respectivo montante mínimo legal. Ou seja, nesta última hipótese, era sempre de convocar a intervenção da entidade administrativa, que tinha competência para fixar a coima. Só após a notificação do ato que fixasse o montante da coima, é que seria possível ao infrator

[263] Excetuam-se, no entanto, algumas das situações previstas no artigo 31º do RGIT, que versa sobre as coimas cujo valor não consta diretamente da lei, estando antes dependente do montante da prestação tributária devida. Nestes casos, o infrator não está em condições de saber qual o montante mínimo da coima (pois este depende do montante de imposto a liquidar) ao qual deve aplicar a percentagem de redução.

[264] *Vide*, dos autores, *Regime Geral Das Infracções Tributárias Anotado, cit.*, pp. 314 e 315.

proceder ao cálculo da sanção pecuniária reduzida em cinquenta por cento, justificando-se, por isso, que no artigo 26º, nº 1, al. c) do CPT, se estabelecesse que o prazo para o pagamento só começaria a contar a partir da data da notificação do valor da coima a pagar pela entidade competente.

A verdade é que, apesar de já ter havido um número considerável de alterações ao RGIT, a al. b) do artigo 30º nunca foi modificada. Nesse sentido, em obediência ao que consta textualmente da lei, neste caso, o infrator não tem de proceder à regularização da situação tributária e ao pagamento da coima reduzida no curto prazo de 15 dias a contar da apresentação do pedido de redução, ficando a aguardar que lhe seja notificado o ato que fixe a coima, situação que se afigura claramente mais favorável.

3.4. Incumprimento dos requisitos legais atinentes ao direito à redução da coima

Como fomos referindo ao longo dos pontos de análise precedentes, ainda que o infrator reúna as condições para exercer o direito à redução das coimas previstas nas alíneas a), b) ou c) do artigo 29º, nº 1 do RGIT, para que a redução da coima tenha efetivamente lugar, é-lhe exigido que, por um lado, proceda à regularização da situação tributária[265] e, por outro, pague a coima reduzida nos prazos elencados nas alíneas a) e b) do nº 1, do artigo 30º do RGIT.

Se, porém, alguma das exigências acima referidas se tiverem por incumpridas, ou se o infrator proceder ao seu cumprimento fora do prazo previsto naquelas alíneas do artigo 30º, nº 1, perde aquele o direito à redução da coima, sendo instaurado de imediato o procedimento contraordenacional tributário[266].

Nestas situações, o procedimento será instaurado com base na *"declaração do infrator a pedir a regularização da situação tributária antes de instaurado o processo de contra-ordenação, caso não seja exercido o direito*

[265] Excetuam-se, claro está, as situações – já assinaladas – em que esta já teve lugar, ou em que não se justifique em razão do tipo contraordenacional.

[266] *Cfr.* o nº 2 do artigo 30º do RGIT.

à redução", como resulta da al. d) do artigo 56º do RGIT. Nestes casos, o direito à redução não é exercido por causa imputável ao infrator, e não por via de uma decisão administrativa que indefira o pedido de pagamento. Igual solução é oferecida para os casos em que a infração tenha sido verificada no decurso da inspeção, como se depreende da norma ínsita no nº 2 do artigo 58º do RGIT.

3.5. Impugnabilidade do ato de indeferimento do pedido de redução da coima

Como já tivemos oportunidade de analisar, quando esteja em causa a prática de uma contraordenação que tenha por base a não entrega de um documento ou de uma declaração, ou de prestação tributária liquidada, não estando esta situação ainda regular, ou a não entrega de prestação tributária relativa a tributo ainda não totalmente liquidado pelos serviços, para que o infrator possa exercer o direito à redução, deve apresentar pedido expresso nesse sentido.

Com o pedido (expresso) para o pagamento da coima reduzida, nos termos do artigo 29º do RGIT, inicia-se um *procedimento de redução de coimas tributárias* que, como referimos anteriormente, a doutrina e a jurisprudência maioritária têm vindo a enquadrar como um procedimento tributário comum, ao qual se aplicam as normas constantes da LGT e da legislação que a complementa.

Cumpre à autoridade competente para a fixação da coima, nos termos do artigo 52º do RGIT, atendo aos pressupostos legais exigidos para o exercício do direito à redução, proferir um despacho que defira ou indefira esse pedido.

Na eventualidade de ser indeferido o pedido de redução, estar-se-á perante um ato administrativo lesivo que, atendendo à norma constitucional do nº 4 do artigo 268º da CRP, deve ser suscetível de impugnação.

Coloca-se, então, a questão de saber qual o meio adequado para o infrator atacar este ato de indeferimento.

O RGIT é, quanto à impugnação deste tipo de atos, silente. Recorde-se que, neste diploma, apenas é feita referência ao *"recurso das decisões de aplicação de coimas"* (e de sanções acessórias, claro está)[267], nada sendo dito relativamente à impugnação de outro tipo de atos, nem de medidas administrativas lesivos[268].

Se se considerar, como se tem vindo a fazer, que este *procedimento de redução de coimas tributárias* é um procedimento tributário comum, então será de seguir a solução mais amplamente adotada pela doutrina[269] e pela jurisprudência[270], que tem vindo a considerar que:

a. O ato é hierarquicamente recorrível. Uma vez que se está perante um despacho emitido por uma entidade administrativa que indefere uma pretensão do infrator, isto é, de um ato administrativo lesivo e, dado a doutrina e a jurisprudência entenderem que este é um ato decisório de um procedimento de natureza tributária, faz sentido que o seu destinatário possa lançar mão desta garantia administrativa impugnatória prevista nos artigos 80º da LGT e 66º e 67º do CPPT. O recurso hierárquico deve ser interposto no prazo de 30 dias a contar da notificação do despacho de indeferimento do pedido de redução e dirigido ao mais elevado superior hierárquico do autor do ato recorrido. O recurso deve ser decido no prazo máximo de 60 dias, nos termos do nº 5 do artigo 66º do CPPT, sendo a sua interposição meramente facultativa.

267 Vejam-se os artigos 53º e 80º do RGIT.

268 Contrariamente ao RGIT, o Regime Geral das Contraordenações, no seu 55º artigo, prevê que *"as decisões, despachos e demais medidas tomadas pelas autoridades administrativas no decurso do processo"* (leia-se "procedimento contraordenacional") – e não apenas as decisões sancionatórias – *"são suscetíveis de impugnação judicial por parte do arguido ou da pessoa contra as quais se dirigem"*, excetuando os atos meramente preparatórios da decisão final que não colidam com os direitos ou interesses das pessoas (numa outra leitura, que não tenham natureza lesiva). O nº 3 desta disposição legal refere que são competentes para a decisão deste recurso, em regra, os tribunais judiciais em cuja área territorial se tiver consumado a infração, por via da remissão efetuada para o artigo 61º do RGCO.

269 Veja-se, desde logo, Jorge Lopes de Sousa e Manuel Simas Santos, *Regime Geral Das Infrações Tributárias Anotado, cit.*, pp. 311 e 312.

270 A título exemplificativo, atente-se ao Acórdão do Tribunal Central Administrativo do Norte, de 16-03-2017, com o Processo nº 00803/16.4BEPNF, relatado por Mário Rebelo.

Se o mais elevado superior hierárquico do autor do ato recorrido tiver a intenção de decidir em sentido desfavorável ao infrator, deve este ser notificado para exercer, oralmente ou por escrito, o direito de audição, num prazo que não pode ser inferior a 15, nem superior a 25 dias, em função da complexidade da matéria[271].

b. O ato é jurisdicionalmente impugnável, por via da interposição de ação administrativa, nos termos da al. a) do artigo 37º do CPTA, de acordo com a alínea p) do nº 1 e do nº 2 do artigo 97º do CPPT. Atendendo ao nº 1 do artigo 58º do CPTA, o infrator poderá interpor esta ação no prazo de três meses, contados nos termos do artigo 279º do CC, prazo que pode ser alargado, caso se verifique alguma das circunstâncias previstas no nº 3 daquele artigo 58º. Se, porém, o infrator tiver interposto recurso hierárquico, nos termos acima descritos, o prazo para a interposição da ação administrativa suspende-se até à *"notificação da decisão proferida sobre a impugnação administrativa ou com o decurso do respetivo prazo legal, consoante o que ocorra em primeiro lugar"*, atendendo ao nº 4 do artigo 59º do CPTA.

Esta parece ser a solução possível, atendendo ao modo como está estruturado o Regime Geral das Infrações Tributárias e dado o tratamento insuficiente que é feito deste *procedimento de redução de coimas tributárias.* Consideramos, porém, que faria todo o sentido introduzir-se um regime procedimental próprio, inscrito no RGIT, em que se estabelecessem regras e prazos especificamente adaptados a este procedimento que, pese embora não se confunda com o procedimento contraordenacional tributário em geral, está com este intimamente relacionado, não devendo, a nosso ver, ser tratado do mesmo modo que um procedimento tributário comum. Cremos, inclusivamente, que, tratando-se este de um procedimento *sancionatório,* no que respeita à impugnação administrativa deste despacho, deveria a admi-

[271] *Cfr.*, al. b) do nº 1 e nº 6 do artigo 60º da LGT.

nistração estar sujeita a um prazo de decisão mais reduzido do que o que se encontra previsto para efeitos de recurso hierárquico.

Pode, então, dar-se o caso de o infrator ter pago espontaneamente a coima reduzida de modo antecipado, atendendo à al. a) do nº 1, do artigo 30º do RGIT e, posteriormente, vir indeferido o seu pedido (expresso) de redução da coima (imagine-se, por hipótese, que o infrator, apesar de ter pago a coima reduzida dentro do prazo, não tenha procedido à regularização da situação tributária dentro do mesmo). Nestas situações, como vimos, haverá lugar à instauração de um procedimento contraordenacional tributário, atendendo ao nº 2 do artigo 30º, que segue o regime comum instituído no RGIT.

Se, no final desse procedimento, for aplicada ao infrator uma coima, nos termos do nº 3 do artigo 31º do RGIT, deve haver lugar a uma correção do valor desta, tomando-se em consideração o valor já pago aquando da apresentação do pedido de redução da coima.

Esta situação não ocorrerá, em regra, nos casos em que o pedido seja feito no seguimento de um procedimento de inspeção tributária, dado que nesses casos, atendendo a al. c) do artigo 30º, nº 1 do RGIT, o prazo para o pagamento da coima reduzida e da regularização da situação tributária só começa a correr a partir do momento em que o infrator seja notificado da coima pela entidade competente.

3.6. O nº 4 do artigo 29º do RGIT: importância da sua análise em sede da dispensa da coima

O artigo 224º da Lei do Orçamento do Estado para 2013[272], alterou o artigo 29º do RGIT, aditando-lhe um número 4. Não querendo alongar-nos na análise desta norma, importa referir que esta passou a inscrever, dentro da disposição legal que prevê, como se viu, o direito à redução das coimas, uma segunda hipótese de haver lugar à dispensa da coima.

A dispensa da coima será um dos instrumentos legais sobre o qual versará o nosso estudo e, dado o facto de este nº 4 do artigo 29º do

[272] Lei nº 66-B/2012, de 31 de dezembro.

RGIT visar, não a redução da coima, mas a sua dispensa, optaremos por analisá-lo nessa sede e não neste apartado.

4. A dispensa da coima (nº 1 do artigo 32º do RGIT)

Estamos, aqui, perante um instrumento legal que permite, não uma redução da coima, mas sim a dispensa do pagamento desta e que está localizado numa fase *intraprocedimental*, tendo, então, lugar já no decurso do procedimento contraordenacional tributário. Contrariamente ao que sucede, como vimos, no direito à redução, a dispensa da coima não está dependente de qualquer pedido, seja este expresso ou presumido, por parte do infrator. Pelo contrário, a aplicação de uma dispensa da coima constitui uma possibilidade colocada pelo legislador ao aplicador normativo, seja este a entidade administrativa competente para a aplicação da coima, na fase procedimental, seja este o tribunal, já numa fase jurisdicional, em sede impugnatória, e desde que se tenham por verificados os requisitos legais previstos nas alíneas a) a c) do nº 1, do artigo 32º do RGIT. Como havíamos referido anteriormente, a dispensa da coima constitui uma das manifestações de espaços de oportunidade conferidos ao aplicador da norma previstos no RGIT, dado estar expressamente previsto na disposição legal em análise que *"pode não ser aplicada coima"*, ao invés de lhe ser imposto que, uma vez verificados cumulativamente os pressupostos legalmente previstos, proceda efetivamente ao afastamento da aplicação da coima.

Podem encontrar-se noutros ramos do Direito Sancionatório Público[273] regimes que visam, à semelhança deste, uma dispensa da sanção aplicável, em virtude da verificação de determinados pressupostos que, atendendo ao efeito especialmente benéfico para o agente, são de uma exigência tendencialmente superior, sendo, por isso, o seu âmbito de aplicação bastante circunscrito.

Importa referir que, pese embora o regime da dispensa da coima, em sede contraordenacional tributária, se encontre hoje regulado no

[273] Podem dar-se como exemplos, nomeadamente, o artigo 74º do CP e o nº 1 do artigo 22º do RGIT, que regula a dispensa da pena em sede de Direito Penal Tributário.

nº 1 do artigo 32º do RGIT, ele já tinha existência no artigo 21º do Regime Geral das Infrações Fiscais Não Aduaneiras, ainda que com diferente designação (denominava-se *"afastamento excecional da aplicação de coimas"*) e contornos aplicativos algo diversos.

O nº 1 do artigo 32º do RGIT, logo no seu começo, admite que na lei possam existir outras situações que admitam a dispensa da coima, sujeitas a requisitos aplicativos que diversos dos que se encontram inscritos nesta norma, que consagra o seu regime geral. É o caso, por exemplo, do nº 4 do artigo 29º do RGIT, a que fizemos uma breve alusão no ponto de análise anterior, bem como do nº 6 do artigo 119º, que, por se tratarem ambos de situações especiais, serão por nós estudados em apartado autónomo.

Cremos ser ainda de referir que, no âmbito do Regime Geral das Contraordenações, não existe nenhuma norma que preveja a dispensa da coima, tendo vindo a ser entendido pela jurisprudência que não pode haver lugar a uma aplicação subsidiária do artigo 74º do Código Penal à matéria contraordenacional[274].

4.1. Pressupostos legais para a dispensa da coima, atendendo ao seu regime geral

Cumpre-nos, neste segmento de análise, desconstruir os pressupostos legais que se devem observar para que um infrator possa ser efetivamente dispensado do pagamento da coima. Entendemos, pelos motivos que seguidamente se enunciarão, que o texto da norma do nº 1 do artigo 32º é criticável, desde logo se comparado com a redação dada pelo anterior artigo 21º do RJIFNA. Será, por isso, de cabal importância entender como tem vindo a ser aplicada esta norma e, fundamentalmente, o modo como é entendido cada um dos pressu-

[274] Atenda-se, neste sentido, aos Acórdãos do Tribunal da Relação de Évora, de 15-05-2013, com o nº de Processo 661/12.8TBCBR.C1, relatado por Luís Coimbra, e de 26-11-2013, Processo nº 3342/12.9TASTB.E1, que teve como relator Sérgio Corvacho. É, contudo, possível encontrar-se decisões jurisprudenciais que admitem essa aplicação subsidiária, desde logo no âmbito das contraordenações ambientais, como é o caso do Acórdão do Tribunal da Relação de Guimarães, de 03-12-2012, com o Processo nº 114/12.4TBCBT.G1, relatado por Paulo Fernandes da Silva.

postos legais atinentes à sua aplicação. Compreendendo-se o conteúdo aplicativo destes requisitos além do que o texto normativo parece transparecer, cedo se verá por que razão consideramos que porventura, em bem da verdade, teria sido mais coerente ter-se efetuado uma transposição "direta" do artigo 21º do RJINA para o RGIT, ao invés de alterar a sua redação.

Atendendo à redação do nº 1 do artigo 32º do RGIT, para que possa haver lugar a uma dispensa da coima, devem ter-se por verificadas, de forma cumulativa, as seguintes circunstâncias:

1) A prática da infração não ter ocasionado prejuízo efetivo à receita tributária;
2) Estar regularizada a falta cometida;
3) A falta revelar um diminuto grau de culpa.

Temos, então, elencados *dois pressupostos de natureza objetiva* (a não verificação de prejuízo relativamente à receita tributária e a regularização da falta que esteve na origem da contraordenação tributária) e *um pressuposto de natureza subjetiva*, que se liga à atitude interna do agente, exigindo-se que, em relação a este, se verifique um diminuto grau de culpa[275].

4.1.1. Diminuto grau de culpa do infrator

O pressuposto atinente ao diminuto grau de culpa segue a lógica instituída para regimes análogos em sede de outros ramos do Direito Sancionatório Público, pese embora, quer no âmbito do Direito Penal de Justiça (artigo 74º do CP), quer no âmbito do Direito Penal Tributário (artigo 22º, nº 1 do RGIT), além da alusão ao diminuto grau de culpa, se exija que a ilicitude do facto seja também reduzida, o que não sucede já relativamente à dispensa da coima.

[275] Fazendo esta mesma divisão dos pressupostos aplicativos da dispensa da coima atendendo à sua natureza, veja-se João Ricardo Catarino e Nuno Victorino, *Regime Geral Das Infrações Tributárias Anotado (Com Remissões, Notas, Jurisprudência, Doutrina, Estudos E Legislação Aplicável), cit.*, p. 204.

O comportamento ilícito consiste numa atuação humana, de caráter comissivo ou omissivo, dominada pela vontade, que é violadora do ordenamento jurídico, ora por ocorrer, então, um comportamento que o contradita, ora por se verificar a falta de um comportamento que era exigível, nos termos da lei, ao infrator. A conduta será dotada de maior ilicitude quanto mais afastada estiver do sentido de atuação exigido no comando normativo. Como vimos, para efeitos de aplicação do regime da dispensa da coima, não há uma exigência direta na norma no sentido de que a conduta ativa ou passiva revele um diminuto grau de ilicitude.

Por sua vez, o comportamento culposo deriva de um juízo de reprovabilidade imputável ao infrator devido à realização do facto ilícito, pelo facto de este não se ter motivado na norma, *"sendo-lhe exigível, nas circunstâncias em que agiu, que nela se motivasse"*, revelando, por isso, *"uma disposição interna contrária ao direito* [sic][276]". Isto significa que, para que haja um juízo de culpabilidade, é necessário averiguar se o infrator, no momento da prática do ilícito, tinha suficiente liberdade de determinação e se, por outro lado, o facto lhe é imputável (subjetivamente) a título de dolo ou de negligência.

Em termos muito generalistas, a atuação será dolosa quando o infrator agiu dotado de uma vontade consciente de praticar o facto que preenche um dado tipo contraordenacional tributário, ora por querer efetivamente praticar o ilícito, mesmo estando consciente de que a sua atuação é desconforme, ora porque o infrator sabe que a realização de uma dada conduta tem, como efeito necessário, a prática do ilícito, ora ainda por reconhecer que a atuação que perpetra tem como consequência, ainda que meramente possível, o preenchimento de um ilícito tributário e, mesmo assim, se conforma com a sua realização.

Como já tivemos oportunidade de referir, existem no RGIT tipos contraordenacionais que só admitem uma imputabilidade a título de dolo, desde logo o que se encontra previsto no nº 1 do artigo 118º, que

[276] *Vide,* Germano Marques da Silva, *Direito Penal Português, Volume I (Parte Geral. Introdução E Teoria Da Lei Penal),* ed. Verbo, 2001, pp. 135 e 136.

refere expressamente que é punido *"quem dolosamente falsificar, viciar (...) elementos fiscalmente relevantes"*, e ainda a contraordenação prevista na al. d) do nº 2 do artigo 108º do RGIT, dado, neste particular caso, ser exigível que a conduta seja levada a cabo com a *"finalidade de iludir a perceção da prestação tributária devida pela importação do artefacto acabado ou se destine a subtrair o importador aos efeitos das normas sobre contingentação de mercadorias"*.

A atuação negligente é, também ela, dotada de um elemento volitivo: ainda que a vontade não se dirija diretamente à prática do ilícito contraordenacional tributário, há voluntariedade por via da omissão de deveres de diligência e de cuidado que seriam exigíveis ao infrator e que, caso tivessem sido observados, evitariam a atuação juridicamente desconforme. Há, assim, nas contraordenações tributárias negligentes, a violação de um dever de cuidado que impendia juridicamente na esfera jurídica do infrator no momento da prática do ato ou da verificação da omissão. Não obstante, pode estar-se perante uma atuação negligente *inconsciente* se o infrator, atuando desprovido dos deveres de cuidado que lhe seriam exigíveis, não representa sequer a possibilidade de, com essa atuação, estar a cometer um ilícito, ou perante uma atuação negligente *consciente*, quando o infrator atua indiligentemente, prevendo a hipótese de, com a prática ou omissão de um dado comportamento, poder realizar a infração, mas confiando que esta não terá lugar.

Tem sido entendido pela doutrina que o normativo previsto na al. c) do nº 1, do artigo 32º do RGIT, ao exigir que a falta revele um diminuto grau de culpa, se dirige àquelas situações em que há uma atuação negligente, ou em que concorram, para a prática da contraordenação, *"circunstâncias exógenas que estejam na origem da infração*[277]*"*, como seja o seu caráter acidental. Aliás, no anterior artigo 21º do RJIFNA, o legislador não fazia uma referência textual direta ao diminuto grau de culpa associado à conduta, dizendo antes que o afastamento da aplicação da coima se circunscreveria aos casos em que a falta veri-

[277] *Cfr.*, Jorge Lopes de Sousa e Manuel Simas Santos, *Regime Geral Das Infrações Tributárias Anotado*, por nós já citado, p. 321.

ficada pudesse ser claramente considerada como *"de carácter puramente acidental e gravidade mínima"*. Cremos, por isso, que na vigência do RJIFNA, se podia deduzir a existência de um apelo ao grau reduzido de ilicitude do tipo.

Importa referir que há autores, como é o caso de PAULO MARQUES, que consideram que esta culpa reduzida se verifica apenas naquelas situações em que se esteja perante uma *"inexatidão circunstancial na declaração"* que se revele *"pouco censurável*[278]*"*.

Perante uma tal complexidade interpretativa, importa ver como tem sido encarada pela jurisprudência esta exigência de um grau de culpa diminuto. Na verdade, os tribunais superiores têm procedido a um juízo de *medição* da culpabilidade tendo por base a verificação, ou não, no caso concreto de algumas circunstâncias atenuantes. Este juízo reflexivo funda-se primacialmente numa ponderação casuística dos elementos que servem à ponderação da medida da coima, previstos no artigo 27º do RGIT, desde logo a verificação, ou não, de um benefício económico para o infrator com a prática da infração, o tempo decorrido entre a prática da infração e a regularização da situação que esteve na sua base, a atuação meramente negligente, a situação económica e financeira do infrator, mas também por via da existência, ou não, de atos de ocultação e da verificação do caráter meramente acidental da infração[279].

Há, ainda, decisões em que é feito um juízo de ponderação da culpa com base no comportamento ilícito reiterado do infrator. Ou seja, não se trata, aqui, de aferir se a conduta se revela meramente acidental, mas antes se tem, ou não, um caráter ocasional, sendo entendido que se o agente comete, com uma dada recorrência, o

[278] Veja-se, do autor, *Infracções Tributárias, Vol. II – Contra-Ordenações* (Lisboa: Ministério das Finanças e da Administração Interna, 2007), p. 81.

[279] Neste sentido, vejam-se os Acórdãos do Supremo Tribunal Administrativo de 01-10-2014, Processo nº 01665/13, relatado por Pedro Delgado, e de 28-01-2015, com o nº de Processo 0335/14, também relatado por Pedro Delgado.

mesmo tipo contraordenacional ao longo de um período de tempo, então não pode considerar-se que este atua com culpa diminuta[280].

4.1.2. Regularização da falta cometida

A necessidade de se ter por regularizada a falta que esteve na base da prática da contraordenação tributária era já um dos pressupostos para que pudesse haver lugar, nos termos do artigo 21º do RJIFNA, a um afastamento excecional da aplicação da coima.

Estando assente a ideia de que o legislador do RGIT pretendeu manter a regularização da falta que esteve na origem da infração como um dos pressupostos fundamentais à aplicação da dispensa da coima, tendo-o inserido na al. b) do nº 1, do artigo 32º do RGIT, importa referir que o que concretamente se pretende com este requisito é a regularização da situação tributária desconforme.

Jorge Lopes de Sousa e Manuel Simas Santos entendem que, também relativamente à dispensa da coima, e apesar de se tratar de um instrumento legal diverso, é de aplicar o nº 3 do artigo 30º do RGIT que, como vimos em ponto de análise anterior, determina que se entende por *regularização da situação tributária* o cumprimento das obrigações tributárias que deram origem à infração[281].

Tivemos já oportunidade de nos debruçarmos sobre o modo como os infratores podem proceder à regularização da situação tributária, tendo referido que aquele variará consoante a contraordenação tributária cometida, devendo, fundamentalmente, atender-se à obrigação concretamente incumprida e à natureza lhe está subjacente. Nesse sentido, escusar-nos-emos de repetir todas as considerações que foram já empreendidas, pese embora nos remetamos para o

[280] Um exemplo claro deste sentido decisório é o empreendido no Acórdão do Tribunal Central Administrativo do Norte, de 03-02-2005, Processo nº 00316/04, relatado por Valente Torrão, em que se considera que o infrator não atuou com diminuto grau de culpa, dado não ter *"a infracção revista carácter ocasional, já que desde 1996 cometeu 21 infracções idênticas à dos autos"*.

[281] *Vide*, dos autores citados, *Regime Geral Das Infrações Tributárias Anotado, cit.*, p. 320. Também neste sentido, veja-se Paulo Marques, *Infracções Tributárias, Vol. II – Contra-Ordenações* (Lisboa: Ministério das Finanças e da Administração Interna, 2007), p. 81.

ponto 1 do presente capítulo, visto que tudo quanto fora lá referido tenha, nesta sede, aplicação direta.

Quanto a esta alínea b), julgamos ser de fazer duas breves observações: em primeiro lugar, o legislador do RGIT poderia ter procedido a uma harmonização terminológica e, em vez de manter a expressão *"regularizar a falta"*, ter optado pela *"regularização da situação tributária"*, dado, antes de mais, ser isso que efetivamente pretende dizer, mas também por ser essa a expressão que utiliza em todas as disposições normativas em que prevê instrumentos legais que permitam a redução ou a dispensa da coima, não se vendo por que motivo insistiu, aqui, em manter a terminologia do RJIFNA; em segundo, para uma interpretação mais coerente do requisito da regularização da situação tributária, não só relativamente à dispensa da coima, mas também aos restantes instrumentos legais, faria todo o sentido que o legislador alterasse o nº 3 do artigo 30º do RGIT, no sentido de excluir a limitação inscrita na norma que, relembre-se, refere entender-se *"por regularização da situação tributária, para efeitos deste artigo (...)"* quando, na verdade, esta se aplica a um conjunto relativamente vasto de situações, como não raras vezes temos vindo a referir.

4.1.3. Não verificação de prejuízo efetivo para a receita tributária com a prática da contraordenação

Mais problemática é, contudo, a interpretação do requisito constante da al. a) do nº 1 do artigo 32º do RGIT, que se refere à não verificação de um prejuízo efetivo para a receita tributária decorrente da prática da infração.

Aparentemente, a dispensa da coima poderia ser aplicável a qualquer tipo de contraordenação, desde que estivessem verificados os requisitos legais previstos no nº 1 do artigo 32º, até porque o legislador se escusa a circunscrever, em termos materiais, o âmbito aplicativo da norma.

Não era assim que as coisas se passavam até à entrada em vigor do Regime Geral das Infrações Tributárias. Se atendermos à anterior norma do artigo 21º do RJIFNA, rapidamente constatamos que o legislador pretendeu, em primeiro lugar, imprimir-lhe, de forma direta, uma natureza estritamente excecional (podia ler-se, logo no começo da disposição legal, que *"poderá, excecionalmente, não haver lugar à aplicação de qualquer coima"*) e, em segundo, circunscrever a sua aplicação a tipos contraordenacionais que, na sua base, implicassem o incumprimento de obrigações meramente acessórias, mas não já as que se conexionassem diretamente com o pagamento da dívida tributária. Dizia, então, claramente o legislador que poderia não haver lugar à aplicação da coima *"pelas omissões, irregularidades, atrasos de escrituração ou de entrega de quaisquer documentos ou elementos de escrita exigidos pelas leis fiscais"*, acautelando, contudo, que tais condutas não se enquadrassem num tipo legal de crime.

Uma primeira leitura do nº 1 do artigo 32º do RGIT, levar-nos-ia a pensar que o legislador pretendeu proceder a uma abertura do regime da dispensa a outras situações de facto que, na vigência do RJIFNA, não estariam por este abrangidas, pois, não só deixou de ser empregue o advérbio "excecionalmente", não se imprimindo diretamente uma qualquer ideia de excecionalidade por outra via, como se deixou de incluir na norma uma circunscrição material da aplicação da dispensa apenas a determinados tipos contraordenacionais. Não é, contudo, essa a constatação a que se chega quando se analisa a aplicação prática deste regime[282].

Na verdade, tem sido entendido que, quando esteja em causa uma contraordenação que tenha subjacente o incumprimento da obrigação tributária principal e de natureza pecuniária, a regularização da situação tributária, efetuada pela entrega do valor atinente à dívida tributária e demais acréscimos legais, de forma voluntária, mas numa

[282] Fazendo uso das considerações tecidas por ISABEL MARQUES DA SILVA, que entendemos terem, aqui, toda a acuidade, *"embora não haja qualquer limitação formal quanto ao tipo de contra-ordenações em relação às quais pode haver dispensa da coima, tem sido entendido que a dispensa da coima é inaplicável aos casos em que houve prejuízo para a receita tributária, resultante, por exemplo, da não entrega dentro do prazo da prestação tributária devida a título de pagamento por conta, bem como de impostos retidos na fonte, embora este tenha sido integralmente reparado* [sublinhado nosso], *entendimento este que conduz a que a dispensa da pena acabe por ter caráter excecional". V.*, da autora, *Regime Geral Das Infrações Tributárias (Nº 5 Da Coleção de Cadernos Do IDEFF), cit.*, p. 69.

fase já patológica, não é suficiente para se considerar que não se verificou prejuízo efetivo para a receita tributária.

Tem, assim, vingado a ideia de que a regularização da situação tributária vai, nestes casos, eliminar *"a posteriori o prejuízo para o credor tributário*[283]*"*, isto é, fazer operar um *"ressarcimento do prejuízo provocado pela conduta que constitui contraordenação*[284]*"*, sem que tal signifique, no entanto, que a receita tributária não tenha sido efetivamente prejudicada. Aliás, o Tribunal Central Administrativo do Sul pronunciou-se no sentido de que, quando a norma da al. a) do nº 1, do artigo 32º do RGIT exige que não haja lugar a um prejuízo efetivo à receita tributária, deve entender-se que este *"não tem em vista os casos em que a regularização veio a ocorrer, com pagamento integral da quantia em dívida, mas sim as situações em que não chegou a produzir-se prejuízo, antes de ocorrer a regularização*[285]*"*.

Isto equivale a dizer, como tem, aliás, sido maioritariamente referido pela jurisprudência, que a dispensa da coima, atendendo ao regime que está erigido neste RGIT, terá apenas em vista as *"contra-ordenações que não estão directamente conexionadas com o pagamento da prestação tributária, de que são exemplo os casos de violação do segredo fiscal por negligência (artigo 115º), falta ou atraso na apresentação de declarações que não tenham por fim permitir à administração tributária determinar, avaliar ou comprovar a matéria colectável ou a falta de exibição de dísticos (artigo 117º), a falta de apresentação de livros de escrituração, antes da respectiva utilização (artigo 122º) e a falta de nomeação de representantes (artigo 124º).*[286]*"*, sem que, no entanto, tal decorra diretamente da norma.

Tais considerações, levam-nos a concluir que, no que respeita ao regime da dispensa da coima, o conceito de *prejuízo efetivo para a receita*

[283] *Cfr.*, Paulo Marques, *Infracções Tributárias, cit.*, p. 81.

[284] *Vide*, Jorge Lopes de Sousa e Manuel Simas Santos, *Regime Geral Das Infrações Tributárias Anotado*, p. 320.

[285] Citação extraída do Acórdão do Tribunal Central Administrativo do Sul, de 14-02-2006, com o Processo nº 00941/05, relatado por Casimiro Gonçalves.

[286] Seguindo este preciso sentido, atentem-se o Acórdão do Supremo Tribunal Administrativo, de 03-04-2013, Processo nº 05/13, relatado por Valente Torrão, bem como o Acórdão do Tribunal Central Administrativo do Sul, de 28-03-2007, com o nº de Processo 01609/07, que teve como relator José Correia.

tributária se reporta, não a um prejuízo financeiro considerado em termos líquidos, sendo antes suficiente para a sua verificação a indisponibilidade, ainda que meramente temporária, da receita tributária. Assim sendo, à luz da interpretação que tem sido maioritariamente dada a esta norma, nos casos em que a contraordenação tenha por base o atraso na entrega da prestação tributária devida, será mesmo indiferente para a aplicação da dispensa da coima que o infrator não tenha obtido qualquer benefício económico com a prática da infração.

Há, contudo, decisões jurisprudenciais que afastam este entendimento, por entenderem – a nosso ver, bem – que é demasiado restritiva a interpretação maioritariamente sufragada do requisito previsto na al. a) do nº 1, do artigo 32º do RGIT.

Apesar de minoritária, corre também nos tribunais superiores a opinião segundo a qual o prejuízo efetivo para a receita tributária não pode ser aferido de forma automática a partir do momento em que se verifique que a contraordenação perpetrada se funda, enfim, no incumprimento da obrigação tributária principal. Ao entender-se as coisas deste modo, afasta-se, inclusivamente, aquele que é o sentido literal da norma, que apela a um prejuízo efetivo e não a um prejuízo meramente *"hipotético ou potencial"*. Por isso, estamos de acordo com o sentido decisório do TCA-Sul, num Acórdão de 2009 relatado por Ascensão Lopes, quando o tribunal vem entender que *"o que é decisivo para avaliar da verificação do requisito cumulativo previsto no art. 32º do RGIT, essencial para a dispensa da coima não é um prejuízo hipotético mas um prejuízo concreto e ligado ao montante da receita tributária expresso em números"*, acrescentando, ainda, que "[de] *outra forma não se entende o teor literal da lei que fala de prejuízo efetivo para a receita (...) e não para a disponibilidade da própria receita. Ora, tendo sido regularizada a situação tributária (...), o que implicou, necessariamente, o pagamento de juros moratórios, a Fazenda Pública arrecadou, o montante efetivo de receita que teria arrecadado se tivesse sido pago o IVA autoliquidado no momento devido*[287]".

[287] *Vide,* Acórdão do Tribunal Central Administrativo do Sul, de 12-08-2009, Processo nº 03222/09, que teve como relator Ascensão Lopes.

Vai mais longe o tribunal quando afirma, justamente, que não se depreende da norma que o regime da dispensa deva ser aplicado somente nos casos em que o tipo contraordenacional tributário praticado não esteja diretamente conexionado com o pagamento da prestação tributária, como sejam a violação de segredo fiscal por negligência, e outras que, no fundo, têm por base o incumprimento de obrigações meramente acessórias, como parece ser o entendimento maioritariamente acolhido pela doutrina e pela jurisprudência. No caso que esteve concretamente subjacente a esta decisão, o tribunal só não decidiu pela dispensa da coima – em nossa opinião, francamente bem – por não considerar estar preenchido o requisito atinente à culpa diminuta do infrator, dado este ter já praticado, em momentos anteriores, este mesmo tipo contraordenacional, tendo optado, assim, por atenuar especialmente o valor da coima aplicável.

É de realçar que, já como Juiz Conselheiro do Supremo Tribunal Administrativo, Ascensão Lopes não acompanhou a fundamentação de algumas decisões jurisprudenciais versantes sobre esta mesma matéria[288], entendendo, em declaração de voto, que era empreendida uma interpretação demasiado restritiva e até injustificada da norma constante do artigo 32º, nº 1, al. a) do RGIT.

Entendemos que, quer no Acórdão do TCA-Sul, quer na declaração de voto constante do Acórdão do STA supracitados, são levantadas questões muito pertinentes e que merecem acolhimento. Uma coisa é o que a norma deveria dizer, outra é o que o texto normativo efetivamente diz. A referência que é feita à inexistência de um prejuízo efetivo para a receita tributária deve ser entendida como se dirigindo a um prejuízo financeiro e não a um prejuízo resultante da indisponibilidade temporária desta receita, pois essa não resulta, de modo algum, da norma legal.

[288] Veja-se, a título exemplificativo, a declaração de voto constante do Acórdão do Supremo Tribunal Administrativo, de 03-04-2013, com o nº de Processo 05/13, relatado por Valente Torrão.

São inúmeras as decisões jurisprudenciais que referem que, quando a lei exige que a prática da infração não ocasione prejuízo efetivo à receita tributária, não terá em vista referenciar os casos em que a regularização veio a ocorrer com pagamento integral da quantia em dívida, mas sim reportar-se somente àquelas situações em que não chegou a produzir-se prejuízo, antes de ocorrer a regularização.

Quanto a nós, esta é uma interpretação que não coincide estritamente com o texto da norma e que é, em muito, influenciada pelo sentido normativo que se encontrava vertido do anterior artigo 21º do RJIFNA.

Tal não significa que, em termos materiais, discordemos da ideia de que a possibilidade de se dispensar o infrator do pagamento da coima se deva circunscrever a situações muito particulares em que, efetivamente, se pudesse concluir que a atuação ilícita deste, além de não traduzir um grau mediano ou elevado de culpa, mas baixo, não implicou um prejuízo para a receita tributária. Estaríamos, inclusivamente, de acordo que se circunscrevesse tal hipótese às contraordenações relacionadas com o incumprimento de deveres tributários acessórios (sendo, contudo, certo que o facto de se tratar de uma obrigação acessória e não da obrigação principal de pagamento da dívida tributário, não significa necessariamente que não ocorra, pelo incumprimento daquela, um prejuízo para a receita tributária). Mas, para isso, era necessário que o texto legal em que se prevê a dispensa da coima fosse alterado e clarificado.

Atendendo ao modo como tem sido interpretado e aplicado o nº 1 do artigo 32º do RGIT, cremos que, pese embora tenha entrado em vigor um novo diploma regulador das infrações tributárias e se tenha alterado, fundamentalmente, a redação do anterior artigo 21º do RJIFNA, a verdade é que, vistas bem as coisas, é este último que parece estar ainda em vigor, e não o primeiro.

Assim, na aparência de uma abertura deste regime da dispensa que, a nosso ver, é cabalmente transparecida no texto do nº 1 do artigo 32º do RGIT, o que francamente parece restar é o mesmo regime excecional e materialmente circunscrito do normativo que o antecedeu. E, relativamente a este último, é de salutar a honestidade, a transparência textual e a clareza de sentido: lê-se o anterior artigo 21º do RJIFNA e compreende-se inteiramente qual o seu âmbito aplicativo. O mesmo não pode dizer-se, no entanto, deste artigo 32º, nº 1 do RGIT.

Concluindo, estamos de acordo com a motivação de fundo que preside à interpretação maioritariamente sufragada deste regime da dispensa da coima, quando globalmente considerado, mas discordamos da interpretação que é feita desta alínea a) do nº 1, do artigo 32º, pelo facto de, atendendo ao sentido literal do texto da norma, esta ser francamente restritiva, injustificada e muito dificilmente percetível.

4.2. Outras possibilidades de dispensa da coima previstas avulsamente no RGIT

No ponto introdutório à análise da dispensa da coima, referimos que o nº 1 do artigo 32º do RGIT admite que, na lei, possam existir outras situações que admitam a dispensa da coima, sujeitas a requisitos aplicativos distintos dos que se encontrem previsto na norma que consagra o seu regime geral.

Vamos prender-nos neste apartado, fundamentalmente, com duas dessas situações: a do nº 4 do artigo 29º do RGIT, que brevemente abordamos quando tratamos analisamos o regime do direito à redução das coimas e que, pelos motivos que no ponto 3.6. do presente capítulo evidenciamos, optamos por tratar em sede do estudo da dispensa da coima, e a do nº 6 do artigo 119º.

4.2.1. O nº 4 do artigo 29º do RGIT

Com a entrada em vigor da Lei nº 66-B/2012, de 31 de dezembro, foi aditado um novo número ao artigo 29º do RGIT que se refere, não à possibilidade de haver lugar a uma redução da coima, mas antes ao afastamento do pagamento desta.

No entanto, contrariamente ao que sucede com o regime geral previsto no nº 1 do artigo 32º, esta possibilidade de haver lugar a uma dispensa da coima, elencada no artigo 29º, nº 4 do RGIT, tem lugar dentro dos limites temporais estabelecidos nas alíneas a) a c) do nº 1 do artigo 29º, ou seja, numa fase prévia ao desencadeamento do procedimento contraordenacional tributário propriamente dito.

Também contrariamente ao que resulta do nº 1 do artigo 32º, esta possibilidade de dispensa da coima requer a existência de um pedido de pagamento da coima com lugar antes da instauração do procedimento contraordenacional tributário, o qual, regra geral, deve ser expresso, mas que pode, como vimos, presumir-se quando verificados os requisitos legais do artigo 30º, nº 4.

Importa referir que havia já doutrina que dava conta da desproporção existente entre o regime do direito à redução da coima e o da dispensa desta, considerando que no primeiro, apesar de haver lugar a uma verdadeira *autodenúncia* do infrator, ainda antes de ter ocorrido uma intervenção administrativa, contrariamente ao que sucede em sede do nº 1 do artigo 32º do RGIT, não se colocava sequer a possibilidade de se dispensar o infrator do pagamento da coima, podendo apenas proceder-se a uma redução do valor concreto desta. Entendemos que este nº 4 do artigo 29º do RGIT surge, em parte, como forma de colmatar essa situação, quanto a nós muito bem assinalada[289].

Uma outra caraterística que afasta esta possibilidade de dispensa constante do artigo 29º, nº 4 do RGIT da que consta do artigo 32º, é o facto de a primeira ter subjacente uma limitação de natureza subjetiva, circunscrevendo-se a hipótese da sua aplicação somente aos infratores que sejam pessoas singulares.

Para que, nas situações previstas no nº 1 do artigo 29º do RGIT, em vez de uma especial redução da coima, possa esta ser dispensada:

i. Não pode o infrator ter sido condenado por decisão transitada em julgado, em processo de contraordenação ou de crime por infrações tributárias, nos cinco anos anteriores à submissão do pedido;

ii. Não pode o infrator, nos cinco anos anteriores, ter beneficiado do direito à redução previsto no artigo 29º do RGIT

[289] Neste sentido, veja-se João Ricardo Catarino e Nuno Victorino, *Infracções Tributárias – Anotações Ao Regime Geral* (Coimbra, 2012), *cit.*, p. 301.

iii. Não pode o infrator, também nos cinco anos anteriores à apresentação do pedido, ter beneficiado de uma dispensa da coima prevista no nº 1 do artigo 32º do RGIT.

Subentende-se da enunciação destas condições legais para a aplicação do artigo 29º, nº 4 do RGIT, que o legislador pretende limitar a aplicação desta dispensa aos infratores que não incorram, com caráter de habitualidade, na prática de contraordenações tributárias.

De facto, o legislador não se limita a exigir que o infrator não tenha sido condenado pela prática de uma infração tributária, seja esta uma contraordenação ou um crime, impondo também que este não tenha beneficiado de uma redução da coima (casos em que, como sabemos, não chega a ter lugar um procedimento contraordenacional tributário propriamente dito), nem da dispensa desta.

O legislador entendeu que o período de cinco anos entre a condenação pela prática de uma infração tributária, ou da aplicação de um dos regimes inscritos no artigo 29º e no nº 1 do artigo 32º do RGIT, é suficiente para se concluir que o infrator assumiu, perante o ordenamento jurídico, uma postura de tendencial retidão e de cumprimento, permitindo que este se torne alvo de uma censura estadual especialmente diminuta.

De qualquer modo, a dispensa aqui em apreço está dependente de uma decisão administrativa, cuja emanação deve partir da entidade competente para a instrução do pedido de redução, dado que, na falta de uma referência expressa relativamente à competência para a tomada de decisão quanto à dispensa, deve aplicar-se subsidiariamente, com as adaptações devidas, o nº 3 do artigo 29º do RGIT.

Nos casos previstos nas alíneas a) e b) do nº 1 do artigo 29º, contrariamente ao que sucede na situação prevista na al. c), o pagamento do valor da coima especialmente reduzido ocorre sem intermediação de qualquer ato administrativo, no prazo de 15 dias a contar da entrada do pedido de redução nos serviços da AT, como decorre do artigo 30º, nº 1, da alínea a).

Se o pedido é presumido, por se verificar a circunstância prevista no nº 4 do artigo 30º, pode o funcionário junto do qual o infrator confesso regularize a situação tributária, uma vez verificados os pressupostos do nº 4 do artigo 29º, desde que para tal tenha competência, dispensá-lo do pagamento da coima especialmente reduzida.

Não obstante, se o pedido tiver de ser formulado de forma expressa, pode dar-se o caso de o infrator se adiantar à decisão administrativa no sentido de o isentar do pagamento da coima, nos termos do artigo 29º, nº 4 do RGIT, e proceder, dentro daquele curto prazo de 15 dias, ao pagamento do valor da coima reduzido.

Entendemos que, ocorrendo esta situação, a partir do momento em que seja proferido o despacho consentâneo com a dispensa, deve aplicar-se, com as devidas aplicações, o nº 3 do artigo 33º, procedendo a AT à devolução do montante da coima reduzido diligentemente entregue pelo infrator confesso.

O nº 4 do artigo 29º do RGIT não nos dá qualquer indicação no sentido de se deverem ter por verificados também os pressupostos aplicativos do artigo 32º, nº 1 para que possa efetivamente haver lugar ao afastamento da aplicação da coima. Entendemos que o legislador não pretendeu impor tal exigência, desde logo porque o nº 1 do artigo 32º parece afastar essa hipótese, ao prescrever que *"para além dos casos previstos na lei"*, pode não ser aplicada coima se se verificarem cumulativamente os pressupostos que passa, posteriormente, a elencar. A ideia com que ficamos é a de que tais pressupostos funcionam apenas quando não exista uma norma especial que preveja a possibilidade de não haver lugar ao pagamento da coima e que, se a houver, deve atender-se aos circunstancialismos aplicativos que nela se inscreverem.

Assim, aliando a primeira parte do nº 1 do artigo 32º do RGIT ao facto de, no nº 4 do artigo 29º, não existir uma qualquer indicação no sentido de se atender ao regime geral da dispensa da coima, somos de concluir que a segunda norma funciona de forma independente da primeira, não sendo necessário convocar-se os seus requisitos aplicativos.

Não entendemos, porém, qual o substrato motivacional subjacente à opção de se limitar esta possibilidade de dispensa da coima às pessoas singulares. Parece-nos que a finalidade desta norma é sujeitar o infrator a um grau mínimo de censura, não só pelo facto de este ter assumido a prática da infração antes de ter havido lugar a uma intervenção administrativa no sentido de dar início ao procedimento contraordenacional tributário, como também por ter este se ter pautado, durante um período de tempo consideravelmente lato (mínimo de 5 anos), por uma conduta tendencialmente cumpridora e conforme ao ordenamento jurídico. Eliminar as pessoas coletivas ou equiparadas da sujeição a este regime logo à partida, apenas em função da sua natureza, não nos parece ter cabimento, pois é já especialmente restrito o âmbito aplicativo da norma.

4.2.2. O nº 6 do artigo 119º do RGIT

Uma outra hipótese de se dispensar o infrator do pagamento da coima está prevista no nº 6 do artigo 119º do RGIT, o qual carece de ser conjugado com o nº 5 do mesmo artigo. Quer o nº 5, quer o nº 6 do artigo 119º foram muito recentemente aditados ao RGIT, por via da entrada em vigor da Lei nº 42/2016, de 28 de dezembro.

Em termos materiais, esta hipótese aproxima-se muito mais do regime geral da dispensa da coima, previsto no nº 1 do artigo 32º, do que do que se encontra adstrito ao nº 4 do artigo 29º. Os pressupostos aplicativos são, por isso, praticamente os mesmos, mas apresentam duas *nuances* de grande importância, que passaremos a enunciar.

Em primeiro lugar, esta hipótese encontra-se circunscrita, em termos materiais, aos casos em que a omissão ou inexatidão relativa à situação tributária diga respeito à declaração automática de rendimentos entregue pelo sujeito passivo, ou cuja a entrega se tenha por presumida – estando ambas as situações previstas no artigo 58º-A, números 2 e 3 do CIRS –, desde que o facto não seja passível de preencher o tipo legal de crime de fraude fiscal, nem o tipo contraordenacional previsto no artigo 118º do RGIT. É o que resulta, fundamentalmente, do nº 5 do artigo 119º do RGIT.

Tendo por verificado este tipo contraordenacional, seria de aplicar coima, atendendo à moldura sancionatória prevista no nº 1 do artigo 117º do RGIT.

Não obstante, indica-nos o nº 6 do artigo 119º que não será aplicada coima se:

i. Estiver regularizada a falta cometida, isto é, se o infrator tiver procedido ao preenchimento dos elementos que estavam omissos ou corrigido as inexatidões constantes das declarações em causa;
ii. Se o infrator revelar um diminuto grau de culpa[290].

É, ainda, referido que a culpa se presume diminuta quando as inexatidões se refiram ao montante de rendimentos comunicados por substituto tributário. Nestes casos, o preenchimento deste requisito subjetivo relativo à culpa é automático. Tal não significa que a possibilidade de dispensa se circunscreva a estas situações; simplesmente, fora destes casos, há necessidade de se proceder a um juízo de ponderação no caso concreto, devendo a entidade competente para a aplicação da coima verificar se, de facto, o infrator revela culpa reduzida.

No âmbito do regime geral da dispensa da coima, previsto no nº 1 do artigo 32º, não é feita referência a qualquer tipo de situação em que possa funcionar uma presunção deste tipo. No entanto, cremos que a diferença mais significativa entre a dispensa prevista neste nº 6 do artigo 119º e a que consta do nº 1 do artigo 32º, tem que ver com o facto de a lei, naquela primeira hipótese, obrigar ao afastamento da coima uma vez verificados os pressupostos inscritos na norma, ao passo que nesta segunda, como vimos, se está perante uma manifestação de um espaço de oportunidade conferido pelo legislador ao órgão aplicador da norma que, pese embora deva verificar o preenchimento ou não dos requisitos atinentes à dispensa, tem depois a faculdade de a conceder, ou não, no caso concreto[291].

[290] De facto, o texto na norma diz *"Não é aplicada a coima prevista no número anterior se estiver regularizada a falta cometida e a mesma revelar um diminuto grau de culpa"*. Cremos, porém, tratar-se de um lapso do legislador, pois quem deve revelar um diminuto grau de culpa é o infrator e não a "falta" cometida.

[291] Estabelecemos, aqui, um juízo comparativo muito próximo daquele que Isabel Marques da Silva desenvolve relativamente à possibilidade de se atenuar a coima,

5. Atenuação especial da coima (nº 2 do artigo 32º do RGIT)

No nº 2 do artigo 32º do RGIT é feita referência à possibilidade de haver lugar a uma atenuação especial da coima. O Regime Geral das Infrações Tributárias não prevê, concretamente, em que termos se processa essa atenuação, razão pela qual é necessário recorrer-se a legislação subsidiária, neste caso ao RGCO que, no nº 2 do artigo 18º, aplicável por via da al. b) do artigo 3º do RGIT, nos indica que a atenuação especial da coima tem por efeito a redução para metade dos limites mínimo e máximo previstos para o tipo contraordenacional.

À semelhança do que sucede no regime geral da dispensa da coima, a atenuação especial constitui uma faculdade colocada na lei pelo legislador ao órgão aplicador da norma, dado a verificação dos pressupostos aplicativos previstos neste nº 2 do artigo 32º não ter por efeito imediato e necessário a atenuação, havendo lugar a uma ponderação casuística por parte da entidade administrativa, se esta hipótese se colocar no âmbito do procedimento contraordenacional tributário, ou do tribunal, em sede impugnatória.

Como bem assinala João Matos Viana, existem, no âmbito contraordenacional tributário, duas outras situações em que pode haver lugar a uma atenuação especial da coima, pese embora estas funcionem já de forma imediata e por decorrência expressa do texto legal[292]. É o caso da punição por cumplicidade que, atendendo ao nº

referindo que, nesse caso, se estará perante uma mera faculdade da administração ou do juiz, em sede de recurso, quando comparado com o regime homólogo que se encontra previsto para os crimes tributários, dado o nº 2 do artigo 22º do RGIT, que se refere à atenuação especial da pena, referir expressamente que essa atenuação é um efeito necessário da verificação dos pressupostos aplicativos da norma – *"A pena será especialmente atenuada se o agente repuser a verdade fiscal e pagar a prestação tributária e demais acréscimos legais até à decisão final ou no prazo nela fixado."*. Neste sentido, veja-se, Isabel Marques da Silva, *Regime Geral Das Infrações Tributárias (Nº 5 Da Coleção de Cadernos Do IDEFF), cit.* p. 70.

[292] *Cfr.*, João Matos Viana, "Contra-Ordenação Por Falta de Entrega Da Prestação Tributária: Coima a Determinar Por Referência a Percentagem Da Prestação Devida. Seu Limite Minimo E Sua Atenuação Especial – Comentário Ao Acórdão de 13.10.2010 Do Supremo Tribunal Administrativo," *Revista de Finanças Públicas E Direito Fiscal, Nº 4 (Ano III)* (Lisboa, 2011), p. 306.

3 do artigo 16º do RGCO, aplicável ao RGIT por via da al. b) do seu 3º artigo, refere expressamente que ao cúmplice é de aplicar a coima fixada para o autor, mas *"especialmente atenuada"*, e ainda da punibilidade da tentativa – que, refira-se, só tem lugar nos casos expressamente previstos na lei –, em sede da qual o legislador impõe uma redução para metade dos limites mínimo e máximo da moldura sancionatória aplicável à contraordenação tributária.

Retomando a análise do regime atinente à atenuação especial da coima, é possível inferir-se da norma do nº 2 do artigo 32º do RGIT que os seus requisitos aplicativos são autónomos relativamente aos que respeitam à dispensa da coima. Repare-se que a norma refere expressamente que *"independentemente do disposto no nº 1"*, isto é, independentemente da possibilidade de haver lugar a uma dispensa da coima, esta *"pode ser especialmente atenuada"*, passando a elencar os circunstancialismos de cuja verificação a atenuação está dependente.

Abre-se, então, a possibilidade de o órgão competente para a aplicação da coima a atenuar especialmente se *(i)* o infrator reconhecer a sua responsabilidade e *(ii)* regularizar a situação tributária até à decisão do processo (devendo, contudo, assinalar-se que o legislador está, aqui, a fazer referência ao "processo de aplicação de coimas na fase administrativa", isto é, ao procedimento contraordenacional tributário). Por aqui, é possível concluir-se que, à semelhança da dispensa – e contrariamente ao direito à redução –, este instrumento legal que permite a redução da coima tem, também, lugar no decurso do procedimento contraordenacional tributário propriamente dito.

5.3. Requisitos legais atinentes à atenuação especial da coima

5.3.3. Regularização da situação tributária (breves notas)

Relativamente ao pressuposto atinente à regularização da situação tributária, julgamos ser pertinente atender-se às considerações por nós já aduzidas no ponto 1 deste capítulo V, no qual nos debruçamos, em concreto, sobre os modos como esta se processa, tendo já ficado assente que, do nosso ponto de vista, a forma como o infrator deve proceder à regularização tributária está dependente, não só do tipo contraordenacional que é por este perpetrado, mas também (senão mesmo sobretudo) da natureza e caraterísticas da obrigação tributária incumprida que lhe está subjacente.

A norma legal que se refere à atenuação especial da coima não convoca, como pressuposto aplicativo, a culpa diminuta do infrator. Ficou já dito que o principal efeito da atenuação especial da coima é a redução para metade dos limites mínimo e máximo previstos para o tipo contraordenacional. Como bem relembra o Tribunal Central Administrativo do Sul *infra* referido, a aplicação deste instrumento legal que possibilita a atenuação da coima *"não determina, necessariamente, a aplicação da coima para o mínimo legal"*, sendo, por isso, essencial atender-se aos elementos previstos no artigo 27º do RGIT, que influenciam a determinação concreta da medida da coima.

Sendo assim, pese embora a culpa diminuta do infrator não seja, como já referimos, um dos requisitos essenciais para que haja lugar à atenuação especial da coima e, por via desta, uma redução dos limites abstratos da moldura sancionatória, tal não significa que esta possa vir a ser determinante para a fixação concreta da coima, a par de outros elementos. E, de facto, um dos vetores que é frequentemente invocado para se proceder a essa fixação está relacionado com o momento em que o infrator procede à regularização tributária, entendendo-se que este carecerá de uma maior ou menor censura, consoante o maior ou menor distanciamento temporal entre a data em que a obrigação tributária deveria ter sido cumprida, atendendo ao seu prazo legal, e aquela em que se verificou a regularização da situação tributária junto dos serviços[293]. Esta ideia está, a nosso

[293] Esta é uma ideia que resulta, desde logo, do já referido Acórdão do TCA-Sul, de 12-08-2009, Processo nº 03222/09, relatado por Ascensão Lopes, no qual se entende que, no âmbito de uma atenuação especial da coima, não faria sentido aplicar ao infrator em juízo a coima pelo mínimo legal, dado a regularização da situação tributária que esteve na origem da infração ter ocorrido *"cerca de nove meses depois da data em que devia ter sucedido"*. Dando, também, ênfase à necessidade de se acautelar o momento em que ocorreu a regularização da situação tributária para efeitos da aplicação da atenuação especial da coima, atente-se ao Acórdão do Supremo Tribunal Administrativo, de 02-07-2008, Processo nº 0331/08, relatado por Miranda de Pacheco, e ainda ao Acórdão do Tribunal Central Administrativo do Sul, de 03-07-2007, com o Processo nº 01283/06, que teve como relator Pereira Gameiro.

ver, em perfeita consonância com os desígnios subjacentes à inclusão, pelo legislador, destes instrumentos legais no RGIT, os quais valorizam a atitude colaborativa do infrator para com a administração tributária, quer por via da autodenúncia (sobretudo quando se trata do instrumento legal do direito à redução das coimas), quer por via do cumprimento, ainda que numa fase já patológica, da obrigação tributária ora incumprida, sendo determinante, não só o ato do cumprimento em si, como o momento em que este é efetivamente praticado.

5.3.4. Reconhecimento da responsabilidade por parte do infrator

De mais difícil interpretação é, contudo, o requisito que respeita ao reconhecimento da responsabilidade por parte do infrator, previsto na primeira parte do nº 2 do artigo 32º do RGIT.

O legislador escusa-se de indicar o que entende por reconhecimento da responsabilidade, não se referindo concretamente aos modos como pode este ser evidenciado. Não obstante, João Ricardo Catarino e Nuno Victorino defendem que o órgão com competência para a aplicação da coima pode avaliar o preenchimento, ou não, do requisito atinente ao reconhecimento da responsabilidade *"a partir dos atos e declarações que o arguido pratique no processo e da conduta que com elas evidencie concretamente assumir*[294]*"*.

A jurisprudência dos tribunais superiores tem, contudo, firmado um entendimento mais restrito deste pressuposto[295], considerando,

[294] *Vide*, João Ricardo Catarino e Nuno Victorino, *Infracções Tributárias – Anotações Ao Regime Geral* (Coimbra, 2012), *cit.*, p. 300.

[295] Ainda assim, é possível encontrar-se decisões jurisprudenciais algo contraditórias quanto a este ponto de análise. Há acórdãos em que se vislumbra a adoção de um entendimento menos restrito do conceito de *reconhecimento da responsabilidade*, como é, desde logo, patente no Acórdão do TCA-Sul, de 15-07-2008, Processo nº 02398/08, relatado por Lucas Martins, em que é dito *"No entanto, à luz dos elementos coligidos para os autos, maxime das aludidas circunstâncias, de, por um lado, o imposto em causa haver sido, já, pago, com o acréscimo dos JC's* [juros compensatórios] *relativos ao tempo de retardamento, o que a nosso ver traduz um reconhecimento da responsabilidade da arguida (...)"*, ao passo que noutros, como é o caso, a título exemplificativo, do Acórdão STA, de 26-10-2011, com o nº de Processo 085/11, relatado por Casimiro Gonçalves, que prontamente assume uma posição diametralmente oposta à que anteriormente referimos, dizendo *"Assim, (...) não*

em várias decisões, que o reconhecimento da responsabilidade por parte do infrator, para efeitos da aplicação da atenuação especial da coima, deve ser feito de forma incondicionada e sem reservas, não se considerando estar preenchido o referido requisito aplicativo quando aquele proceder à alegação de factos que, de algum modo, o desresponsabilizem da prática da infração tributária[296].

Assim, por exemplo, se o infrator, na opção de defesa, não reconhecer que foi sua a responsabilidade pelo incumprimento da obrigação tributária, imputando a conduta ilícita a um terceiro, deve, segundo o entendimento maioritariamente sufragado, concluir-se que não pode atenuar-se a coima à luz do nº 2 do artigo 32º do RGIT[297].

Pelo contrário, parece ser exigido ao infrator que diretamente assuma que a ele se deve o incumprimento da obrigação tributária que esteja na base do tipo contraordenacional perpetrado[298]. No

pode o Tribunal, em face da factualidade provada, subsumir a verificação do apontado requisito, sendo que, como bem refere o MP, a regularização da dívida e o facto de estarmos perante uma situação acidental não traduz ou significa aquele reconhecimento, para aquele efeito.". Não podemos concordar que, atendendo ao texto da norma, se possa considerar que o pagamento da dívida tributária em falta, acrescida de juros compensatórios, traduza um reconhecimento da responsabilidade do infrator, mas antes o preenchimento do requisito relativo à regularização da situação tributária desconforme, que esteve na origem da prática da contraordenação tributária.

[296] Neste sentido, veja-se, nomeadamente, o Acórdão do Supremo Tribunal Administrativo, de 26-10-2011, com o nº de Processo 085/11, relatado por Casimiro Gonçalves.

[297] No já referido Acórdão do STA, de 02-07-2008 (Processo nº 0331/08), entendeu o tribunal que o infrator não reconheceu a sua responsabilidade, dado ter-se socorrido, na sua opção de defesa, *"da alegação de factos que por alguma forma a desresponsabilizassem da omissão ocorrida"*, tendo imputado a responsabilidade pelo incumprimento da obrigação tributária ao seu Técnico Oficial de Contas *"que deixou de fazer o pagamento atempado do imposto em falta"*, sem nunca ter, contudo, procurado fazer prova desse mesmo facto.

[298] Importa ressaltar, neste âmbito, o Acórdão do Tribunal Central Administrativo do Sul, de 10-09-2015, Processo nº 08790/15, relatado por Bárbara Tavares Teles, em sede do qual o tribunal decide manter a sentença recorrida, que atenuou especialmente a coima aplicada, nos termos do nº 2 do artigo 32º do RGIT, justamente por se ter dado como provado o reconhecimento evidente e incondicionado da responsabilidade por parte do infrator, atendendo-se, desde logo, ao facto de, na sua opção de defesa, ter

entanto, se bem entendemos a interpretação feita pela doutrina já citada do que se entende por *reconhecimento da responsabilidade*, parece existir margem para também se considerar o aludido requisito preenchido quando o infrator evidencie, por via de condutas praticadas em sede procedimental, que se assume responsável pela prática do ilícito.

Ora, entendemos que deve considerar-se preenchido este requisito quando o infrator, em sede impugnatória, entenda estarem preenchidos os pressupostos legais atinentes à atenuação da coima, com base no nº 2 do artigo 32º do RGIT, e venha como provado que este, a jusante, apresentou pedido de redução de coima, não tendo, contudo, chegado a exercê-lo, quer por ter este sido expressamente indeferido pelo órgão administrativo competente, quer por não terem sido verificados os pressupostos aplicativos da redução da coimas elencados nos artigos 29º e 30º do RGIT.

Consideramos que, neste particular, ainda que por algum motivo não possa ter exercido o direito à redução, a partir do momento em que apresentou o pedido correspondente a essa mesma redução, o infrator reconheceu efetivamente a prática da contraordenação tributária, demonstrando, perante o órgão competente para a apreciação do pedido, que admite ter praticado uma conduta desconforme com o ordenamento jurídico.

Em 2016, o STA foi confrontado com um recurso de uma sentença do Tribunal Administrativo e Fiscal de Sintra, interposto pela Fazenda Pública, no âmbito do qual a recorrente considerava não ser admissível a decisão que atenuou especialmente a coima, entendendo não ter o infrator em causa reconhecido a responsabilidade pela infração, pelo facto de, na defesa, ter procedido a uma "*mera afirmação objetiva dos factos imputados, com divergente enquadramento jurídico*

este apresentado uma declaração escrita em que afirmou inequivocamente ser verdade "*que à data de 20/03/2008 era devida a importância de 10.732,00€, conforme consta do documento ....*" e que "*não tendo existido a vontade de infringir a lei, foi no entanto violado o nº 3 do artigo 98. do CIRS.*".

inclusive, sem a necessária auto-censurabilidade[299]". Na decisão recorrida, havia sido dado como assente que o infrator em causa havia apresentado pedido de redução da coima e que este fora indeferido, tendo posteriormente sido instaurado procedimento contraordenacional tributário com base em auto de notícia levantado pelo órgão competente.

O STA acabou por não conhecer do recurso, considerando ser hierarquicamente incompetente, desde logo por entender não estar estabilizada a matéria de facto. Não obstante, atendendo aos elementos que enformavam o processo em análise e tomando em consideração o que referimos *supra*, somos de considerar que num caso como o que estava aqui em apreço, seria de concluir que o infrator, ainda que não tenha expressamente reconhecido a sua responsabilidade em sede de exercício do direito de defesa, tê-lo-ia já feito quando apresentou o pedido de redução da coima, uma vez que veio autodenunciar-se perante a administração tributária, ainda que, em concreto, não tenha exercido aquele direito à redução.

Apesar de a doutrina que desenvolve este conceito de reconhecimento da responsabilidade vir expressamente dizer que os atos e declarações que, para este efeito, devem ser analisados são os que hajam sido praticados pelo infrator *"no processo"*, querendo concretamente referir-se ao procedimento contraordenacional tributário, e resultar do entendimento dominante que, com o pedido de redução da coima, se inicia um procedimento diferente deste, ao qual se aplicam as regras do procedimento tributário em geral, consideramos – como, aliás, já vimos dizendo – que este é um procedimento *sancionatório* e que mantém uma ligação estreitíssima com o procedimento contraordenacional tributário, sobretudo quando o direito à redução não chega a ser exercido. Assim sendo, julgamos ser de atender ao circunstancialismo de facto de haver sido previamente apresentado direito à redução da coima, ainda que este não tenha sido exercido,

[299] *Cfr.*, Acórdão do Supremo Tribunal Administrativo, de 17-02-2016, Processo nº 01612/15, relatado por Aragão Seia.

para efeitos do preenchimento do requisito atinente ao reconhecimento da responsabilidade do infrator.

6. Pagamento antecipado da coima (artigo 75º do RGIT)

O pagamento antecipado da coima é um dos instrumentos legais que permite a redução da coima aplicável ao infrator, com base na regularização da situação tributária. Este instrumento legal foi introduzido pela primeira vez no RGIT e tem lugar no decurso do procedimento contraordenacional tributário, mais concretamente dentro do prazo concedido ao infrator para apresentação de defesa e, como é bom de ver, antes de haver lugar a uma decisão condenatória. É, aliás, uma imposição do legislador que o infrator, na notificação dos factos contra ele apurados em sede de procedimento contraordenacional tributário, seja simultaneamente alertado da possibilidade de, no prazo de 10 dias a contar dessa notificação, apresentar defesa ou pagar antecipadamente a coima, nos termos do artigo 75º do RGIT[300].

Pagando antecipadamente a coima, o infrator beneficia de uma redução no montante daquela para valor igual ao mínimo legal previsto na moldura abstrata da contraordenação perpetrada e de uma redução para metade das custas *"processuais"* (que, na verdade, são custas *procedimentais* ou *administrativas*, dado não se estar, aqui, no âmbito de uma tramitação de natureza verdadeiramente processual, desde logo por não correr perante um tribunal). Assim sendo, para que o infrator possa beneficiar da redução na sanção contraordenacional de natureza pecuniária, não carece de ser notificado de um ato que previamente fixe a coima, bastando que seja informado do tipo contraordenacional que lhe é imputado para, a partir daí, saber qual a moldura abstratamente aplicável ao mesmo, nos termos da lei.

O pagamento antecipado da coima é um instrumento legal especialmente marcado por avanços e recuos do legislador, no que concerne ao seu regime. Na versão original do RGIT[301], a possibilidade de pagar antecipadamente a coima circunscrevia-se, em termos

[300] *Cfr.*, nº 1 do artigo 70º do RGIT.

[301] Lei nº 15/2001, de 5 de junho.

materiais, às contraordenações simples que, atendendo à redação dada ao nº 2 do artigo 23º, seriam aquelas cujo limite máximo da moldura abstrata não excedesse os €3.750,00 (bem como as que, independentemente desse valor, não fossem expressamente classificadas pela lei como graves), e em relação às quais não havia possibilidade de ser aplicada sanção acessória. Com base nestes elementos, é seguro afirmar que, na vigência da versão inicial do RGIT, o pagamento antecipado da coima extinguia o procedimento contraordenacional tributário[302].

Contudo, com a Lei do Orçamento do Estado para 2007[303], viria este regime a ser alterado de forma significativa. O pagamento antecipado da coima passou a ser admissível para todos os tipos contraordenacionais tributários, independentemente da sua classificação para efeitos do artigo 23º do RGIT. Adicionalmente, foi aditado um novo nº 2 ao artigo 75º, que expressamente previa que o pagamento antecipado da coima não afastaria a possibilidade de aplicação de sanções acessórias. Este aditamento legal vai, aliás, ao encontro da maior abrangência deste regime que, de acordo com a lei de alteração aqui em análise, passa a ser aplicável também às contraordenações graves, as quais são suscetíveis de aplicação de sanção acessória, por via do nº 1 do artigo 28º do RGIT.

Desta alteração ao regime do pagamento antecipado da coima, resultou uma importante consequência, que se reporta à extinção do procedimento contraordenacional tributário: se a contraordenação imputada ao infrator fosse classificada como simples, com o pagamento antecipado da coima extinguir-se-ia o procedimento contraordenacional tributário; porém, se a contraordenação em causa fosse grave, o infrator beneficiaria da redução da coima, mas o procedimento seguiria os seus normais trâmites para efeitos de averiguação da necessidade, ou não, da aplicação de sanções acessórias. Recorde-se que, no seguimento do que já tivemos oportunidade de referir, a

302 Também neste sentido, veja-se Paulo Marques, *Infracções Tributárias, Vol. II – Contra-Ordenações, cit.*, p. 51.

303 Lei nº 53-A/2006, de 29 de dezembro.

prática de uma contraordenação grave não tem como efeito necessário e imediato a aplicação de uma sanção acessória, devendo o órgão com competência para a sua aplicação atender aos contornos específicos do caso concreto e efetuar um juízo de ponderação, no sentido de averiguar se a aplicação daquela se mostra necessária e adequada à gravidade do ilícito e à intensidade da culpa do infrator.

Por outro lado, como havemos de desenvolver, o entendimento maioritário da doutrina vai no sentido de o pagamento antecipado da coima ser alternativo relativamente ao exercício do direito de defesa. A adoção dessa tese teria como consequência, atendendo à redação dada ao 75º do RGIT por via da LOE para 2007, que o infrator, ao exercer o seu direito de defesa, ficaria impedido de pagar antecipadamente a coima. Sendo esta ideia válida para os casos em que a contraordenação imputada ao infrator se classificasse como simples, já não poderia dizer-se o mesmo relativamente às situações em que tal imputação respeitasse a uma contraordenação grave.

Não podemos olvidar-nos que o artigo 50º do RGCO (subsidiariamente aplicável ao RGIT, por via da al. b) do seu artigo 3º), em vénia ao nº 10 do artigo 32º da CRP, impõe que não haja lugar à aplicação de uma sanção acessória *"sem antes se ter assegurado ao arguido a possibilidade de, num prazo razoável, se pronunciar sobre a contra-ordenação que lhe é imputada e sobre a sanção ou sanções em que incorre"*. Isto significa que, em qualquer dos casos, haveria sempre de ser dada ao infrator a possibilidade de exercer o seu direito de defesa quando, na notificação para esse efeito, se inscrevesse que aquele incorreria na aplicação de uma sanção acessória, ainda que este, no mesmo prazo, efetuasse o pagamento antecipado da coima. Não obstante, a sua defesa limitar-se-ia justamente a questões relevantes para efeitos da aplicação de sanções acessórias[304].

[304] Solução muito idêntica a esta é a adotada no artigo 172º do Código da Estrada, que admite o pagamento voluntário da coima, que deve verificar-se no prazo de 15 dias úteis a contar da notificação para o efeito, o qual implica uma redução da sanção pecuniária aplicável para o mínimo legalmente previsto para o ilícito em que o infrator incorre. O nº 4 desta disposição legal é determinante, pois impõe expressamente que, sem prejuízo da redução do montante da coima operado por via do pagamento

Ora, esta opção do legislador parece não ter vingado. Um ano depois, na Lei do Orçamento do Estado para 2008[305], vislumbra-se a intenção de romper com as alterações efetuadas no ano anterior e de recuar às origens, prevendo-se um regime muito semelhante ao que vigorou na versão original do RGIT.

Com esta alteração, volta a inscrever-se uma circunscrição material relativamente à possibilidade de pagar antecipadamente a coima, que só é possível quando a contraordenação que se impute ao agente seja classificada como simples. Atendendo à atual redação do nº 1 do artigo 23º do RGIT, são classificadas como simples as contraordenações cujo limite mínimo da moldura sancionatória abstratamente aplicável não exceda os €15.000,00 e aquelas que, independentemente do valor, não sejam expressamente qualificadas na lei como graves. Aos infratores a quem se impute, então, a prática de contraordenação simples não é possível aplicar qualquer sanção acessória, atendendo ao texto da norma do nº 1 do artigo 28º. Assim sendo, à partida, quando o infrator procede ao pagamento da coima de forma antecipada, até ao termo do prazo para o exercício do seu direito de defesa, dá-se a extinção do procedimento contraordenacional tributário.

Fazendo uma interpretação atualista do enunciado por Isabel Marques da Silva, é possível concluir-se que a classificação das contraordenações tributárias, nos termos do artigo 23º do RGIT, em simples ou graves tem relevo, desde logo, a dois importantes níveis: por um lado, para se aferir da suscetibilidade de haver, ou não lugar

voluntário desta, no caso de ser aplicável sanção acessória, não se dá, como nos restantes casos, um arquivamento do procedimento, devendo este prosseguir os seus termos. Em 2006, o Tribunal da Relação de Coimbra proferiu um acórdão versante sobre uma questão que implicava a análise desta norma (que, à altura, estava prevista no artigo 155º e não no artigo 172º do código da Estrada), tendo prontamente se pronunciado no sentido de que *"ao pagamento voluntário da coima,* [o agente] *aceitou a comissão da infração"*, mas que, apesar disso, *"a partir desta fase podia e devia defender-se da medida da aplicação da sanção acessória"*, uma vez que o facto de *"aceitar passivamente a comissão da infração"* não significa que se *perca "o direito de defesa sobre a sanção acessória"*, pois tal atentaria contra o artigo 50º do RGCO. *Cfr.*, Acórdão do Tribunal da Relação de Coimbra, de 18-01-2006, Processo nº 3623/05, relatado por João Ataíde.

[305] Lei nº 67-A/2007, de 31 de dezembro.

à aplicação de sanções acessórias e, por outro, para efeitos da antecipação do pagamento da coima que, como vimos, só é possível quando a contraordenação praticada pelo infrator seja classificada como simples[306].

Já relativamente a outro aspeto, estamos de acordo com PAULO MARQUES, na medida em que não nos parece que o legislador, com a al. c) do artigo 61º, ao prescrever que o procedimento contraordenacional tributário se extingue com o *"pagamento voluntário da coima no decurso do processo de contra-ordenação tributária"*, tenha querido cingir-se ao pagamento da coima efetuado ao abrigo do artigo 78º do RGIT, mas antes às duas vias legalmente admissíveis que permitem o pagamento da coima antes da decisão final, de aplicação da coima, pois ambas parecem revelar a intenção do infrator de se conformar com o ilícito que lhe é imputado e de proceder, num curto prazo, ao pagamento da coima e à regularização da situação tributária. Entender esta norma de outro modo seria, aliás profundamente incongruente, uma vez que o infrator que paga antecipadamente a coima, nos termos do artigo 75º do RGIT, acaba por fazê-lo num momento menos avançado do procedimento contraordenacional tributário do que aquele que procede ao pagamento da sanção contraordenacional de natureza pecuniária à luz do artigo 78º (neste caso, já há uma pronúncia administrativa que revela um sentido decisório do órgão competente, desde logo em termos quantitativos, pois fixa a coima aplicável, pese embora, como veremos, este seja um ponto altamente problemático, em termos interpretativos, presente no RGIT).

Importa, então, reter algumas ideias fundamentais relativamente a este instrumento legal:

i. Uma vez notificado para o exercício do direito de defesa, o infrator pode agir de uma de três formas: *(a)* dentro do prazo fixado para o exercício do direito de defesa, paga antecipadamente a coima, nos termos do artigo 75º do RGIT, e metade do

[306] *Vide*, ISABEL MARQUES DA SILVA, *Regime Geral Das Infrações Tributárias (Nº 5 Da Coleção de Cadernos Do IDEFF), cit.*, p. 241.

valor das custas administrativas, regularizando, ainda, a situação tributária que esteve na origem da prática do ilícito contraordenacional que lhe é imputado, fazendo extinguir o procedimento; *(b)* exerce o seu direito de defesa, dando, com essa atuação, a indicação clara de que não pretende pagar antecipadamente a coima; *(c)* assume uma conduta de passividade, não apresentando defesa, nem procedendo ao pagamento da coima pelo mínimo previsto na moldura abstrata da contraordenação que lhe é imputada, perdendo assim, igualmente, o direito à redução da coima por via do pagamento antecipado.

ii. O pagamento antecipado da coima equivalerá ao reconhecimento tácito da prática da infração, demonstrando a intenção do infrator em fazer findar o procedimento contraordenacional tributário e arcar com as consequências dessa atuação ilícita. A par deste reconhecimento, o infrator revela ainda uma vontade de colaborar com a administração tributária, uma vez que se predispõe a colmatar a falta que esteve na origem da prática do ilícito contraordenacional[307];

iii. Contrariamente ao que sucede, como se verá, no âmbito do pagamento voluntário da coima, previsto no artigo 78º do RGIT, a esta altura do procedimento, não houve ainda lugar à prática de um ato de fixação da coima, pelo que não fará qualquer sentido o infrator equacionar sequer a possibilidade de o impugnar jurisdicionalmente. Nesta particular sede, o infrator adianta-se à decisão administrativa e assume a prática do ilícito, aceitando o pagamento de um montante muito reduzido de um valor que, em bem da verdade, pese embora tenha a natureza sancionatória, não resultou de um ato condenatório, de um *expresso dizer* da entidade administrativa competente. Aliás, ao fazê-lo, o infrator prescinde de apresentar defesa, justamente por considerar não haver necessidade de contestar os factos que lhe são imputados.

[307] Neste sentido, João Ricardo Catarino e Nuno Victorino, *Infracções Tributárias – Anotações Ao Regime Geral* (Coimbra, 2012), *cit.*, p. 578.

iv. Não obstante, consideramos que, à luz do direito à informação dos administrados – que, neste particular âmbito, entendemos dever revestir-se de um especial significado –, aquando da notificação para o exercício da defesa e da comunicação desta possibilidade de pagamento antecipado da coima, deveria também a administração tributária informar o infrator de que, ao exercer a faculdade prevista no artigo 75º do RGIT, estará a assumir a prática da contraordenação que lhe é imputada, com todas as consequências que isso acarreta.

Repare-se que a norma do nº 1 do artigo 70º do RGIT refere que o infrator deve ser notificado para, no prazo de 10 dias, *"apresentar defesa (...), bem como* [sublinhado nosso] *utilizar as possibilidades de pagamento antecipado da coima nos termos do artigo 75º"*. Ora, se a notificação se limitar a reproduzir, quanto a esta possibilidade, o texto vertido naquela norma, indica-se uma ideia de complementaridade e não de alternatividade, ainda que o que o legislador pretenda dizer é que, dentro daquele prazo, pode o infrator apresentar defesa *ou* utilizar a possibilidade de pagamento antecipado da coima e nunca as duas faculdades em simultâneo, como já vimos[308]. Mas mesmo que os serviços tributários tenham o cuidado de, no texto da notificação, substituírem a conjunção coordenativa copulativa por uma conjunção disjuntiva, parece-nos que tal não é suficiente, sob o prisma de um adequado dever de informação, para efetivamente dar a conhecer ao infrator que, ao pagar antecipadamente a coima, não só prescinde do exercício do seu direito de defesa, como assume a prática da infração contraordenacional.

Não pode negar-se que, pese embora o infrator obtenha uma vantagem ao nível da redução da coima, ao proceder ao pagamento antecipado desta, ele estará a renunciar a um direito constitucionalmente

[308] Também criticando a redação, francamente infeliz, da norma do nº 1 do artigo 70º do RGIT, veja-se Paulo Marques, *Infracções Tributárias, Vol. II – Contra-Ordenações, cit.*, pp. 48 e 49.

protegido, como expressamente se constata (nunca é demais referi-lo) do nº 10 do artigo 32º da CRP.

Bem sabemos que o faz de forma voluntária a partir do momento em que toma a decisão de pagar antecipadamente a coima com a finalidade de usufruir da redução desta. Porém, cremos que só pode falar-se concretamente em *voluntariedade*[309] se houver uma vontade efetivamente autodeterminada, livre e esclarecida. Entendemos que tal pressupõe, quanto mais não seja, que o infrator seja devidamente informado, aquando da notificação, não só das consequências tendencialmente positivas da subordinação a este instrumento legal, como também das que se afigurem particularmente negativas, desde logo, que renuncia ao seu direito de defesa e que assume, para todos os efeitos, a prática da infração contraordenacional.

Cremos, ainda, dada a importância desta matéria, que a obrigação de se efetuar uma tal comunicação na notificação ao infrator deve resultar expressamente do texto legal (desde logo, no nº 1 do artigo 70º do RGIT) e não estar sujeita ao maior ou menor cuidado e zelo da entidade administrativa competente para a mesma.

Importa, ainda, relembrar que, além da redução da sanção contraordenacional de natureza pecuniária por via deste pagamento antecipado, pode haver a necessidade de se proceder a uma correção do montante daquela. Estamos, por isso, de acordo com Jorge Lopes de Sousa e Manuel Simas Santos quando os autores referem que, na eventualidade de o infrator ter apresentado pedido de redução da coima, nos termos do artigo 29º do RGIT, e procedido ao pagamento da coima reduzida, sem que, contudo, lhe tenha sido reconhecido o direito a exercer efetivamente a redução, o valor que tenha sido já pago deve ser tido em conta no momento em que este procede ao

[309] Para melhores aprofundamentos acerca da voluntariedade nas declarações de renúncia a direitos fundamentais, veja-se Benedita Mac Crorie, *Os Limites Da Renúncia a Direitos Fundamentais Nas Relações Entre Particulares*, ed. Almedina (Coimbra, 2013), pp. 117 a 134.

pagamento antecipado[310]. Nestes particulares casos, o infrator deve proceder ao pagamento do valor mínimo previsto na moldura sancionatória abstratamente aplicável à contraordenação que lhe é imputada, subtraído do montante que tenha já pago aquando da apresentação do pedido de redução da coima, atendendo à norma do nº 3 do artigo 31º do RGIT.

7. Pagamento voluntário da coima (artigo 78º do RGIT)

A possibilidade de pagamento voluntário da coima é, quanto a nós, o mais controverso dos instrumentos legais que permitem uma redução da coima aplicável ao infrator em sede contraordenacional tributária.

Este é um instrumento legal que pressupõe, como os restantes, a regularização da situação tributária (a qual constitui um dos pressupostos materiais da sua aplicação) tendo lugar no decurso do procedimento contraordenacional tributário, numa fase já final deste, uma vez terminado o prazo para a apresentação de defesa, mas ainda antes da decisão final de aplicação da coima, a que se refere o artigo 79º do RGIT.

Contrariamente ao que sucede no pagamento antecipado, previsto no artigo 75º do RGIT, o pagamento voluntário não se encontra circunscrito às contraordenações simples, o que se denota, desde logo, pela inexistência de uma limitação expressa nesse sentido, como ainda pelo preceituado no nº 3 do artigo 78º, em que se refere que o pagamento voluntário da coima não afasta a aplicação de sanções acessórias, razão pela qual facilmente se infere que também os infratores a quem seja imputada contraordenação classificada como grave podem proceder ao pagamento da coima reduzida nos termos do artigo 78º, nº 1.

O principal efeito do pagamento voluntário da coima é a redução desta para 75% do montante fixado pela entidade administrativa competente, nos termos do artigo 76º do RGIT, pese embora não

310 *Vide*, dos autores *supra* referidos, *Regime Geral Das Infracções Tributárias Anotado, cit.*, p. 319.

possa aquele ser inferior ao montante mínimo da moldura sancionatória abstratamente aplicável à contraordenação imputada ao infrator. Como prontamente dão conta João Ricardo Catarino e Nuno Victorino, a redução da coima prevista para efeitos do artigo 78º do RGIT tem um duplo limite: por um lado, a redução em si não pode ser superior a 25% do valor da coima previamente fixado, nem significar que o montante a ser concretamente pago pelo infrator seja inferior ao limite mínimo da moldura abstrata, não concorrendo, para o cálculo destes valores, as custas que sejam devidas[311].

Assim, no que tange aos seus efeitos, pode constatar-se que o pagamento voluntário se distingue do pagamento antecipado: *(i)* por ser aplicável, também, aos infratores a quem seja aplicada uma contraordenação grave; *(ii)* pelo facto de este segundo implicar sempre uma redução da coima para o mínimo legal previsto na moldura sancionatória, ao passo que o primeiro apenas pode corresponder a esse valor mínimo quando ele seja coincidente com a redução da coima em 25%, ou ainda quando, por via desse cálculo, resulte um valor inferior àquele, funcionando, como vimos, o valor mínimo da moldura como um limiar intransponível da coima aplicável; *(iii)* e na medida em que o pagamento antecipado reduz para metade o montante devido a título de custas administrativas, ao passo que, em sede de pagamento voluntário, ao valor da coima reduzida são acrescidas custas administrativas, na sua totalidade[312].

7.1. Evolução do pagamento voluntário da coima na legislação contraordenacional tributária

7.1.1. Regime legal do pagamento voluntário da coima no anterior Código de Processo Tributário

O pagamento voluntário da coima estava já presente na legislação contraordenacional tributária que antecedeu o RGIT, mais concretamente nos artigos 209º a 211º do CPT.

[311] Para melhores desenvolvimentos, veja-se João Ricardo Catarino e Nuno Victorino, *Infracções Tributárias – Anotações Ao Regime Geral* (Coimbra, 2012), *cit.*, p. 588.

[312] Neste sentido, Isabel Marques da Silva, *Regime Geral Das Infrações Tributárias (Nº 5 Da Coleção de Cadernos Do IDEFF)*, *cit.*, p. 72.

Este instrumento legal estava sujeito a um regime ligeiramente diverso do que atualmente vigora no nosso ordenamento jurídico. Em primeiro lugar, o pagamento voluntário da coima estava dependente da apresentação de um requerimento expresso do infrator, nesse sentido (nº 1 do artigo 209º do CPT).

Por outro lado, uma vez que na vigência do CPT não existia, como hoje, a possibilidade de pagamento antecipado, o requerimento para o pagamento voluntário deveria ter lugar em momentos procedimentais distintos, consoante a entidade que se revelasse competente para a fixação da coima: se a entidade competente fosse o chefe de repartição das finanças, o pedido havia de ser feito até à decisão final de aplicação da coima; se, por outro lado, fosse outra a entidade com competência para a fixação da coima, este requerimento devia ser apresentado no prazo de defesa (nº 1 do artigo 211º do CPT).

Na primeira hipótese, recebido o requerimento, deveria o chefe da repartição de finanças analisar o mesmo e rejeitá-lo no caso de o infrator dever ser punido com sanção acessória (nº 1 do artigo 210º do CPT). Sendo deferido o requerimento, o chefe de repartição de finanças fixaria a coima e notificava o infrator para proceder ao seu pagamento, em montante reduzido para 75% do montante ora fixado, no prazo de 15 dias, findo o qual aquele perderia o direito à redução.

No segundo caso, a entidade competente para fixação da coima, uma vez recebido o requerimento, deveria remeter os elementos obtidos no procedimento para a direcção distrital de finanças, para efeitos de fixação da coima (nº 2 do artigo 211º do CPT). As peças procedimentais seriam, depois, devolvidas à repartição de finanças competente, devendo esta notificar o infrator para proceder ao pagamento voluntário da coima reduzida para 75% do montante da coima fixada, também num prazo de 15 dias. O requerimento deveria ser igualmente indeferido se ao infrator fosse de aplicar sanção acessória.

À semelhança do que sucede no regime atualmente vigente, o valor da coima reduzida não podia ser inferior ao montante mínimo da moldura sancionatória abstratamente aplicável ao ilícito perpetrado (nº 1 do artigo 209º do CPT, *in fine*).

7.1.2. Regime legal do pagamento voluntário da coima no Regime Geral das Infrações Tributárias

Com a entrada em vigor no Regime Geral das Infrações Tributárias, o legislador procurou simplificar o pagamento voluntário da coima. Apesar de este continuar dependente de um requerimento apresentado pelo infrator[313], o momento da sua apresentação deixou de variar de acordo com a entidade com competência para a aplicação da coima. Assim, independentemente da entidade competente, o requerimento para pagamento voluntário da coima deveria ser apresentado até a decisão final de aplicação da coima. Por outro lado, verificou-se uma abertura desta possibilidade a todos os tipos contraordenacionais, independentemente do valor do limite máximo da moldura sancionatória abstrata e da possibilidade ser aplicável sanção acessória (nº 4 do artigo 78º do RGIT, na sua redação original).

Se o infrator não procedesse ao pagamento da coima reduzida para 75% do valor fixado pela entidade administrativa competente no prazo de 15 dias a contar da notificação para esse efeito e/ou não procedesse a regularização da situação tributária que esteve na origem da contraordenação que lhe fora imputável até à decisão final de aplicação da coima (nº 5 do artigo 78º do RGIT), perdia o direito àquela redução.

Contudo, com a entrada em vigor da Lei do Orçamento do Estado para 2007[314], que veio alterar o artigo 78º do RGIT, dando-lhe a redação atualmente em vigor, entendeu o legislador dotar esta possibilidade de pagamento voluntário de uma "*maior celeridade, simplicidade, desburocratização e desmaterialização, (...) dispensando (...) um requerimento escrito do arguido*[315]" para este efeito.

Esta alteração, apesar das virtuosidades que possa acarretar, acabou por gerar alguma confusão relativamente aos contornos deste instrumento legal.

Então, vejamos.

[313] *Cfr.*, nº 1 do artigo 78º do RGIT, atendendo à redação dada pela Lei nº 15/2001, de 5 de junho.

[314] Lei nº 53º-A/2006, de 29 de dezembro.

[315] *Vide*, PAULO MARQUES, *Infracções Tributárias, Vol. II – Contra-Ordenações, cit.*, p. 52.

Contrariamente ao pagamento antecipado que, como se viu, resulta de um ato volitivo do infrator, independente da intermediação de um ato administrativo (relembremo-nos que o entendimento maioritário é o de que o infrator, no prazo previsto para a defesa, opta por exercer este direito ou, alternativamente, por pagar antecipadamente a coima), o pagamento voluntário carece de uma decisão administrativa *(prévia)* de fixação da coima. Sem a notificação deste ato, não pode o infrator proceder ao pagamento voluntário da coima, nos termos do artigo 78º do RGIT, pois não está em condições de saber qual o montante de natureza sancionatória concretamente fixado pela entidade competente, sobre o qual deve ser calculada a redução em 25%.

A doutrina maioritária entende que, à luz dos princípios da celeridade e simplicidade procedimental[316], a partir da entrada em vigor da versão alterada do artigo 78º do RGIT, e dado não haver lugar a qualquer requerimento prévio, o ato de fixação da coima é o ato de decisão final, devendo ser comunicadas ao infrator, aquando da notificação desse ato, as possibilidades de pagamento que lhe assistem, ou seja: *(i)* notifica-se o infrator de que o pagamento da coima, no seu total, deve ser efetuado no prazo de 20 dias, podendo, nesse mesmo prazo, interpor "recurso" jurisdicional dessa decisão; *(ii)* não obstante, se preferir, pode o infrator pagar voluntariamente a coima, reduzida em 25%, no prazo de 15 dias, sendo que esse prazo começa a correr, também, a partir daquela notificação.

Isto significa que o prazo global para que o infrator reaja, de um ou de outro modo, é de, no máximo, 20 dias, sendo que nos primeiros 15 dias deste lhe assiste a possibilidade de proceder ao pagamento voluntário da coima, beneficiando da redução a que já aludimos.

Assim, o prazo para interposição de recurso jurisdicional do ato de aplicação de coima conta-se a partir da notificação da decisão admi-

[316] Neste sentido, vejam-se as posições de PAULO MARQUES, *Infrações Tributárias, Vol. II, cit.*, p. 51 e JORGE LOPES DE SOUSA e MANUEL SIMAS SANTOS, *Regime Geral Das Infracções Tributárias Anotado, cit.*, p. 535.

nistrativa que aplica a coima e não do termo do prazo para o pagamento voluntário desta

Não nos parece que esta seja uma solução pacífica. Em primeiro lugar, PAULO MARQUES, apesar de ser adepto da solução acima explanada, admitia que a letra da lei era, quanto a esta hipótese, pouco clara, mais dizendo que, em caso de dúvida, seria de adotar o entendimento que fosse mais benéfico ao infrator, à luz do princípio *in dubio pro reo*, o que conduziria à existência de um prazo global, não de 20, mas de 35 dias. Ou seja, uma vez notificado da decisão final de aplicação da coima, o infrator dispunha de um prazo de 15 dias para o pagamento da coima reduzida, à luz da possibilidade de pagamento voluntário, o qual estaria, em qualquer dos casos, dependente da regularização da situação tributária. Findo aquele prazo, perante a inação do infrator, que indiciaria a sua vontade de não beneficiar da faculdade prevista no artigo 78º do RGIT, começaria a correr um prazo de 20 dias para o pagamento da coima fixada, na sua totalidade ou, alternativamente, para a interposição de "recurso" jurisdicional.

São, aliás, diversos os casos em que a própria administração tributária, na notificação da decisão final de aplicação da coima, procede à descrição dos prazos para a reação do infrator nestes mesmos termos, indicando, então, um prazo global de 35 dias, e não de acordo com o que, como vimos, tem sido maioritariamente entendido pela doutrina e pela jurisprudência.

Não raras vezes, tem sucedido que os tribunais superiores, confrontados com decisões da primeira instância que rejeitam o *recurso* da decisão de aplicação da coima, interposto pelos infratores, com fundamento na extemporaneidade daquele, por terem sido estes notificados pela administração tributária no sentido de que o prazo para impugnação do ato de aplicação de coima começaria a correr uma vez findo o prazo de 15 dias para o pagamento voluntário, decidem revogar a decisão do tribunal *a quo* e considerar dentro de prazo a referida impugnação. A linha de raciocínio é quase sempre esta: se o "erro" relativo à comunicação entre ambos os prazos foi do serviço tributário que procedeu à notificação, fazendo indicação de que o infrator teria mais tempo para impugnar o ato do que aquele que, em termos legais, lhe seria concedido, e atendendo, ainda, ao facto de o *recurso jurisdicional* não carecer de ser subscrito por advogado, essa dissonância que se verifica entre o prazo legalmente previsto e aquele do qual o recorrente foi informado na notificação *"não pode ser superada em termos que lhe sejam desfavoráveis*[317]*"*. Um entendimento contrário a este, aduzem os tribunais superiores, *"não só violaria de forma intolerável os princípios da confiança e da boa fé, consagrados nos arts. 2º e 266º da CRP (e de que são afloramentos os arts. 37º, nº 4 do CPPT, e os arts. 161º, nº 1, e 198º, nº 3, do CPC), como, na medida em que impediria o arguido de reagir judicialmente contra uma decisão sancionatória da AT, constituiria uma intolerável violação do direito à tutela jurisdicional efectiva, consagrado no art. 32º, nº 10, da CRP*[318]*"*.

Tal solução parece-nos ser a que melhor se adequa com aqueles que são os direitos mais elementares do infrator no âmbito do procedimento e do processo contraordenacional tributário, não devendo ser de lhe exigir que conheça em termos precisos e profundos o texto da lei – o qual é, aliás, altamente duvidoso, como se verá –, se nem mesmo a própria administração tributária parece estar certa do seu real alcance e sentido. Não pode, assim, ser penalizado, sendo-lhe vedado o direito a impugnar o ato administrativo sancionatório, pelo

[317] *Vide*, Acórdão do Supremo Tribunal Administrativo, de 10-02-2010, Processo nº 0993/09, relatado por Miranda de Pacheco. Atente-se que, neste concreto caso – o qual não se afigura uma situação isolada, mas antes relativamente recorrente, atendendo a outras decisões jurisprudenciais neste âmbito – o serviço tributário competente havia notificado o infrator da possibilidade de, conforme o ponto 2 do texto da notificação *"efetuar o pagamento voluntário da coima no prazo de 15 dias a contar da presente notificação"*, acrescentando que *"de acordo com o previsto no n° 2 do Art° 790* [sic] *do Regime Geral das Infrações Tributária, para no prazo de 20 (vinte) dias subsequentes ao prazo referido no ponto 2* [sublinhado nosso], *efetuar o pagamento da coima"*.

[318] *Cfr.*, Acórdão do Tribunal Central Administrativo do Norte, de 11-03-2010, com o nº de Processo 01117/07.6BECBR, que teve como relator Francisco Rothes. Também neste sentido, veja-se o Acórdão do Tribunal Central Administrativo do Sul, de 27-10-2016, Processo nº 09801/16, relatado por Bárbara Tavares Teles.

facto de se ter limitado, aliás, a cumprir escrupulosamente o que lhe fora comunicado pelo órgão administrativo competente[319].

Há, contudo, decisões jurisprudenciais que não seguem esta linha de entendimento, por considerarem que o RGIT é suficientemente claro quanto a esta matéria, não podendo sequer configurar-se a possibilidade de existirem dúvidas quanto ao prazo para impugnação do ato de aplicação da coima (o que, francamente, nos parece ser não ser inteiramente correto, pois, se a lei fosse de uma clareza e percetibilidade exemplares, não se colocaria com tanta recorrência esta questão, nem existiria espaço na doutrina para a enunciação de dúvidas a este respeito), sobretudo quando o infrator se fazia, no momento da interposição do *recurso* da decisão, representar por mandatário[320]. Ou seja, existem decisões de tribunais superiores que consideram que, não havendo certeza quanto ao erro na notificação, mas apenas dúvida quanto ao seu teor e sentido, no caso de o infrator se fazer representar por mandatário (o que é, refira-se, um direito seu[321]),

[319] Não podemos deixar de referir que esta ideia se encontra em perfeita consonância, desde logo, no nº 6 do artigo 157º do CPC e, mais concretamente ainda, no nº 3 do artigo 191º do mesmo diploma.

[320] Veja-se, a título exemplificativo, o Acórdão do Supremo Tribunal Administrativo, de 03-06-2009, Processo nº 0349/09, relatado por Isabel Marques da Silva, em cujo texto da decisão é possível ler-se: *"A notificação da decisão administrativa da coima (...) consiste num texto pré-formatado que, efectivamente, não é um modelo de clareza nem no que respeita ao prazo para interposição do recurso nem quanto a outros aspetos. É certo que dele não resulta a indicação inequívoca de que o prazo de 20 dias para recorrer se conta da notificação, mas também não resulta inequivocamente que tal prazo se conte findo o de 15 dias para requerer o pagamento voluntário. Consideramos que a dúvida quanto ao termo inicial da contagem do prazo seria legítima em face da pouca clareza do texto na notificação, mas havendo dúvida havia o ónus de a ver esclarecida, esclarecimento este de muito fácil obtenção pois que a notificação indica de forma expressa o preceito legal aplicável (o artigo 80º do RGIT), deste resulta de modo inequívoco tanto o prazo como o termo inicial da sua contagem, acrescendo ainda que a arguida se faz representar no processo por advogado, que está funcionalmente obrigado a conhecer a lei. Não lhe é, pois, lícito pretender, com fundamento na pretensa obscuridade da notificação, ter direito a mais prazo para recorrer do que aquele que a lei confere a todos."*. Com um sentido decisório e argumentativo claramente semelhante, refira-se o Acórdão do STA, de 01-06-2011, com o nº de Processo 0312/11, que teve como relator António Calhau.

[321] *Cfr.*, artigo 53º do RGCO.

deve considerar-se que aquele deveria saber que o prazo global era de 20, e não de 35 dias e julgar-se, por isso, intempestiva a interposição de recurso.

Quanto a nós, acompanhamos por inteiro Jorge Lopes de Sousa e Manuel Simas Santos, que referem que a solução mais consentânea com o princípio geral de que os destinatários dos atos administrativos não devem ser prejudicados pelos "erros" praticados pelas entidades públicas competentes no texto das comunicações, deve ser adotada, não só quando esse "erro" é manifesto e se reporte à notificação em si, mas também quando existam dúvidas quanto ao seu alcance, devendo entender-se, relativamente a esta questão em concreto, que se o dever de efetuar as notificações compete à AT, *"é sobre ela que devem recair as consequências negativas das respetivas imperfeições, que justificam que o destinatário interprete erradamente a indicação do prazo de impugnação*[322]*"*.

7.2. Dúvidas em torno da clareza do regime atinente ao pagamento voluntário da coima

Se fora já controversa a questão abordada no ponto imediatamente anterior, relativamente à solução a dar no caso de um erróneo ou duvidoso sentido plasmado no texto da notificação ao infrator da decisão que aplique a sanção contraordenacional, somos de entender que ela não se configura como um caso único. De facto, há outras questões relacionadas com este instrumento legal que nos suscitam sérias dúvidas e que passaremos, ainda que de um modo breve, a enunciar e problematizar neste apartado.

De facto, nem sempre o regime atinente ao pagamento voluntário da coima, previsto no artigo 78º do RGIT, se revela particularmente claro.

Em primeiro lugar, não parece resultar claro e inequívoco que a notificação do infrator para o pagamento voluntário da coima deva inscrever um prazo global de 20 dias, dentro do qual se devem contar os 15 dias atinentes àquele pagamento. Esta dúvida resulta, antes de

[322] *V.*, daqueles autores, *Regime Geral Das Infrações Tributárias Anotado, cit.*, pp. 535 e 536.

mais, da incerteza que ainda existe na doutrina – pese embora, como vimos, pareça ser um dado assente na jurisprudência – relativamente à forma do ato que fixe a coima para efeitos do pagamento voluntário da coima. É, como já pudemos referir, essencial para que o infrator possa pagar voluntariamente a coima, ao contrário do que sucede com o pagamento antecipado, que exista um ato administrativo que fixe concretamente o valor daquela, pois sem este o destinatário do ato não está em condições de calcular a redução em 25% a que tem direito. Apesar de se ter entendido maioritariamente que o ato em causa deve ser o próprio ato da decisão final de aplicação da coima, subsiste a dúvida de se não deveria antes tratar-se de um despacho intermédio[323], a ser notificado ao infrator, concedendo-lhe um prazo de 15 dias para proceder efetivamente ao pagamento da coima e à regularização da situação tributária, findo o qual, perante o incumprimento de tais requisitos, haveria – aí sim – lugar a uma decisão sancionatória final, com os elementos a que se refere o artigo 79º do RGIT.

Quanto a nós, esta seria a solução mais razoável, mas também a que melhor se adequava ao teor do próprio texto legal. Pois que nos parece não fazer inteiro sentido exigir-se que o infrator, para poder efetivamente pagar voluntariamente a coima e, a partir daí, obter a redução no seu valor, regularize a situação tributária *"até à decisão"* – como expressamente resulta do nº 4 do artigo 78º do RGIT – e ser notificado dessa possibilidade justamente com o ato decisório. Das duas uma, ou o legislador pretendeu dizer que *"se o arguido, até à decisão, <u>não tiver regularizado a situação tributária</u>* [texto e sublinhados nossos], *perde o direito à redução previsto no nº 1"*, ou então parece ter necessariamente de haver um ato que intermedeie a comunicação ao infrator da possibilidade de pagar voluntariamente a coima e de regularizar a situação tributária desconforme, e a decisão final sancionatória.

[323] Colocam, justamente, esta questão, Paulo Marques, na sua obra por nós já citada, pp. 51 e 52, mas também João Ricardo Catarino e Nuno Victorino, *Infracções Tributárias – Anotações Ao Regime Geral*, (Coimbra, 2012), *cit.*, p. 590.

Entendemos, nesta medida, que, quer os infratores, quer a administração tributária, interpretem erradamente as normas atinentes a este regime. Como vimos, tal não acontece de forma meramente esporádica, mas com alguma recorrência.

Porém, se se quiser atribuir um maior relevo ao princípio da celeridade procedimental e da economia dos atos e evitar que haja a necessidade de se emitir um ato interlocutório que venha fixar concretamente a coima, para efeitos de uma correta aplicação do artigo 78º do RGIT, ao menos que se optasse por dar um rumo um pouco diferente à sua aplicação. Proporíamos, sendo esse o caso, que se fizesse o seguinte:

i. Que, pese embora houvesse lugar à notificação de apenas um ato (final, decisório e aplicativo da sanção contraordenacional), o prazo para o pagamento voluntário da coima fosse contabilizado de forma autónoma relativamente ao prazo de 20 dias a que alude o nº 2 do artigo 79º, para efeitos de pagamento da coima (sem redução) ou, alternativamente, da impugnação jurisdicional do referido ato.

ii. Desta forma, na notificação[324], seria comunicado ao infrator que, no prazo de 15 dias[325], poderia pagar antecipadamente a coima, beneficiando da sua redução para 75% do montante fixado, desde que procedesse, dentro do mesmo prazo, à regu-

[324] Há doutrina que entende que a notificação da decisão, no âmbito da qual e referida a possibilidade de pagamento voluntário, deve ser feita por carta registada com aviso de receção, nos termos do nº 1 do artigo 38º do CPPT. Sobre este particular aspeto, atente-se JORGE LOPES DE SOUSA e MANUEL SIMAS SANTOS, *Regime Geral Das Infrações Tributárias Anotado, cit.*, p. 516. Não obstante, como já tivemos oportunidade de referir, a jurisprudência maioritária do Supremo Tribunal Administrativo vai no sentido de que as notificações das decisões cominatórias de coimas não se inserem no âmbito do nº 1 do art. 38º do CPPT, razão por que não carecem de ser realizadas por carta registada com aviso de receção.

[325] O prazo de 15 dias aqui referido é contado de forma contínua, não se suspendendo aos sábados, domingos e/ou feriados, ainda que, caso termine num desses dias (entenda-se, não úteis), se transfira o seu término para o primeiro dia útil seguinte (*Cfr.*, a conjugação da norma da al. b) do artigo 3º do RGIT, com o artigo 41º do RGCO, 104º, nº 1 do CPP e 138º do CPC).

larização da situação tributária. Findo aquele prazo sem que o infrator pagasse o montante reduzido da coima e/ou houvesse procedido à referida regularização, ter-se-ia por notificado para, num prazo de 20 dias efetuar o pagamento da coima, sem direito a qualquer redução, ou impugnar junto de um tribunal o ato administrativo sancionatório, sob pena de se proceder à sua cobrança coerciva, nos termos do nº 2 do artigo 79º do RGIT.

Cremos que, mantendo-se o regime tal e qual ele está, a tendência é a de que se continuem a verificar situações de dúvida, por parte de uns e de outros, das quais acabam por resultar, em nosso entender, soluções profundamente injustas.

Uma outra questão que nos levanta sérias dúvidas é a de se entender que o infrator, a partir do momento em que procede ao pagamento voluntário da coima, perde automaticamente interesse em agir jurisdicionalmente contra o ato administrativo sancionatório.

Tem entendido maioritariamente a jurisprudência que, com o pagamento voluntário da coima se dá a extinção do procedimento contraordenacional tributário, por via da al. c) do artigo 61º do RGIT. Uma vez extinto o procedimento, decorrente da completa realização do seu objeto – ainda para mais por força de uma atuação "voluntária" do infrator –, perde este o interesse em agir, considerando-se que não tem legitimidade para impugnar jurisdicionalmente o ato administrativo de fixação da coima[326].

Quanto a este entendimento, importa tecer dois comentários que se nos afiguram da maior importância:

i. O primeiro tem que ver com o facto de existir já, na doutrina, quem problematize esta questão a par com a que anteriormente

[326] Atendendo ao nº 2 do artigo 401º do CPP, por via da conjugação das normas da al. b) do artigo 3º do RGIT e do nº 1 do artigo 41º do RGCO. Neste sentido, vejam-se, nomeadamente, os Acórdãos do Supremo Tribunal Administrativo, de 19-05-2010, Processo nº 0889/09, relatado por Pimenta do Vale, e o de 26-05-2010, com o nº de Processo 043/10, que teve como relator Casimiro Gonçalves.

fora por nós tratada, relativamente à natureza do ato que fixa a coima para efeitos do seu pagamento voluntário. NUNO VICTORINO e JOÃO RICARDO CATARINO entenderam que "*Perfilhando a tese de que a fixação da coima em sede de pagamento voluntário se trata da decisão final no processo de contra-ordenação* [sic] *(...), traz-nos alguma dificuldade. Efetivamente, tratando-se da decisão final, o arguido pode não se conformar com a mesma e pode até ter argumentos sólidos para discordar daquela fixação, pelo que lhe assiste o direito legal e constitucional de recorrer. Se assim o fizer, no pleno uso dos seus direitos constitucionais, do teor literal do citado nº 3 do artigo 78º* [do RGIT], *parece resultar que perde o direito à redução. Tal situação, do ponto de vista da justiça material é inaceitável. É inaceitável que se considere que, não se conformando com uma decisão que pode ser ilegal, para não perder o direito à redução, o arguido tenha que pagar a coima que lhe foi fixada, mesmo que tal pagamento lhe traga a si ou ao seu agregado familiar, graves prejuízos pecuniários. Trata-se de ressuscitar a antiga máxima de «primeiro pagas e depois reclamas»*[327]"

ii. A solução que tem vindo a ser seguida pelos tribunais superiores, no sentido de se considerar que perde o interesse em agir o infrator que, de forma voluntária, opta por pagar a coima em montante reduzido e, com esse ato, concorda em colocar termo ao procedimento contraordenacional tributário, assumindo, assim, a prática da infração tributária, não parece levantar grandes problemas. Melhor dizendo – e para nos posicionarmos devidamente quanto à questão – não nos levantaria grandes problemas se efetivamente essa atuação do infrator pudesse, em todos os sentidos, ser qualificada como voluntária, o que francamente não parece ser o caso à luz da atual redação do RGIT, sobretudo atendendo ao modo como tem este regime vindo a ser efetivamente aplicado.

[327] *Vide,* dos autores referidos, "A Evolução Do RGIT – Regime Geral Das Infracções Tributárias – Nas Leis de Orçamento de Estado Para 2005 E 2006.", *cit.*, p. 173.

Pois vejamos: em parte alguma, quer da norma do artigo 78º, quer da norma do artigo 79º do RGIT, que concretamente se refere aos elementos que devem constar da notificação da decisão final (assumindo a doutrina e a jurisprudência maioritárias, como já vimos, que é neste ato decisório que o infrator é informado da possibilidade de pagar voluntariamente a coima), é feita referência à necessidade de, no texto daquela notificação, se informar o infrator dos reais contornos e consequências da opção pelo pagamento voluntário. O destinatário do ato é, efetivamente, informado da percentagem de redução a que tem direito, optando por esta via, do prazo para proceder ao pagamento voluntário e da necessidade de proceder/ter já procedido à regularização da situação tributária, não sendo, em parte alguma, dada a indicação de que lhe deva ser comunicado que, pagando voluntariamente a coima, assume a prática das infrações que lhes são imputadas, por um lado, e de que perde interesse em agir jurisdicionalmente contra o ato de fixação da coima, por outro.

A administração tributária, por sua vez, não estando legalmente vinculada a prestar essa informação, abstém-se, na esmagadora maioria dos casos, de o fazer. Esta é uma constatação feita, também, por Isabel Marques da Silva, que quando desenvolve, no seu manual, o regime do pagamento voluntário da coima, prontamente refere:

> "*Embora frequentemente os sujeitos passivos* [sic] *disso não estejam cientes, nem para tal sejam devidamente alertados na notificação da decisão* [sublinhado nosso], *o pagamento voluntário da coima no decurso do processo de contra-ordenação extingue-o, razão pela qual carecem então de interesse em agir para recorrerem da decisão administrativa de aplicação da coima.*[328]"

Com este percurso, o que pretendemos deixar bem assinalado é que não nos parece ser de censurar a possibilidade de se considerar que perde o interesse em agir jurisdicionalmente contra o ato de fixação da coima o infrator que pague voluntariamente a coima, mas só se e na medida em que esta atuação se revele efetivamente voluntária

[328] *Cfr.*, Isabel Marques da Silva, *Regime Geral Das Infrações Tributárias (Nº 5 Da Coleção de Cadernos Do IDEFF), cit.*, p. 73.

sobre todos os pontos de vista. Ora, não pode dizer-se que age voluntariamente a pessoa que não formou a sua vontade de *"maneira esclarecida, assente em bases corretas, e livre*[329]*"*, sem qualquer tipo de deformações, sobretudo se ignora os reais efeitos da sua atuação.

Estamos cientes de que o intuito do legislador, com a inclusão desta possibilidade de pagamento voluntário, atendendo a todos os seus contornos, é também o de diminuir a litigiosidade entre os obrigados fiscais faltosos e a administração tributária. Por muito relevante que seja este desígnio, não pode este ser alcançado a qualquer custo, muito menos por uma via que, quanto a nós, colide com o direito à informação dos infratores em sede contraordenacional tributária.

E não se diga que a mera comunicação, no texto da notificação, do conteúdo normativo do nº 2 do artigo 79º do RGIT[330] é suficiente para que se possa seguramente concluir de que o infrator fica ciente de que, ao pagar voluntariamente a coima, perde interesse em agir jurisdicionalmente contra o ato administrativo sancionatório, pois que a alternatividade entre o pagamento e a interposição de *recurso* (impugnação) surge logo a seguir ao prazo de 20 dias, referente ao pagamento não coercivo da coima, na sua totalidade, e não concretamente ao regime do pagamento voluntário da coima.

Não podemos olvidar-nos de que estamos aqui perante a assunção da prática de ilícito contraordenacional e de uma verdadeira renúncia a um direito constitucionalmente protegido[331]. Por isso, insistimos que essa renúncia, ainda para mais operada de forma tácita (recorde-se que não é necessário que o infrator declare que quer pagar voluntariamente e aceitar todos os efeitos dele decorrentes, bastando que proceda ao pagamento voluntário da coima para se ver automatica-

[329] Fazendo um paralelo com a doutrina civilista, veja-se HEINRICH EWALD HÖRSTER, *A Parte Geral Do Código Civil Português, Teoria Geral Do Direito Civil (6ª Reimpressão)*, ed. Almedina (Coimbra, 2012), p. 567.

[330] Recorde-se que o nº 2 do artigo 79º do RGIT refere: *"A notificação da decisão que aplicou a coima contém, além dos termos da decisão e do montante das custas, a advertência expressa de que, no prazo de 20 dias, o infrator deve efetuar o pagamento ou recorrer judicialmente* (sublinhado nosso)"

[331] *Cfr.* nº 10 do artigo 32º da CRP.

mente desprovido de interesse em agir), só pode ser, do ponto de vista jurídico válida, se efetivamente consciente e cremos que, neste momento, tal não sucede na prática. A ser assim, então, esta solução é necessariamente de censurar.

É justamente no seguimento destas conclusões, assim como das que empreendemos relativamente ao pagamento antecipado da coima, que discordamos da terminologia adotada por Isabel Marques da Silva, que se refere à globalidade dos instrumentos legais que permitem a redução da coima como *"mecanismos premiais aptos a favorecer o ressarcimento do dano resultante da infração tributária"*. Apelidar estas faculdades previstas no RGIT de *"mecanismos premiais"*, no sentido de fazerem repercutir na esfera jurídica do infrator um benefício, um prémio ou uma vantagem, traz subjacente um juízo de valor que pode não se concretizar efetivamente na prática.

De facto, em termos relativos, a submissão do infrator a estes instrumentos fará repercutir, no montante da coima, uma redução e, nesse sentido, este sairá beneficiado. Porém, como é possível vislumbrar-se a partir do que ficou aqui dito relativamente ao pagamento antecipado da coima e ao regime atinente ao pagamento voluntário desta, pode o infrator, iludido pela ideia de que pagará um valor da coima mais reduzido, estar a assumir a prática do ilícito e, com isso, prescindir do direito à defesa (no caso do pagamento antecipado) e, no que particularmente concerne ao pagamento voluntário, ao direito de impugnar a decisão de aplicação da coima. Perante as consequências que podem efetivamente resultar da submissão a estes dois instrumentos legais, entendemos que esta ideia de benefício é meramente eventual, sendo por isso preferível designá-los por aquilo que efetivamente eles são, sem ajuizarmos, de um modo antecipado, as vantagens ou desvantagens que estes instrumentos concretamente acarretam ou possam vir a acarretar.

Em qualquer dos casos, não podemos deixar de frisar que deveria partir do texto legal a obrigação de, no corpo das respetivas notificações – quer na notificação para o exercício do direito de defesa, no caso do pagamento antecipado, quer na notificação do ato de fixação da coima, seja este entendido como um ato interlocutório, ou como o ato final de aplicação da sanção contraordenacional, no que tange ao pagamento voluntário –, serem comunicados ao infrator todos os efeitos da opção por estes regimes, e não apenas os que se reportam à redução do montante da coima.

Cremos que tal resulta, inclusivamente, de um imperativo constitucional, diretamente conexionado com a ideia de proteção da confiança. A mais autorizada doutrina constitucional[332] indica-nos que a proteção da confiança dos cidadãos se encontra umbilicalmente ligada a uma componente subjetiva de segurança, desde logo no que tange à capacidade de o destinatário dos atos de poder público conseguir prever e calcular os efeitos jurídicos que da materialização destes podem resultar. Assim, é de exigir ao Estado – e desde logo ao Estado-legislador – que os normativos sejam construídos e redigidos de forma a que um eventual destinatário dos mesmos consiga, com alguma previsibilidade, compreender os efeitos da sua aplicação relativamente aos seus direitos, posições ou relações jurídicas. As normas jurídicas devem, então, ser claras e o seu conteúdo determinável, o que implica, desde logo, que elas sejam dotadas da necessária densidade, sobretudo no que concerne aos pontos-chave da sua disciplina jurídica, facilitando a sua aplicação pelo órgão com competência para tal, mas sobretudo munindo o destinatário normativo do adequado conhecimento relativamente aos seus efeitos[333]: é fundamentalmente nestes termos que se estrutura o *princípio da precisão ou determinabilidade das normas jurídicas*, não raras vezes esquecido, como temos vindo a constatar, no Regime Geral das Infrações Tributárias.

[332] Para melhores desenvolvimentos relativamente ao princípio geral da segurança jurídica, desde logo na sua feição de princípio da precisão ou determinabilidade das normas jurídicas, veja-se J.J. Gomes Canotilho, *Direito Constitucional E Teoria Da Constituição*, ed. Almedina, 5ª (Coimbra, 2002), pp. 257 a 264.

[333] Neste sentido, veja-se Joaquim Freitas Rocha, "Direito Pós-Moderno, Patologias Normativas E Protecção Da Confiança," in *Revista Da Faculdade de Direito Da Universidade Do Porto, Ano VII*, ed. Faculdade de Direito da Universidade do Porto (Porto, 2010), pp. 384 a 388, e ainda 401 a 402.

Assim sendo, entendemos que estando aqui em causa, mais do que a possibilidade de obtenção de uma vantagem ao nível sancionatório, por via da redução da coima, a perda do interesse em agir através da impugnação do ato administrativo lesivo, seria, em primeiro lugar, exigível que as normas do RGIT versantes sobre este instrumento legal fossem dotadas de maior clareza e transparência, para que, em segundo, num estádio posterior, fosse cumprido de forma efetiva o direito à informação dos infratores e, nesse sentido, que se os alertasse devidamente para todos os efeitos resultantes do pagamento voluntario da coima (e não apenas dos que resultam tendencialmente benéficos, como tem vindo a suceder).

8. Da possibilidade do proferimento de uma admoestação (artigo 51º do RGCO)

A pena de admoestação constitui, no âmbito do Direito Penal, uma pena de substituição que, em razão de tal qualificação, pode ser caraterizada como tendo um caráter não institucional ou não detentivo. Nos termos do nº 4 do artigo 60º do Código Penal, a admoestação consiste numa *"solene censura oral feita ao agente, em audiência, pelo tribunal"*.

Como relembra JORGE FIGUEIREDO DIAS, já no Código Penal de 1852 era consagrada uma figura homóloga à admoestação, ainda que designada de *repreensão*[334]. Na verdade, o propósito do proferimento da admoestação acaba por ser o de, precisamente, se repreender (apesar de ser mais consentâneo com o espírito do nosso CP a adoção do conceito de *censura* do que propriamente o de repreensão) o agente pela prática de um ilícito que, dadas as circunstâncias em que fora perpetrado, não carece de uma punição mais severa e aflitiva do que essa mesma censura oral, em sede de audiência.

[334] *Cfr.* JORGE DE FIGUEIREDO DIAS, *Direito Penal Português (Parte Geral – Tomo II) – As Consequências Jurídicas Do Crime, 2ª Reimpressão*, ed. Coimbra Editora (Coimbra, 2009), pp. 384 e 385.

No domínio jurídico-penal, a admoestação não pode ser proferida antes de transitada em julgado a sentença condenatória que a manda aplicar[335-336].

Este não é, como se compreende, o lugar próprio para se adensarem os pressupostos que a lei penal exige que se tenham por verificados para que possa ser aplicada uma pena de admoestação. A doutrina penalista tem já desenvolvido, em sede própria, esta problemática[337], bastando, quanto a nós, referir, em todo o caso, que a possibilidade da sua aplicação está adstrita somente aos casos em que ao agente deva ser aplicada pena de multa em medida não superior a 240 dias, se o dano – tal como sucede no caso da dispensa da pena criminal – houver sido previamente reparado e desde que se conclua que, da sua aplicação, resulta uma adequada e suficiente realização das finalidades preventivas da punição. Adicionalmente, há que atender ao facto de estar vedada ao julgador a possibilidade (FIGUEIREDO DIAS prefere – e a nosso ver, bem – considerá-la um *poder-dever*, mais do que uma faculdade[338]) de proferir uma admoestação quando o agente, nos três anos anteriores à prática do facto, tiver sido con-

[335] *V.*, nº 1 do artigo 497º do CPP.

[336] Como refere MÁRIO FERREIRA MONTE, contrariando aquele que é o regime geral, o Regime Jurídico do Consumo de Estupefacientes acaba por acolher, quanto à possibilidade de proferir uma admoestação, uma solução muito semelhante à do Direito Penal: além de esta ser proferida oralmente e não por escrito, é executada somente quando a decisão que a aplicar se torne definitiva, podendo, contudo, ser proferida de imediato se o consumidor renunciar à interposição de *recurso*, nos termos dos (respetivamente) números 2, 3 e 4 do artigo 18º do Decreto-lei nº 30/2000, de 29 de novembro. *Vide*, MÁRIO FERREIRA MONTE, “Para Lá Da Coima: As Sanções Substitutivas Do Regime Jurídico Das Contraordenações,” *Scientia Ivridica – Tomo LXVI, Nº 344* (Braga, 2017), pp. 273 e 274.

[337] Para uma melhor caraterização da admoestação, atente-se GERMANO MARQUES DA SILVA, *Direito Penal Português, Volume III (Parte Geral. Teoria Das Penas E Das Medidas de Segurança)*, ed. Verbo (Lisboa, 1999), p. 86 e, ainda, FERNANDO CONDE MONTEIRO, *Consequências Jurídicopenais Do Crime*, ed. ELSA UMINHO (Braga, 2015), pp. 110 e 111, relativamente à sua aplicação a pessoas singulares, e pp. 111 e 112, no que tange à sua aplicação a pessoas coletivas ou entidades equiparadas.

[338] Neste sentido, veja-se, do autor, *Direito Penal Português (Parte Geral – Tomo II) – As Consequências Jurídicas Do Crime, 2ª Reimpressão, cit.*, p. 388.

denado em qualquer pena, incluída a de admoestação, havendo aqui uma clara valorização da tendencial excecionalidade do comportamento desconforme com o ordenamento jurídico-penal por parte daquele.

8.3. A admoestação no âmbito do Direito Contraordenacional

A possibilidade de proferir admoestação em sede de procedimento e de processo contraordenacional tributário resulta da conjugação da norma da al. b) do artigo 3º do RGIT com o artigo 51º do RGCO.

Importa tecer algumas considerações acerca da figura da admoestação no âmbito do Direito das Contraordenações, dado que esta se distingue da figura homóloga em sede jurídico-penal.

Em primeiro lugar, contrariamente ao que sucede, como vimos, no Direito Penal, no domínio contraordenacional a admoestação não é proferida oralmente, mas antes por escrito[339]. Por outro lado, no âmbito do Direito das Contraordenações, a admoestação pode ser proferida, tanto em sede procedimental, pela entidade administrativa competente para a aplicação da coima, como pelo tribunal, na sequência da impugnação do ato administrativo decisório.

Há doutrina que entende que o artigo 51º do RGCO, por estar enquadrado no seu capítulo III, que se refere à "aplicação da coima pelas autoridades administrativas", implica uma interpretação segundo a qual a admoestação proferida por escrito está circunscrita às situações em que esse proferimento é feito em sede procedimental, defendendo que se a aplicação da admoestação for decidida por um tribunal, deve esta ser proferida oralmente[340], por via da conjugação das normas do artigo 32º do RGCO, do artigo 60º do CP e do artigo 497º do CPP.

Quanto a nós, parece-nos não haver necessidade de o intérprete se socorrer do regime jus-penalista para dar resposta a esta questão. Do mesmo modo que os tribunais superiores têm sufragado o enten-

[339] *Cfr.*, nº 2 do artigo 51º do RGCO.

[340] Neste sentido, veja-se JORGE LOPES DE SOUSA e MANUEL SIMAS SANTOS, *Regime Geral Das Infrações Tributárias Anotado, cit.*, pp. 321 e 322.

dimento segundo o qual "*pese embora a inserção sistemática do preceito em causa no Capítulo III, do RGCO – "Da aplicação da coima pelas autoridades administrativas", é de entender que a referência a "entidade competente", usada na* redação *do referido normativo, leva a que a admoestação possa ser aplicada, quer na fase administrativa, quer na fase judicial, ou seja, na fase de recurso judicial da decisão administrativa*[341]", não vemos por que razão se deva considerar que o mesmo raciocínio não possa ser feito relativamente ao nº 2 do artigo 51º do RGCO, no sentido de a admoestação ser proferida por escrito, também quando seja um tribunal, e não uma entidade administrativa, a fazê-lo[342].

Também no domínio do Direito das Contraordenações Tributárias, podem encontrar-se decisões jurisprudenciais, desde logo do Supremo Tribunal Administrativo, que seguem justamente o sentido que aqui defendemos, admoestando, em sede jurisdicional, por via de

[341] Vejam-se os Acórdãos do Tribunal da Relação de Coimbra, de 30-04-2014, Processo nº 469/13.3TBCDN.C1, e de de 27-02-2013, com o Processo nº 984/12.6TBTNV.C1, ambos relatados por José Eduardo Martins.

[342] Neste sentido, veja-se o Acórdão do Tribunal da Relação de Lisboa, de 10-02-2004, Processo nº 10664/2003-5, relatado por Pulido Garcia. Entendeu também assim a juíza da 3ª secção do 1º Juízo de Pequena Instância Criminal de Lisboa – despacho alvo de recurso pelo Ministério Público e não admitido pelo Tribunal da Relação de Lisboa –, com base num conjunto de considerações que, por nos parecerem acertadas, passamos a citar: "*Nos termos do art. 51º, nº 2 do Decreto-Lei nº 433/82, de 27-10 (Lei Quadro das Contra Ordenações), a sanção de admoestação é aplicada, melhor dizendo, é proferida por escrito. Nas palavras do Exmo. Juiz António Beça Pereira, na sua conhecida obra e em anotação ao referido art. 51º, «A admoestação, no processo contra-ordenacional, é proferida por escrito». Com efeito, o diploma regulador do processo de contra-ordenação contém esta norma específica, relativa à sanção de admoestação, não se tornando necessário recorrer ao Código Penal, enquanto direito subsidiário [sublinhado nosso]. Aliás, faz todo o sentido que no processo contra-ordenacional a admoestação seja proferida por escrito. Na verdade, neste tipo de processo, o Juiz pode decidir o caso mediante simples despacho, ou seja, sem a realização de audiência de julgamento. Ora, não faria qualquer sentido conceder a faculdade legal de decidir o processo através de um despacho escrito, sem recurso a uma audiência de julgamento, com todas as inerentes vantagens de celeridade e de disponibilidade para outros processos, e, depois, obrigar o arguido/recorrente a vir a Tribunal para ser admoestado. No nosso entendimento, para além de incongruente, tal representaria uma violação do princípio da economia processual, traduzido na prática de um acto inútil.*". Para melhores desenvolvimentos, veja-se o Acórdão do Tribunal da Relação de Lisboa, de 14-01-2004, com o Processo nº 8978/2003-3, relatado por Carlos Almeida.

uma censura reduzida a escrito e a partir da aplicação direta do artigo 51º do RGCO, sem necessidade de intermediação do artigo 60º do CP[343].

Isso não invalida, a nosso ver, que se qualifique a admoestação como uma verdadeira sanção e não como *"uma mera advertência com dispensa da coima"*[344]. Entendemos que a admoestação implica, em termos gradativos, que se dirija ao agente uma censura[345] superior àquela que é exigível quando se aplica uma dispensa de coima, pois o grau de ilicitude da conduta e de culpa do agente, sendo reduzidos, não o são o suficiente para que a dispensa da coima sirva todas as finalidades punitivas que o caso concreto convoca.

8.4. A admoestação como sanção substitutiva da coima no Direito Contraordenacional Tributário

A admoestação, enquanto sanção substitutiva da coima, tem um papel muito caraterístico no domínio contraordenacional tributário. Como já fomos de referir, a possibilidade de se proferir admoestação, em sede procedimental ou processual, no âmbito do Direito das Contraordenações Tributárias, surge pela aplicação do artigo 51º do RGCO, subsidiariamente aplicável por via da al. b) do artigo 3º do RGIT. Isto significa, então, que a admoestação poderá ser proferida naqueles casos em que *"a reduzida gravidade da infração e da culpa do agente o justifiquem"*. Verifica-se, assim, uma maior maleabilidade dos seus pressupostos aplicativos do que aquela que se vislumbra, como já vimos, relativamente à aplicação da dispensa da coima e da atenuação especial desta, nos termos previstos no RGIT.

E é justamente com base num juízo comparativo entre os regimes da dispensa da coima e da sua atenuação especial (previstos, respetivamente, nos números 1 e 2 do artigo 32º do RGIT) e a pos-

[343] *Cfr.*, o Acórdão do Supremo Tribunal Administrativo, de 13-10-2010, Processo nº 0670/10, que teve como relatora Isabel Marques da Silva.

[344] *Vide*, António de Oliveira Mendes e José dos Santos Cabral, *Notas Ao Regime Geral Das Contra-Ordenações*, ed. Almedina, 3ª (Coimbra, 2009), pp. 173 e 174.

[345] Em sentido semelhante, veja-se José Lobo Moutinho, *Direito Das Contra-Ordenações: Ensinar E Investigar*, ed. Univerisidade Católica (Lisboa, 2008), p. 37.

sibilidade de se admoestar o infrator que *supra* consideramos que a admoestação assume um papel especialmente caraterístico no domínio contraordenacional tributário. Esta sanção substitutiva da coima tem servido de *válvula de escape* para aquelas situações em que, dado o entendimento (restritivo) maioritariamente empreendido pela doutrina e pela jurisprudência relativamente ao conceito de *"prejuízo efetivo"*, não é possível proceder-se à dispensa da coima, entendendo-se que o grau de censura que deve ser dirigido ao infrator não é mínimo o suficiente para que esta seja aplicada, não sendo, contudo, consentâneo com o espírito do sistema, aplicar-lhe uma coima especialmente atenuada, dado esta se revelar, ainda assim, demasiado elevada, atendendo à ilicitude reduzida da conduta e à culpa especialmente diminuta do infrator[346].

Não raras vezes, acontece que o infrator procede à regularização da situação tributária num prazo muito curto relativamente ao momento do incumprimento da obrigação, obtendo um benefício económico efetivamente diminuto (por vezes, até nulo), entendendo-se que o prejuízo efetivo para a receita tributária decorrente da prática do ilícito, expresso monetariamente, é consideravelmente muito reduzido.

Tratando-se de contraordenações que, na sua base, hajam implicado o incumprimento da obrigação tributária principal de natureza pecuniária, fica afastada a possibilidade de se dispensar o infrator da

[346] Há, contudo, autorizada doutrina a discordar prontamente deste entendimento. Veja-se, a título de exemplo, Germano Marques da Silva, "Princípios Gerais Em Matéria de Contraordenações Tributárias," in *Contraordenações Tributárias (Ebook Do CEJ – Coleção Formação Contínua)*, ed. Centro de Estudos Judiciários (Lisboa, 2016)., que refere: *"No que se refere à aplicabilidade da admoestação às infracções contraordenacionais tributárias, recordemos que a admoestação é uma pena de substituição de uma pena concreta de multa, prevista no art. 60º do Código Penal, embora não assim no âmbito do Regime Geral das Contraordenações que constitui uma sanção autónoma (art. 51º do RGCO). A admoestação não está prevista como sanção das contraordenações tributárias. E como sanção que é não me parece possa ser aplicada por aplicação subsidiária do art. 51º do RGCO sem violação do princípio da legalidade. Acresce que o regime de dispensa da pena é muito amplo e generoso não se justificando o regime da admoestação. Tenho algumas dúvidas nesta solução"*. Esta posição, da qual discordamos, tem sido contrariada pela jurisprudência do Supremo Tribunal Administrativo.

coima, atendendo ao facto de não se ter por verificado o requisito aplicativo constante da al. a) do nº 1, do artigo 32º do RGIT.

Tendo já por afastada a possibilidade de se requerer o exercício do direito à redução do artigo 29º do RGIT que, como vimos, tem lugar antes de ter sido levantado auto de notícia, recebida participação ou denúncia, ou iniciado procedimento de inspeção tributária, a única hipótese que o aplicador normativo teria, por forma a salvaguardar a aplicação de uma coima cuja graduação satisfizesse, do modo mais aproximado possível, os elementos a que refere o nº 1 do artigo 27º do RGIT, seria a atenuar especialmente a coima.

Sucede, porém, que a moldura especialmente atenuada está subordinada aos critérios legais previstos no nº 3 do artigo 18º do RGCO, que determina que os limites mínimos e máximos da moldura normalmente prevista para a contraordenação perpetrada sejam reduzidos para metade.

O que fazer, então, quando a coima fixada no limite mínimo da moldura especialmente atenuada continue, mesmo assim, a violar os princípios da culpa e da proporcionalidade que devem assistir à aplicação da sanção?

O Supremo Tribunal Administrativo tem entendido que, perante situações em que atendendo "[a]*os factos que circundam o (...) processo de contra-ordenação* [sic], *a aplicação de uma coima com base no mínimo legal estabelecido no artigo 18º, nº 3, do RGCO,* [se venha a] *revelar (...) manifestamente desproporcional, inadequada e injusta, para punir esse comportamento em concreto*", a opção mais consentânea com a principiologia que baseia todo o Direito Sancionatório Público será proferir uma admoestação[347].

[347] A título exemplificativo, vejam-se alguns acórdãos muito expressivos destas situações, que constituem verdadeiros dilemas para os aplicadores normativos:
– O Acórdão do STA, de 13-10-2010, Processo nº 067/10, relatado por Isabel Marques da Silva, em que se concluiu dizendo *"Não descortinamos justificação convincente para que em face de uma culpa reconhecidamente diminuta, um atraso na entrega da prestação tão pouco expressivo (dois dias úteis) e um prejuízo à receita tributária tão pouco relevante, se possa entender como adequada ao grau de ilicitude e culpa do agente uma coima mínima* [resultante da aplicação do nº 3 do artigo 18º do RGCO] *de € 9.686,05."*;

Nestas situações limite, entende-se que a aplicação da coima que resulta do limite mínimo da moldura especialmente atenuada violaria ostensivamente a medida da culpa, o que estaria em profundo desacordo com o preceituado no nº 2 do artigo 40º do CP, aplicável (também) às contraordenações tributárias, por via da conjugação das normas do artigo 32º do RGCO a da al. b) do artigo 3º do RGIT.

Há, contudo, quem se oponha a esta solução e procure formas alternativas de resolver este problema. É o caso de JOÃO MATOS VIANA que, num comentário de jurisprudência versante, justamente, sobre um dos Acórdãos do STA, por nós já referenciado[348], em que se opta por proferir uma admoestação em detrimento de atenuar especialmente a coima, vem apontar algumas dificuldades na solução atinente ao proferimento da admoestação, apresentando depois um caminho diferente.

– O Acórdão do STA, de 03-04-2013, com o nº de processo 05/13, que teve como relator Valente Torrão, em cujo texto se diz *"(...) no caso concreto, merecendo o comportamento da recorrente censura, a coima que lhe foi aplicada – 2.798,45 euros* [limite mínimo da moldura especialmente atenuada] *– é manifestamente desproporcionada tendo em conta o atraso de apenas alguns dias na entrega do imposto retido e considerando ainda o pagamento de juros pelo atraso. (...) atendendo ao diminuto grau de culpa, ao curto tempo que mediou entre o prazo legal de cumprimento de obrigação e a sua satisfação pela recorrente, bem como ao facto de ter pago os juros e tudo isto antes do levantamento do processo de contra-ordenação* [a recorrente não havia podido beneficiar da redução da coima, nos termos do artigo 29º do RGIT, pois não apresentou pedido para o efeito], *entendemos ser suficiente a admoestação da recorrente pelo seu comportamento"*.

– O Acórdão do STA, de 25-10-2017, Processo nº 0371/17, relatado por Aragão Seia, no qual é referido que *"Do registo da linha temporal dos acontecimentos relevantes para o caso dos autos, levada ao probatório, resulta que o período em que o pagamento do imposto devido esteve em falta ocorreu entre 17.11 e 05.12 de 2014, tendo sido a própria recorrida a aperceber-se de que não havia efectuado correctamente o pagamento do imposto em 17.11. Sendo que tal falta originou o pagamento de juros "prejuízo" em valor inferior a 80€, não se tendo provado que o atraso do pagamento da quantia correctamente calculada tenha de algum modo beneficiado a recorrida durante aquele período de cerca de 20 dias. (...) Temos, assim, que concluir que a sanção adequada à infracção cometida pela recorrida é a da admoestação"*.

[348] *Vide*, JOÃO MATOS VIANA, "Contra-Ordenação Por Falta de Entrega Da Prestação Tributária: Coima a Determinar Por Referência a Percentagem Da Prestação Devida. Seu Limite Minimo E Sua Atenuação Especial – Comentário Ao Acórdão de 13.10.2010 Do Supremo Tribunal Administrativo.", *cit.*, pp. 311 e ss.

A primeira dificuldade antevista pelo autor tem que ver com as já aludidas diferenças entre a admoestação penal e a admoestação contraordenacional, considerando que a primeira é uma verdadeira pena de substituição, desde logo por ser recorrível e por ter efeitos penais ao nível da reincidência e registo criminal, o que obviamente não sucede (e bem) no caso da segunda. Dá a entender, posteriormente, que adere à ideia defendida por uma franja da doutrina, no sentido de considerar a admoestação contraordenacional uma dispensa da coima de segunda linha, por ambas terem como pressuposto a culpa diminuta do agente. Mais diz o autor que fica a ideia de que a possibilidade de se proferir uma admoestação no caso de a atenuação especial se revelar violadora da medida da culpa, cria nos destinatários dos deveres tributários a sensação da existência de uma *"zona livre de coima"*, saindo prejudicadas as finalidades preventivas associadas à aplicação de uma sanção. Acaba, depois, por acrescentar que um tal modo de ver as coisas acabaria por prejudicar a eficácia do direito à redução das coimas, previsto nos artigos 29º e 30º do RGIT, que, seguindo a lógica deste autor, desmotivaria os obrigados tributários faltosos a socorrer-se desta figura, na expectativa de virem a ser admoestados.

A solução avançada por JOÃO MATOS VIANA vai no sentido de se proceder a uma aplicação da norma prevista no nº 1 do artigo 31º do RGIT, que contém uma regra aplicável somente ao regime do direito à redução das coimas, no caso em que a coima varia em função da prestação tributária, não sendo, por isso, possível atender-se aos percentuais previstos no nº 1 do artigo 29º do RGIT (para se proceder ao cálculo da redução nesses termos é necessário saber-se qual o valor do montante mínimo da moldura abstratamente aplicável à contraordenação). Diz-nos, então, o artigo 31º, nº 1 que, perante tais situações, é considerado montante mínimo, para aqueles efeitos, *"10% ou 20% da prestação tributária devida, conforme a infração tiver sido praticada, respectivamente, por pessoa singular ou coletiva"*. O autor considera que este é o *"limite mínimo privilegiado da coima"* e que deve ser o limite considerado para efeitos da aplicação do artigo nº 3 do artigo 18º do RGCO.

Assim, no seu entender, seria de atenuar especialmente a coima, com base nos artigos 32º, nº 2 do RGIT e 18º, nº 3 do RGCO, reduzindo-se para metade os limites mínimos e máximos da coima, sendo o limite mínimo a considerar o que consta do nº 1 do artigo 31º do RGIT, afastando-se o proferimento de admoestações, exceto naqueles casos em que, mesmo assim, a coima continuasse a revelar-se desproporcional face à culpa do infrator.

Em primeiro lugar, entendemos que não é correto o juízo formulado pela doutrina no sentido de considerar a admoestação uma sanção equivalente à dispensa da coima. Nem a dispensa da coima, nem o proferimento da admoestação equivalem, como relembra o STA, a uma absolvição[349]. Partindo desta ideia, julgamos ser relativamente mais fácil entender-se que a admoestação, comparada com a dispensa da coima, acaba por revelar um claro sinal por parte do ordenamento jurídico de que o infrator carece de um superior grau de censura, pois numa há efetivamente uma materialização escrita desta, ao passo que na outra não. O facto de não haver lugar a efeitos jurídico-penais em termos de reincidência e registo é, não só natural, pois estamos a falar no domínio jurídico-contraordenacional e não criminal, como de salutar. Apesar de não haver um regime de reincidência no âmbito do Regime Geral das Contraordenações, nem do Regime Geral das Infrações Tributárias[350], a verdade é que os tribunais têm vindo a valorar, com base no artigo 27º do RGIT, o facto de o infrator praticar, de forma reiterada, contraordenações tributárias, no momento de determinar a medida concreta da coima.

Em segundo lugar, não entendemos que se possa considerar a possibilidade de proferir uma admoestação em situações como a que

[349] *Cfr.*, Acórdão do Supremo Tribunal Administrativo, de 03-04-2013, com o nº de Processo 05/13, relatado por Valente Torrão

[350] Relembramos, contudo, que o Direito das Contraordenações não é totalmente alheio ao regime da reincidência que, pese embora não esteja contemplado, como dissemos, no RGCO, nem no RGIT, ele surge em alguns diplomas de regulamentação sectorial no domínio contraordenacional, sendo um exemplo paradigmático o das contraordenações rodoviárias, que expressamente o preveem no artigo 143º do Código da Estrada.

referenciamos (e como a que vem vertida no Acórdão comentado pelo autor) como uma *"zona livre de coima"*, sem mais. Se não há lugar à aplicação da coima e se se entende por suficiente para a satisfação das necessidades preventivas associadas à prática da contraordenação o proferimento da admoestação, é sinal de que (e parece-nos que tal resulta claro da leitura deste e de outros acórdãos, por nós já referenciados, que seguem este caminho) o infrator atuou, desde o momento em que foi instaurado o procedimento contraordenacional tributário, imperativamente de forma concordante com o ordenamento jurídico, colaborando em tudo quanto lhe era possível com a administração tributária. Querer acoimá-lo a todo o custo é que nos parece ser uma subversão do sistema.

Por outro lado, quanto à solução apresentada por João Matos Viana, pese embora compreendamos as inquietações que o levam a sufragar tal proposta, parece-nos assentar numa interpretação altamente extensiva da lei.

O direito à redução da coima está pensado para situações em que o infrator tem plena consciência da prática da contraordenação e que, além da redução mais vantajosa no montante da sanção contraordenacional de natureza pecuniária, pretende não ter de se sujeitar aos trâmites normais do procedimento contraordenacional tributário – que, recorde-se, nestas situações, não chega sequer a ter o seu início. Daí que as normas dos artigos 29º e 30º do RGIT (e, claramente, para as situações como a que consta neste Acórdão, também o artigo 31º) sejam de aplicação muito circunscrita, pois, em bem da verdade, elas não pertencem sequer ao bloco normativo que serve o procedimento contraordenacional tributário em geral, mas a um procedimento sancionatório *sui generis*: o *procedimento de redução de coima*. Por este motivo, e também pelo facto de o proferimento de uma admoestação em detrimento da atenuação especial da coima, em situações como a que se encontrava em discussão no Acórdão comentado, exigir que se tenha por preenchido um apertado núcleo de pressupostos, que tornam esta solução excecional, entendemos que não será por aqui que os infratores se sentirão de modo algum desincentivados a submeter-se ao regime do exercício do direito à redução de coimas.

Sufragar a ideia de que, na lógica do nº 3 do artigo 18º do RGCO, à revelia de todo o sistema, se poderia considerar como limite mínimo da moldura aquele que consta do nº 1 do artigo 31º do RGIT, quando não se está sequer perante um procedimento de redução de coima, mas já no processo contraordenacional, parece-nos querer, a todo o custo, afastar a possibilidade de se proferir (recorde-se, proferir de forma absolutamente legítima e com base legais sólidas, pois é o próprio legislador que abre essa hipótese na al. b) do artigo 3º do RGIT) uma admoestação.

Por vezes, a solução que melhor serve os princípios jurídico-sancionatórios e até mesmo as finalidades inerentes à aplicação das sanções contraordenacionais – o que traz já subjacente um juízo relativo à conduta do infrator, quer no momento da prática da contraordenação, quer já no procedimento contraordenacional tributário, que se conclui transparecer uma culpa muito reduzida –, passa por não ser aplicada uma coima, mas antes uma sanção diversa desta[351]. Entendemos, por isso, que tem andando bem o STA quando, em situações análogas à vertida no Acórdão datado de 13 de outubro de 2010, opta por admoestar, em detrimento de atenuar especialmente a coima.

8.5. Impugnabilidade da sanção de admoestação no Direito Contraordenacional Tributário

Para finalizar esta breve incursão pelo regime da admoestação contraordenacional, cumpre-nos agora empreender uma brevíssima análise em torno da sua impugnabilidade.

[351] Neste sentido, veja-se o Acórdão do Tribunal da Relação de Évora, de 11-11-2010, com o nº de Processo 1955/09.5TASTB.E1, relatado por Carlos Berguete Coelho, em que se pode ler: "*Não obstante, a admoestação, tal como a recorrente invoca, envolver um juízo negativo da sua conduta, como resposta à infração praticada, ela distingue-se plenamente da coima, sendo até, pelo menos curioso, que o art. 51º, nº 1, utilize a expressão «infração» e não «contra-ordenação», contrariamente ao que é feito, em geral no diploma, quando se alude à coima, desde logo, no referido art. 1º do RGCO. Apresentando-se como adequada a situações em que a gravidade da infração e a culpa do agente sejam reduzidas, denota-se o seu carácter relativamente excecional, como que constituindo uma válvula de escape e de segurança do sistema, própria a acolher à desproporção que exista entre a infração e a culpa em concreto e a coima aplicável, revelando-se a coima como desnecessária [sublinhado nosso]*".

Entendeu a doutrina e alguma jurisprudência[352] considerar que, com base no nº 2 do artigo 51º do RGCO[353], a *"admoestação não dá origem a uma decisão condenatória impugnável*[354]*"*, atendendo ao teor literal da norma do nº 1 do artigo 59º, que cabalmente indica que *"a decisão da autoridade administrativa que aplica uma coima* [sublinhado nosso] *é suscetível de impugnação judicial"*.

Não obstante, tem vindo a ser firmado o entendimento contrário, seguido sobretudo pelos Tribunais da Relação.

Passemos, então, a analisar os fundamentos com base nos quais surge este entendimento de que o proferimento de uma admoestação pela entidade administrativa, em sede procedimental, é, afinal, impugnável, para que possamos, depois, tomar uma opção relativamente a uma das posições.

A decisão que, de um modo mais arreigado, veio firmar este entendimento partiu do Tribunal da Relação de Lisboa[355], o qual foi posteriormente seguido, com uma ou outra *nuance*, por outros tribunais. O argumento que, enfim, sustenta todo o entender do tribunal é o da unidade do sistema jurídico, o qual obrigará a que se interprete a norma do nº 1 do artigo 59º do RGCO em termos mais amplos – mas também mais consentâneos com o espírito do sistema – do que aquele que é efetivamente colhido no texto que, como se viu, parece só admitir a impugnação do ato decisório que aplique uma coima ao infrator.

Em primeiro lugar, refere o tribunal que, atendendo ao facto de o Direito Penal e Processual Penal constituírem Direito subsidiário do Regime Geral das Contraordenações, então deve entender-se que os infratores estarão abrangidos pelos direitos e garantias constitu-

[352] A título exemplificativo, veja-se o Acórdão do Supremo Tribunal de Justiça, de 08-11-2012, Processo nº 92/12.0YFLSB, relatado por Manuel Braz.

[353] Refere a norma do nº 2 do artigo 51º do RGCO que *"a admoestação é proferida por escrito, não podendo o facto voltar a ser apreciado como contra-ordenação"*.

[354] *Cfr.*, António de Oliveira Mendes e José dos Santos Cabral, *Notas Ao Regime Geral Das Contra-Ordenações, cit.*, p. 173.

[355] Veja-se, então, o Acórdão do Tribunal da Relação de Lisboa, de 18-01-2007, Processo nº 9803/2006-3, que teve como relator Rodrigues Simão.

cionais que aqueles preveem. Bem sabemos que essa abrangência não é total – e isso não referiu o TRL –, mas no que concerne ao direito de recurso (nº 1 do artigo 32º da CRP), há uma previsão constitucional expressa nesse sentido, ínsita na já aludida norma do nº 10 do artigo 32º da Constituição.

Por outro lado, o artigo 55º do RGCO, no seu nº 1, prevê a possibilidade de se impugnar *"decisões, despachos e demais medidas tomadas pelas autoridades administrativas no decurso do processo* [leia-se, procedimento]*"*, entendendo que, por maioria de razão, não se vislumbra motivo para se vedar essa possibilidade relativamente ao despacho que profira, ainda que textualmente, a admoestação, tanto mais que, como refere o tribunal, *"aquela sempre envolve um juízo de censura e uma declaração de culpa, ambos com reflexos negativos evidentes (...), não só presentes, como também futuros para a «integridade...moral...» e o «...bom nome e reputação...» dos visados"*.

Em suma, no entender do tribunal, não se coaduna o direito ao acesso ao direito e à tutela jurisdicional efetiva que a decisão administrativa que comine a sanção de admoestação não seja suscetível de impugnação e que, só pelo facto de não se materializar na aplicação de uma coima, se torne definitiva[356-357].

Em sentido oposto, decidiu, porém, como se deu conta já em nota, o Supremo Tribunal de Justiça, num acórdão datado de 8 de novembro de 2012. O tribunal nega que se possa interpretar o nº 1 do artigo 59º do RGCO por forma a compreender qualquer decisão condenatória, entendendo que só lhe subjazem as decisões que apliquem uma

[356] Este sentido decisório é igualmente seguido no Acórdão do Tribunal da Relação de Évora, de 11-11-2010, por nós já referido, mas também nos Acórdãos do Tribunal da Relação de Lisboa, de 26-02-2013, Processo nº 119/12.5TBVFC.L1-5, relatado por Artur Varges, de 14-05-2013, com o nº de Processo 3/13.5TARGR.L1-5, relatado por Jorge Gonçalves, e no Acórdão do Tribunal da Relação do Porto, de 30-03-2016, Processo nº 1837/15.1YSVNG.P1, que teve como relator Jorge Langweg.

[357] O mesmo entendimento foi perfilhado numa posição de consenso dos Procuradores-Gerais Adjuntos, que se reuniram, para o efeito, na Relação de Lisboa, a 6 de outubro de 2011, como resulta público em: http://www.pgdlisboa.pt/leis/lei_mostra_articulado.php?artigo_id=166A0051&nid=166&tabela=leis&pagina=1&ficha=1&nversao=#artigo

coima. Entende, indo mais longe, que também não pode proceder-se a um juízo interpretativo de acordo com o artigo 55º do RGCO, defendendo que este se refere às *"decisões, despachos e medidas tomadas pelas autoridades administrativas no decurso do processo, nos termos do art. 55°, n° 1, do RGCO"*, acrescentando que não pode esta norma ser chamada à colação *"quando se trate de decisão, final, aplicando admoestação"*. Acrescenta que, para mais, o nº 2 do artigo 55º faz depender a impugnabilidade dos atos e decisões previstos no nº 1 da *"colisão* [destes] *com «direitos ou interesses das pessoas», alcance que se nega à decisão que profere a admoestação administrativa*[358]*"*.

Não podemos colher este entendimento, desde logo por se consagrar, no texto da decisão, de forma absoluta que do proferimento de uma admoestação contraordenacional por parte de uma entidade administrativa, não resultam quaisquer efeitos que colidam com os direitos e interesses do seu destinatário. Quanto a nós, tal equivaleria a assumir que a admoestação é equiparável a uma absolvição ou arquivamento do procedimento contraordenacional, o que francamente não corresponde à verdade. A admoestação acarreta, como bem referiu o TRL, na decisão por nós já citada, um juízo de censura e uma declaração de culpa que, só por ser diminuta, a par da ilicitude do facto, não merece uma sanção mais gravosa do que a admoestação. Tal não lhe retira, entendemos, a natureza de sanção[359].

[358] *Cfr.*, Acórdão do Supremo Tribunal de Justiça, de 08-11-2012, Processo nº 92/ /12.0YFLSB, relatado por Manuel Braz.

[359] Relembramos, a este propósito, a Recomendação nº R (91) 1, do Conselho da Europa, que se refere especificamente às sanções administrativas. Logo no preâmbulo do documento, é possível ler-se que a recomendação aqui em análise se aplica *"aos atos administrativos que imponham uma sanção (...), seja esta uma coima ou outra medida punitiva, independentemente de ter caráter pecuniário ou não"*. O princípio oitavo desta recomendação é perentório ao afirmar que *"um ato que aplique uma sanção administrativa deve ser sujeito, como requisito mínimo, ao controlo da legalidade por um tribunal independente e imparcial criado por lei"* [tradução nossa].

9. Dimensões do princípio da colaboração dos obrigados tributários faltosos no Direito Contraordenacional Tributário

Optamos por reservar o desenvolvimento de algumas considerações relativamente ao princípio da colaboração para a reta final deste trabalho por considerarmos que aquele constitui, enfim, uma das matrizes de toda a construção legislativa que está na base dos instrumentos legais que permitem a redução ou a dispensa da coima.

O princípio da colaboração no âmbito do Direito Contraordenacional Tributário assume uma dimensão distinta do princípio homólogo em sede puramente jus-tributária.

A Lei Geral Tributária consagra de forma expressa o princípio da cooperação, no seu 59º artigo. Em bem da verdade, em sede jus-tributária, a cooperação[360] surge como um *subprincípio*, pois a sua razão de ser deriva essencialmente do princípio da verdade material, que constitui um dos objetivos centrais de toda a atuação administrativo-tributária.

Só será possível proceder-se a uma tributação consentânea com os comandos jurídico-constitucionais vigentes no nosso ordenamento jurídico se, dentro do possível, se conseguir aferir das reais forças económicas dos contribuintes e, para esse efeito, a colaboração destes com a administração tributária revela-se, não raras vezes, essencial, na medida em que, seguramente, nenhuma outra pessoa ou entidade estará em melhores condições para revelar a sua capacidade contributiva do que os próprios obrigados tributários.

Por ser assim, fomos já de referir que a sujeição dos contribuintes a este dever de colaboração para com a administração tributária permitirá que a tributação, no domínio dos impostos, tenha efetivamente por base a capacidade contributiva de cada contribuinte, que se proceda ao apuramento da verdade material relativamente à situação financeira destes, mas também que se leve a cabo uma justa

[360] Pese embora haja autores que, como relembra JOAQUIM FREITAS ROCHA, apontem traços distintivos entre a ideia de "colaboração" e a de "cooperação", para este efeito – e atendendo a que uma significativa maioria da jurisprudência dos tribunais superiores encara ambos os princípios como equivalentes –, iremos trata-las como sinónimos, pedindo, nesse sentido, a benevolência dos leitores.

repartição dos encargos fiscais e se garanta a igualdade material entre os contribuintes, sem se comprometer a satisfação das necessidades financeiras do Estado.

Sem prejuízo do que fora já dito, este dever de cooperação não apresenta uma configuração unilateral, mas antes recíproca. Isso significa que também a administração tributária está obrigada a colaborar com os contribuintes e demais obrigados tributários, no sentido de os apetrechar das informações e dos esclarecimentos necessários para o bom cumprimento dos deveres que lhe assistem, assim como para o exercício e para o reconhecimento daqueles que são os seus direitos e interesses.

9.1. Colaboração enquanto *dever* ou enquanto *faculdade*

Contrariamente ao que sucede, então, no âmbito do Direito Tributário, os diplomas legais que regulam o Direito Contraordenacional Tributário não preveem expressamente uma norma que consagre o princípio da colaboração, nem dos infratores para com as entidades administrativas, nem destas relativamente àqueles[361].

Tal não significa, contudo, que este princípio não tenha manifestações, mais ou menos diretas, no âmbito do procedimento e do processo contraordenacional tributário. Simplesmente, como estamos aqui perante um ramo do Direito Sancionatório Público, que se rege por uma matriz principiológica distinta da do Direito Tributário, a configuração dos deveres de colaboração acaba por sofrer importantes desvios.

Por exemplo, no domínio jus-tributário pode falar-se num dever de colaboração em sentido próprio, dado a não cooperação dos obrigados tributários, quando legalmente exigível, fazer desencadear consequências negativas na esfera jurídica daqueles[362].

[361] Pese embora o dever de colaboração da administração pública para com os administrados decorra diretamente da Constituição da República Portuguesa, desde logo do preceituado no nº 1 do seu artigo 268º.

[362] Para um estudo enquadrado das consequências desvantajosas que podem repercutir-se na esfera jurídica dos obrigados tributários que incumpram com os deveres de

No domínio sancionatório, vigora, por sua vez, o direito ao silêncio[363]. Assim sendo, tal como no processo penal, o infrator terá direito a remeter-se ao silêncio[364], não podendo, em virtude da sua atuação silente, ser procedimental ou processualmente desfavorecido[365]. Pese embora não possa o infrator ser prejudicado por assumir uma postura menos colaborante para com as entidades administrativas que dirigem o procedimento contraordenacional tributário, tal não significa que a atitude inversa, isto é, a adoção de uma conduta de maior colaboração, não faça repercutir efeitos tendencialmente positivos na sua esfera jurídica.

Por aqui, facilmente se constata que, no âmbito do Direito Contraordenacional Tributário, não se falará num dever de colaboração dos infratores em sentido próprio, mas antes numa faculdade de colaborar.

Os instrumentos legais que permitem a redução ou a dispensa da coima refletem justamente as ideias supramencionadas, como veremos de seguida.

9.2. Manifestações do princípio da colaboração dos infratores na redução e na dispensa da coima aplicável

É seguro afirmar que a inscrição, no RGIT, do conjunto de instrumentos que possibilitam a redução ou a dispensa da coima aplicável ao infrator tem em vista fomentar a atitude colaborante deste para

colaboração que lhes são legalmente impostos, veja-se Joaquim Freitas Rocha, *Lições de Procedimento E Processo Tributário, cit.*, pp. 128 e 129.

[363] Como já referimos noutra sede, à semelhança do que acontece no processo penal, é reconhecido ao infrator, em sede contraordenacional tributária, o direito ao silêncio, por via da aplicação do artigo 61º, nº 1, al. c) e do nº 1 do artigo 343º do CPP, conjugados com os artigos 3º, al. b) do RGIT e 41º, nº 1 do RGCO.

[364] Também neste sentido, ainda que numa perspetiva mais voltada para o domínio do Direito da Concorrência, veja-se Paulo de Sousa Mendes, "O Dever de Colaboração E as Garantias de Defesa No Processo Sancionatóio Especial Por Práticas Restritivas Da Concorrência," *JULGAR, Nº 09* (Lisboa, 2009), pp. 14 a 16.

[365] Para melhores desenvolvimentos, remetemos, uma vez mais, para a obra de Mário Ferreira Monte e Flávia Noversa Loureiro, *Direito Processual Penal (Roteiro Prático), cit.*, p. 165.

com as entidades administrativas, podendo essa colaboração manifestar-se a diversos níveis.

Facilmente se entende ser esse o intuito do legislador, desde logo por se consagrar, como vimos, enquanto requisito material comum e transversal à aplicação de todos estes instrumentos a regularização da situação tributária que esteve na origem da prática da infração contraordenacional. Independentemente de a submissão a estes instrumentos estar, então, dependente de uma atuação do infrator nesse sentido (como sucede no pagamento antecipado e no pagamento voluntário e, ainda que apenas em algumas situações, por nós já assinaladas, no âmbito do exercício do direito à redução das coimas) ou de partir de uma intermediação da entidade competente para a aplicação da coima (será o caso paradigmático da dispensa e da atenuação especial da coima), o legislador condiciona essa mesma submissão à verificação de uma atitude colaborante, ora prévia, ora contemporânea àquela, no sentido de corrigir a sua conduta desconforme com o ordenamento jurídico. Esta atuação conforme ocorre, repare-se, numa fase patológica da relação jurídica tributária, entendida em termos amplos, pois já se verificou a prática do ilícito, o que significa que existe já um incumprimento. Não obstante, verificando-se uma vontade exteriorizada do infrator em corrigir a sua falta, dando cumprimento à obrigação tributária principal ou acessória outrora incumprida, está dado o sinal ao aplicador normativo no sentido de lhe dever ser, porventura, dirigida uma censura mais reduzida.

O legislador valoriza esta atuação colaborante – que, relembre-se, não cremos que se configure como um dever, mas antes como uma faculdade – de tal maneira, que gradua o peso da redução da coima consoante o momento em que aquela efetivamente se verifica.

Isto significa que, como aliás fomos referindo à medida que se desenrolava o presente trabalho, a redução da coima será, por norma, maior quanto menor for a intervenção da entidade administrativa, isto é, quanto menos avançado se tiver revelado o procedimento contraordenacional tributário. Essa é uma constatação que facilmente se retira da simples leitura dos normativos que regulam estes instrumentos, sobretudo aqueles cuja aplicação depende de uma atuação do infrator nesse sentido, pois que o direito à redução das coimas, que tem lugar numa fase *pré-procedimental*, isto é, antes mesmo do início do procedimento contraordenacional tributário, é aquele que faz reproduzir uma redução mais acentuada na sanção aplicável, seguindo-se-lhe, em termos gradativos, o pagamento antecipado, que é contemporâneo (e, segundo vimos, alternativo) do exercício do direito de defesa e, depois, o pagamento antecipado, já muito próximo do *terminus* do procedimento contraordenacional tributário.

Mas não é só por via da regularização da situação tributária que se revela manifestado o princípio da colaboração dos infratores para com as entidades competentes para a aplicação de coimas.

Não raras vezes, essa atuação colaborante transparece-se por via de uma atitude interna (posteriormente revelada) do infrator, no sentido de assumir a sua falta.

Este é um ponto pouco problemático em sede do exercício do direito à redução das coimas, pois aí há claramente lugar a uma *autodenúncia*. O infrator – que, em lugar próprio, qualificamos até de *infrator confesso* –, para exercer este direito terá, por norma, de apresentar um pedido nesse sentido. Em regra, ele autodenuncia-se justamente por se dirigir à administração, requerendo a redução da coima aplicável pela prática da contraordenação, relativamente à qual não se levantou auto de notícia, recebeu participação ou denúncia. Particularmente no caso da apresentação de um pedido de redução de coima, na sequência da verificação da prática de infração tributária no âmbito de um procedimento de inspeção tributária, passa-se algo semelhante: pese embora o conhecimento da prática do ilícito não tenha sido diretamente levada pelo infrator à entidade administrativa (e daí que a redução da coima seja, neste caso, menor do que nas situações anteriormente referidas), uma vez que é o funcionário responsável pela inspeção que a deteta, a verdade é que, para beneficiar dessa redução, quem assume a prática da contraordenação perante a entidade com competência para a aplicação da coima é o próprio infrator, aquando da apresentação do já aludido pedido.

Não tão linear é a suposta assunção da prática do ilícito contraordenacional em sede de pagamento antecipado e de pagamento voluntário de coimas. Abstraindo-nos de todos os contornos algo controversos a que fomos já fazendo referência, bem se poderia dizer que a submissão do infrator a um destes instrumentos revela, também, em certa medida, uma assunção da prática do ilícito. Em ambos os casos, o procedimento contraordenacional foi já iniciado e corre os seus termos, sendo, contudo, por iniciativa do infrator que aquele termina, uma vez que este, querendo beneficiar da redução do montante da coima, assume tacitamente, e de forma aparentemente voluntária, a prática do ilícito contraordenacional.

Entendemos, porém, que a atuação do infrator só será efetivamente colaborante na medida em que seja livre, consciente e esclarecida, quanto mais quando esta se manifesta na assunção da prática de um ilícito, acarretando consequências desfavoráveis para aquele, sem que disso este seja, na maioria das vezes, informado. A manifestação do princípio da colaboração levanta-nos, neste particular, algumas dúvidas.

É, ainda, possível denotar-se uma manifestação do princípio da cooperação dos infratores para com as entidades administrativas por via da disponibilização destes para o pagamento das coimas, ainda que em valor reduzido, dentro de prazos consideravelmente curtos, como sucede – nunca é demais lembrar – em sede do exercício do direito à redução, do pagamento antecipado da coima e do pagamento voluntário desta. Novamente, denota-se aqui mais um vetor que nos permite classificar esta atuação colaborante como uma faculdade e não como um dever: o infrator é livre de colaborar ou não com a administração no sentido de pagar a coima reduzida dentro de um prazo muito curto, sendo certo que, se não o fizer, perde o direito de obter uma vantagem, não se verificando, contudo, a produção de consequências jurídicas negativas por efeito dessa não atuação.

Como não poderia deixar de ser, importa ainda referir que esta atitude de tendente colaboração dos infratores para com a administração é valorada pela entidade competente para a aplicação da coima, seja ela a própria administração tributária, seja um tribunal, em sede de impugnação do ato sancionatório, para efeitos da aplicação do regime da atenuação especial da coima. É o que se constata, desde logo, pelo facto de ser pressuposto aplicativo desse regime que o infrator haja reconhecido a sua responsabilidade. Há quem adira a um entendimento mais restritivo daquele requisito, defendendo que este só se verifica quando o infrator assume, no procedimento contraordenacional, a responsabilidade pela prática do ilícito contraordenacional de forma incondicionada e sem reservas, embora exista já espaço para vozes, como a nossa, que entendem que esse reconhecimento pode ser aferido também quando o infrator evidencie, por via de condutas praticadas em sede procedimental, que se assume responsável pela prática do ilícito, sem que seja necessário que o faça de forma expressa e incondicionada.

Capítulo VI
Análise jus-comparatística dos instrumentos legais que permitem a redução ou a dispensa de coimas

No presente apartado, procuraremos empreender uma breve análise jus-comparatística das soluções previstas no ordenamento jurídico português, no que se refere ao estabelecimento das contraordenações em geral, mas sobretudo no que tange às contraordenações tributárias e à possibilidade da redução das sanções aplicadas em virtude da prática destas, com o ordenamento jurídico espanhol[366] e com o ordenamento jurídico italiano[367].

1. O Direito Administrativo Sancionador espanhol
1.1. Introdução

No ordenamento jurídico-espanhol, contrariamente ao que sucedeu na maioria dos ordenamentos europeus ocidentais – como é o caso

366 Consideramos essencial a tomada em consideração do ordenamento jurídico espanhol, uma vez que subsistem importantes diferenças relativamente ao entendimento da natureza do poder sancionatório da administração pública num e no outro ordenamento. Ademais, o ordenamento jurídico espanhol prevê, também, instrumentos legais que potenciam a redução das sanções administrativo-tributárias, sendo, segundo cremos, dadas aquelas diferenças, de cabal relevância sabermos em que termos esta se processa e sob que condições pode ter o seu lugar.

367 A nossa opção pela análise do ordenamento jurídico italiano reside no facto de este ser um ordenamento em que se firmam diversas formas de redução das sanções administrativas de natureza pecuniária, mas sobretudo por, no que tange especificamente à legislação sancionatória em matéria tributária, existirem soluções com contornos muito semelhantes às estabelecidas pelo legislador português.

paradigmático da Alemanha, cujas soluções inspiraram, de forma clara, os legisladores italiano e português –, o aumento da atividade estadual que se verificou na passagem do modelo de Estado liberal para o Estado social, deu lugar a um incremento *"desmesurado*[368]*"* do poder sancionatório da administração pública e não a uma hipertrofia do Direito Penal.

O marco histórico mais significativo desse crescimento foi, contudo, a entrada em vigor da Constituição Espanhola de 1978, na qual se reconheceu constitucionalmente, por via do seu 25º artigo, o poder punitivo da administração[369].

Como refere Mário Ferreira Monte[370], na vizinha Espanha, verificam-se importantes diferenças relativamente ao ordenamento jurídico português, quer ao nível da definição dos ilícitos, quer relativamente às suas classificações. Seguindo a lógica empreendida por Martín Queralt, Lozano Serrano, Casado Ollero e Tejerizo López[371], o autor refere que, no ordenamento jurídico espanhol, a distinção entre as infrações administrativas, as faltas e os delitos[372] pode ser aferida à luz do *critério da natureza orgânica* (isto é, atendendo ao órgão com competência para a prossecução do procedimento sancionatório) e a um *critério de natureza punitiva* (que respeita à concreta aplicação da sanção, à natureza ínsita à sanção em si).

[368] *Vide,* Blanca Lozano, *La Extincion de Las Sanciones Administrativas Y Tributarias,* ed. Marcial Pons (Madrid, 1990), pp. 33 e 34.

[369] Pode ler-se, no artigo 25º da versão original da Lei Fundamental espanhola de 1978 que *"Nadie puede ser condenado o sancionado por acciones u omisiones que en el momento de producirse no constituan delito, falta o infracción administrativa, según la legislación vigente en aquel momento* [sublinhados nossos]". Versão original disponível em: http://www.congreso.es/docu/constituciones/1978/1978_cd.pdf [Consult.: 28-3-2018].

[370] *Cfr.,* Mário Ferreira Monte, *Lineamento de Direito Das Contraordenações,* ed. AEDUM, 2ª (Braga, 2017), pp. 28 a 30.

[371] Para melhores desenvolvimentos, veja-se Martín Queralt et al., *Curso de Derecho Financiero Y Tributario,* ed. Tecnos Editorial, 9ª (Madrid, 1998), pp. 562 e ss.

[372] Que são, em suma, os três vetores do Direito Sancionatório Público espanhol, como resulta, aliás, do próprio texto constitucional, mais concretamente do nº 1 do seu 25º artigo.

Fundamentalmente, o procedimento infracional administrativo e a aplicação das respetivas sanções está a cargo dos órgãos administrativos, ao passo que os delitos e a aplicação das sanções penais é da incumbência dos tribunais comuns. Contrariamente ao que sucede relativamente aos delitos, é expressamente proibida a aplicação de sanções privativas da liberdade pela prática de infrações administrativas, as quais, como se verá, são sancionáveis com *multas* e, em determinados casos, tal como sucede no ordenamento jurídico português, com sanções de natureza acessória.

Parece ter vingado, em Espanha, a ideia de que o poder sancionatório da administração resulta do – e, mais do que isso, incorpora, juntamente com o poder jurisdicional o – *ius puniendi* do Estado. Esta é uma constatação não isenta de críticas, desde logo de ALEJANDRO NIETO que lança suspeitas relativamente a um tal entendimento, pois, para que ele fosse inteiramente válido, haveria o Direito Administrativo Sancionador de estar submetido à matriz principiológica do Direito Penal quando, na realidade, tal não sucede[373]. Para o autor, parece claro que não se pode afirmar a existência de um enquadramento equiparado entre ambos os poderes punitivos, pois que o Direito Penal obedece, em primeira linha, a preocupações especialmente garantísticas e protetoras dos direitos dos arguidos, ao passo que o Direito Administrativo Sancionador, claramente mais próximo dos quadros gerais do Direito Administrativo, não descurando obviamente os interesses legalmente protegidos dos administrados, acaba por colocar em primeiro plano a proteção dos interesses gerais e coletivos. São, portanto, duas lógicas claramente distintas.

Assim, se numa primeira leitura do nº 1 do artigo 25º da CE pode o intérprete menos atento ficar com a ideia de que há uma equiparação constitucional entre o Direito Penal e o Direito Administrativo Sancionador, facilmente se constata que tal não corresponde à verdade.

Por seu turno, EDUARDO GARCIA DE ENTERRIA ressalta que a ausência, na lei, de uma "parte geral" mais vasta relativamente às

[373] *Cfr.*, ALEJANDRO NIETO, *Derecho Administrativo Sancionador*, ed. Tecnos, 4ª (Madrid, 2008), p. 26.

infrações administrativas e suas sanções[374] não pode ser entendida como a atribuição de uma faculdade à administração para aplicar, de forma arbitrária e grosseira, os seus poderes repressivos. Diz-nos o autor que, pese embora se trate de uma lacuna legislativa, é sempre possível preenchê-la com as soluções próprias do Direito Penal comum[375].

Alejandro Nieto dirige também uma dura crítica ao legislador espanhol, considerando que este, contrariamente ao que vem sendo feito pela doutrina e sobretudo pela jurisprudência – desde logo a do Tribunal Constitucional Espanhol, que tem sido um dos principais responsáveis pelo desenvolvimento da principiologia inerente ao Direito Administrativo Sancionador –, se tem fundamentalmente preocupado com o estabelecimento das soluções mais práticas e materiais da atividade administrativa sancionatória, sem contudo se preocupar em muni-la de um adequado quadro jus-principiológico, de natureza necessariamente mais generalista[376]. O autor reclama, inclusivamente, a necessidade de se criar, em Espanha, uma Lei Geral das Infrações e Sanções Administrativas, à semelhança do que sucede na Alemanha e em Itália, mas também em Portugal, onde existe, como bem sabemos, um Regime Geral das Contraordenações.

Pesem embora estas considerações críticas, a doutrina tem vindo a desenvolver um extenso trabalho em torno do poder punitivo da administração, ao qual se associam, comummente, três faculdades básicas: *i)* o desenvolvimento dos regimes infracionais administrativos por via regulamentar quando exista uma lei prévia que o permita[377]; *ii)* a imputação de uma infração administrativa a um infrator

[374] Também neste sentido, veja-se Alejandro Nieto, *Derecho Administrativo Sancionador, cit.*, p. 19.

[375] *Cfr.*, Eduardo Garcia de Enterria, "El Problema Juridico de Las Sanciones Administrativas," *Revista Española de Derecho Administrativo, Nº 10,* 1976, p. 410.

[376] *V.*, Alejandro Nieto, *Derecho Administrativo Sancionador, cit.* p. 20.

[377] Fala-se, aqui, concretamente da reserva de lei. Na Constituição Espanhola existem vários estádios da reserva de lei, pelo que importa atentar o nº 1 do artigo 25º daquela Lei Fundamental, dado nele se inscrever concretamente o princípio da legalidade relativamente à atividade administrativa sancionatória. O problema é que esta norma se limita a prescrever que *"ninguém pode ser (...) sancionado pelas ações ou omissões*

determinado, competindo à entidade administrativa, ainda, a imposição da respetiva sanção, que terá sempre lugar após o um procedimento administrativo próprio para esse efeito[378]; *iii)* a execução da sanção administrativa.

1.2. Impugnabilidade do ato sancionatório aplicado pelo órgão administrativo (breves notas)

Apesar de a titularidade do poder administrativo sancionatório caber, no ordenamento jurídico espanhol, sempre à administração, o seu exercício pode sofrer interferências dos órgãos jurisdicionais, por via da impugnação do ato administrativo de natureza sancionatória, por parte do seu destinatário.

De acordo com Alejandro Nieto[379], quando o infrator impugna judicialmente o ato administrativo sancionatório e o tribunal deteta algum vício substancial que afete a validade dessa decisão, a regra tem sido a da declaração da referida invalidade (anulação do ato) e,

que no momento da sua produção não constituam (...) infração administrativa segundo a legislação vigente naquele momento" [tradução e sublinhado nossos]. A doutrina e a jurisprudência procuraram ultrapassar a ambiguidade terminológica do legislador constitucional, tendo sido gerado o seguinte entendimento: *i)* a criação e fixação dos elementos essenciais das infrações administrativas e suas sanções devem estar previstas numa lei ordinária, quer seja emanada pelo Parlamento, quer seja um decreto-lei do Governo; *ii)* esta reserva de lei não exclui a possibilidade de ser efetuada uma remissão para normas regulamentares, desde que não impliquem, claro está, a tipificação de novas infrações, a introdução de novas sanções (ou com a violação dos seus limites legalmente previstos), ou a alteração de qualquer um destes elementos, sob pena de inconstitucionalidade. Tal decorre, aliás, do nº 3 do artigo 27º Regime Jurídico do Setor Público espanhol. Para melhores desenvolvimentos, veja-se Jose Suay Rincon, *Sanciones Administrativas*, ed. Real Colegio de España (Bolonia, 1989), pp. 172 a 182.

[378] É, aliás, o que resulta diretamente do artigo 25º, nº 1 do Regime Jurídico do Setor Público espanhol (RJSPE), em que se lê *"La potestad sancionadora de las Administraciones Públicas se ejercerá cuando haya sido expresamente reconocida por una norma con rango de Ley, con aplicación del procedimiento previsto para su ejercicio y de acuerdo con lo establecido en esta Ley y en la Ley de Procedimiento Administrativo Común de las Administraciones Públicas (...)"* [sublinhado nosso]. O RJSPE está disponível, na sua versão mais recente, em: https://www.boe.es/buscar/pdf/2015/BOE-A-2015-10566-consolidado.pdf [Consult. 28-3-2018].

[379] *Cfr.*, Alejandro Nieto, *Derecho Administrativo Sancionador, cit.*, pp. 146 e 147.

posteriormente, a devolução ao órgão administrativo para a repetição do procedimento de acordo com os trâmites legais. Apesar de, como refere o autor, existirem decisões jurisprudenciais em que o próprio tribunal altera o sentido decisório da administração, esta atuação parece ir de encontro ao preceituado na norma do nº 2 do artigo 71º da Lei Reguladora da Jurisdição Contencioso-administrativa[380], a qual refere expressamente que *"los órganos jurisdiccionales no podrán determinar la forma en que han de quedar redactados los preceptos de una disposición general en sustitución de los que anularen ni podrán determinar el contenido discrecional de los actos anulados."*.

No entanto, quando se trata de uma alteração do valor da *multa*, isto é, quando o infrator impugna o ato decisório por considerar, na grande maioria das vezes, que a sanção aplicada fere o princípio da proporcionalidade[381], é já comum que seja o próprio tribunal a proceder, não só à análise deste princípio nos seus vários vetores, formulando um juízo concordante ou discordante com a decisão impugnada, como também – se verificada aquela segunda hipótese – à fixação do valor da *multa* em montante diverso.

Por este motivo, há doutrina que redefine a ideia referida *supra*, preferindo afirmar que a administração pública espanhola é a titular *originária* do poder administrativo sancionatório, ao passo que os órgãos jurisdicionais poderão também ser titulares desse poder, mas somente de forma *eventual* e *subsidiária* quando haja lugar a uma impugnação.

2. O Direito Infracional Tributário no ordenamento jurídico espanhol

2.1. Introdução

Uma vez feito um brevíssimo percurso introdutório ao Direito Administrativo Sancionador espanhol, de um ponto de vista generalista,

[380] Esta lei encontra-se disponível em: https://www.boe.es/buscar/act.php?id=BOE-A-1998-16718 [Consult. 29-3-2018].

[381] Este é um dos princípios estruturais do Regime Jurídico das Administrações Públicas e do Procedimento Administrativo Comum Espanhol, conforme resulta do seu 131º artigo.

cumpre-nos empreender uma análise relativamente ao poder sancionatório da administração pública em matéria tributária, convocando alguns traços caraterísticos das soluções consagradas no ordenamento jurídico espanhol relativamente aos instrumentos legais que possibilitam a redução da sanção administrativa de natureza pecuniária.

Contrariamente ao que sucede no ordenamento jurídico português, não existe, no ordenamento espanhol, um diploma autónomo que se refira ao Direito Infracional Tributário. O legislador espanhol optou, assim, por inscrever os crimes tributários no Código Penal Espanhol (mais concretamente no seu Título XIV[382]) e a matéria infracional administrativo-tributária na Lei Geral Tributária Espanhola[383], dedicando-lhe todo o título IV.

O título IV da LGTE, composto por 35 artigos, começa por enumerar os princípios do poder administrativo sancionatório em matéria tributária, que contem algumas especificidades em face ao regime geral, previsto no RJSPE, introduzindo, depois, a categoria dos *"sujetos infractores"*, no seu 181º artigo[384]. Quanto a nós, esta disposição legal está muito bem conseguida, uma vez que transparece com bastante acuidade a abrangência do Direito Infracional Tributário, afastando prontamente a ideia de que as infrações tributárias dizem somente respeito ao incumprimento da obrigação principal de natureza pecuniária. Por outro lado, revela uma maior clareza face ao que

[382] O Código Penal Espanhol está disponível em: https://www.boe.es/buscar/act.php?id=BOE-A-1995-25444 [Consult. 29-3-2018]

[383] Para melhores informações, consulte-se a versão mais recente deste diploma em: https://www.boe.es/buscar/act.php?id=BOE-A-2003-23186 [Consult. 29-3-2018]

[384] Diz-nos o nº 1 do artigo 181º da LGTE: *"Serán sujetos infractores las personas físicas o jurídicas y las entidades mencionadas en el apartado 4 del artículo 35 de esta ley que realicen las acciones u omisiones tipificadas como infracciones en las leyes. Entre otros, serán sujetos infractores los siguientes:*
a) Los contribuyentes y los sustitutos de los contribuyentes; b) Los retenedores y los obligados a practicar ingresos a cuenta; c) Los obligados al cumplimiento de obligaciones tributarias formales; d) La entidad representante del grupo fiscal en el régimen de consolidación fiscal; e) Las entidades que estén obligadas a imputar o atribuir rentas a sus socios o miembros; f) El representante legal de los sujetos obligados que carezcan de capacidad de obrar en el orden tributario; g) Los obligados tributarios conforme a la normativa sobre asistencia mutua."

sucede no nosso ordenamento jurídico, em que é necessário percorrer-se todas as disposições legais de natureza punitiva que compõem o RGIT para, enfim, se saber a quem pode vir a ser imputada uma infração tributária. Como tivemos oportunidade de referir, o infrator não tem necessariamente de ser *o* contribuinte, podendo antes tratar-se de uma pessoa ou entidade terceira à relação jurídica tributária (em sentido estrito) que, em virtude das relações especiais que mantém com aquele, esteja obrigada ao cumprimento de determinadas obrigações de natureza acessória, as quais, uma vez incumpridas, são suscetíveis de configurar um tipo infracional.

Houve, também, uma preocupação em estabelecer uma qualificação das infrações de acordo com a sua gravidade, embora, contrariamente ao que sucede no artigo 27º do nosso RGIT, não se as subdivida somente em infrações simples e graves, mas antes em infrações leves, graves e muito graves, fazendo um apelo, na qualificação concreta das mesmas, à existência ou não de *prejuízo económico* para a Fazenda Pública.

O legislador fez questão de referir, no preâmbulo da LGTE, que um dos objetivos das mais recentes alterações a este diploma foi o reforço das sanções administrativo-tributárias por violação dos deveres de colaboração dos obrigados tributários, desde logo pelo incumprimento das obrigações de prestar informações fiscalmente relevantes[385].

Nesse mesmo preâmbulo, é também dada nota dos instrumentos previstos na LGTE que permitem, por via da colaboração ou do acordo do contribuinte faltoso – veremos, posteriormente, em que termos –, uma redução da sanção administrativa pecuniária.

Não deixa, contudo, de ser da maior importância referir que o legislador espanhol vem, de um modo expresso, abrir a possibilidade de o infrator beneficiar de uma redução na *multa* aplicada pela prática da infração tributária quando este proceda ao pagamento voluntário daquela e *"não interponha recurso contra a sanção, nem contra a liquidação"*, abrindo, ainda, as portas para as motivações subjacentes a este

[385] Veja-se, para melhores desenvolvimentos, o ponto V do preâmbulo da LGTE.

tipo de medida legislativa: *"el objeto de reducir el número de recursos contra sanciones"*.

Um outro ponto que importará referir – desde logo por sermos críticos da solução que é atualmente adotada, nesta matéria, no ordenamento jurídico português –, tem que ver com os efeitos da impugnação judicial do ato administrativo sancionatório em matéria tributária.

2.2. As sanções no Direito Administrativo Sancionatório espanhol em matéria tributária

Como já referimos, a LGTE trata somente das infrações administrativas em matéria tributária, estando a disciplina dos ilícitos criminais de natureza tributária desenvolvida no Código Penal Espanhol.

Atendendo, quer à CE, por via do nº 3 do seu 25º artigo, quer ao RJSPE, no seu artigo 29º, as entidades administrativas, no exercício do seu poder sancionador, não podem, em nenhum caso, aplicar sanções que impliquem direta ou subsidiariamente a privação da liberdade.

A tendência do Direito Infracional Tributário espanhol, no que tange, então, à matéria das infrações de natureza administrativa é, como no ordenamento jurídico português, para o predomínio das sanções de natureza puramente pecuniária e inconvertíveis em prisão[386]. Apesar disso, o ordenamento espanhol denomina estas sanções de natureza pecuniária, que podem ser fixas ou proporcionais, de *multas* e não de coimas, apesar de existir, também neste ordenamento, a pena de multa criminal[387] (estas já, claro está, convertíveis numa pena privativa da liberdade).

Porém, tal como sucede no nosso RGIT, a LGTE permite a aplicação de sanções de natureza acessória, que se encontram elencadas no artigo 186º, ainda que em moldes algo diversos. As sanções acessórias aplicáveis variam, quer consoante a gravidade da infração (tem de ser, no mínimo, grave), quer atendendo a um importante critério gra-

[386] *V.*, artigo 185º da LGTE.

[387] Por esse motivo é que, sempre que fizermos referência à multa enquanto sanção administrativa de natureza pecuniária, teremos o cuidado de a redigir em itálico.

dativo das sanções que não existe, pelo menos de forma legalmente expressa, no nosso ordenamento jurídico: o cometimento repetido de infrações tributárias. O legislador define expressamente o que entende por *"comisión repetida de infracciones tributarias"*, dizendo que se tem por preenchido este critério – que influencia negativamente a determinação concreta da sanção – quando o sujeito infrator tenha sido sancionado por infração da mesma natureza, tenha aquela sido qualificada como leve, grave ou muito grave, por via de uma decisão administrativa transitada em julgado, nos quatro anos anteriores à prática da infração que concretamente esteja em análise[388].

De notar, ainda, que o nº 3 do artigo 187º da LGTE estabelece sanções acessórias que são especificamente aplicáveis, desde que preenchidos os seus requisitos aplicativos, às pessoas que exerçam funções públicas oficiais pelo incumprimento dos deveres acessórios de informação a que estão obrigadas nos termos dos artigos 93º e 94º daquele diploma.

2.3. Procedimento administrativo-sancionatório de natureza tributária

O procedimento administrativo-sancionatório de natureza tributária espanhol está regulado nas normas dos artigos 207º e seguintes da LGTE, sendo-lhe aplicável, subsidiariamente, relativamente a tudo aquilo que não se encontre especificamente previsto neste diploma, as normas do Regime Jurídico das Administrações Públicas e do Procedimento Administrativo Comum espanhol[389-390], assim como do Regime Jurídico do Setor Público espanhol[391].

[388] *Cfr.*, nº 1 do artigo 187º da LGTE.

[389] Sobretudo o seu Título IX. Este diploma pode ser consultado, na sua versão mais recente, em: https://www.boe.es/buscar/act.php?id=BOE-A-1992-26318 [Consult. 04-04-2018].

[390] Por questões de simplicidade discursiva, doravante iremos referir-nos a este Regime como "Regime Jurídico das Administrações Públicas".

[391] Em especial, as normas dos artigos 25º a 31º, que se referem ao poder sancionatório da administração pública espanhola.

A regra, nos termos do nº 1 do artigo 208º, é a de que o procedimento sancionatório em matéria tributária tenha uma tramitação autónoma dos procedimentos tributários gerais, pese embora se excecionem, como se verá *infra*, os casos em que o contribuinte celebre uma *"acta con acuerdo"*, na sequência de um procedimento de inspeção tributária. Nesses casos, como a seu tempo havemos de referir com maior desenvolvimento, o procedimento de liquidação e o procedimento sancionatório seguirão uma tramitação única e conjunta.

Tal como no ordenamento jurídico português, o procedimento sancionatório administrativo em matéria tributária é, em regra, um procedimento administrativo de natureza oficiosa, como resulta da norma do nº 1 do artigo 209º da LGTE.

O artigo 134º do Regime Jurídico das Administrações Públicas estabelece as garantias gerais dos procedimentos administrativos sancionatórios, consagrando, desde logo, como regra a autonomia entre a fase instrutória e a fase decisória destes procedimentos, que devem ser dirigidas por órgãos distintos, assim como a proibição da aplicação de uma sanção sem que esta haja resultado de um procedimento para o efeito. Neste concreto ponto, consideramos que pode não ter andado bem o legislador tributário espanhol dado que, à luz do princípio da economia procedimental[392], veio prever, como já foi referido, a possibilidade de se tramitarem conjuntamente os procedimentos de liquidação e de aplicação de sanção administrativa de natureza tributária.

Diz-nos a LGTE que o infrator, no âmbito deste procedimento sancionatório, goza de um conjunto de direitos, dos quais ressaltam o direito a ser informado, por via de notificação, dos factos e infrações que lhe são imputados e das sanções que, em virtude destes, lhe podem vir a ser aplicadas, bem como da identidade do órgão instrutor e da entidade administrativa competente para a aplicação concreta da sanção, e ainda das normas atribuidoras da respetiva com-

[392] É esta, pelo menos, a justificação apresentada pelo legislador no preâmbulo da LGTE, em que se pode ler que*"se establece la regla general del procedimiento separado aunque, en aras de la economía procesal, se excepciona en los supuestos de actas con acuerdo y en los casos de renuncia del obligado tributario, con el fin de mejorar la seguridad jurídica."*

petência[393]. Os infratores têm, também, o direito de participar no procedimento, apresentando defesa e formulando as alegações que considerem convenientes.

À instrução do procedimento sancionatório são aplicáveis, com as devidas adaptações, as normas dos procedimentos tributários comuns, previstas no artigo 99º da LGTE.

Finda a instrução, o infrator é notificado para exercer o seu direito de defesa, podendo carrear elementos probatórios, assim como para prestar declarações, no prazo de 15 dias[394] a contar da referida notificação.

O procedimento administrativo sancionatório em matéria tributária deve ter a duração máxima de seis meses, contados a partir da data em que o infrator é notificado da abertura do procedimento, pese embora existam exceções a esta regra, desde logo quando, relativamente à pessoa do infrator, se inicie um procedimento de inspeção tributária e este se recuse a prestar as informações ou os documentos solicitados pelo órgãos instrutor, conforme resulta da leitura conjugada das normas do nº 2 do artigo 211º e do nº 5 do artigo 155º da LGTE.

O artigo 138º do Regime Jurídico das Administrações Públicas exige, embora não desenvolva concretamente em que termos, que a decisão sancionatória seja devidamente fundamentada, não podendo desta constar factos distintos daqueles que foram alegados no decurso do procedimento.

Importa, ainda, deixar uma nota relativamente à tendência do legislador espanhol para a aplicação de alguns princípios estruturantes do Direito Penal aos procedimentos administrativos sancionatórios e, por conseguinte, também aos de natureza tributária. Quer o Regime Jurídico das Administrações Públicas, quer o RJSPE, fazem referência expressa aos princípios da legalidade da atuação administrativa em matéria sancionatória, da tipicidade das infrações de natu-

[393] As entidades com competência para a aplicação de sanções administrativas em matéria tributária são as que constam das als. a) a d) do nº 5 do artigo 211º da LGTE.

[394] *Cfr.*, n. 5 do artigo 210º da LGTE, sendo de referir, ainda, neste sentido, o artigo 135º do Regime Jurídico das Administrações Públicas.

reza administrativa, da irretroatividade das normas de natureza sancionatória, exceto quando a lei nova se demonstre mais favorável ao infrator, assim como aos princípios da culpa e da presunção da inocência. Curiosamente, de entre este leque de importantes e estruturais princípios e garantias gerais, não é feita referência expressa à garantia da impugnabilidade dos atos administrativos sancionatórios.

2.4. Instrumentos legais que permitem a redução da sanção administrativo-tributária de natureza pecuniária

A LGTE prevê alguns instrumentos que permitem a redução da sanção administrativo-tributária de natureza pecuniária que, como já referimos, é denominada de *multa*.

Os primeiros dois instrumentos surgem do nº 1 do artigo 188º da LGTE. As duas situações aqui previstas têm em comum o facto de dizerem respeito a infrações administrativo-tributárias verificadas pela administração tributária em sede de procedimentos tributários autónomos, que não têm, em regra, natureza sancionatória: no primeiro caso, no decurso de um procedimento inspetivo (artigos 141º a 157º da LGTE) e, no segundo, no âmbito de um procedimento de verificação de dados (131º a 133º da LGTE) ou de comprovação limitada de valores (136º a 140º da LGTE).

Diz-nos a al. a) do nº 1 do artigo 188º que haverá lugar a uma redução de 50% do valor da *multa* no caso de se firmar uma ata de acordo. Estas *"actas con acuerdo"* constituem, no fundo, pedidos de regularização da situação tributária apresentados pelo contribuinte à Fazenda Pública no decurso de uma ação de inspeção tributária, e após uma interpelação daquele por parte do órgão inspetor, conforme se constata da leitura do artigo 155º da LGTE. No fundo, o objetivo deste acordo, que ficará lavrado em ata, será o de configurar *"la verdadera capacidad económica de este último* [obrigado tributário], *mediante un acuerdo procedimental cuyo contenido será incorporado al acta que al respecto se incoe*[395]*"*.

[395] *Vide*, Luis María Romero Flor, *Las Actas Con Acuerdo En La Ley General Tributaria Y En El Derecho Comparado*, ed. Universidad de Castilla-La Macha (Cuenca, 2010), p. 263.

Estes acordos têm concretamente lugar quando, da inspeção tributária, resulte a necessidade de se fixar a aplicação de um determinado conceito jurídico indeterminado, quando se revele necessária a reapreciação de factos determinantes para a aplicação de uma norma específica ao caso concreto, ou a avaliação, estimativa e valoração adequada dos bens, direitos ou serviços prestados. É iniciado um procedimento próprio, tendo em vista a formulação, por parte do contribuinte, de uma proposta no sentido de clarificar os referidos aspetos controvertidos, que poderá, ou não, ser aceite pelo órgão inspetor.

A ata que firma o acordo deve conter os elementos previstos nos artigos 153º e 155º, números 2 e 3 da LGTE. É de realçar que o referido acordo só será válido no caso de o contribuinte concordar expressamente com o conteúdo total da ata, declarando-o por via da sua assinatura. Não pode, contudo, dizer-se que este ato de concordância se assume como uma mera adesão ao acordo, pois que o obrigado tributário é chamado a pronunciar-se sobre a proposta, podendo ainda requerer alterações ou aditamentos à mesma.

Decorridos dez dias após a data da assinatura da ata de acordo sem que o contribuinte seja notificado para a correção de erros materiais, a proposta de liquidação estabelecida naquele documento adquire eficácia, devendo o obrigado tributário proceder ao pagamento da dívida acordada no prazo indicado para o efeito[396].

Por outro lado, o texto do acordo conterá, tendo sido verificada a prática de um ilícito administrativo-tributário, uma proposta de sanção, a qual será especialmente reduzida, devendo, contudo, e em primeiro lugar, o obrigado tributário renunciar à tramitação separada do procedimento sancionatório[397]. Assim, como refere ROMERO FLOR, sendo a aceitação desta tramitação separada um dos requisitos de validade do próprio acordo, tal significa que o procedimento de liquidação e o procedimento sancionatório seguirão uma tramitação única[398], algo que no nosso ordenamento jurídico não acontece, como

[396] *V.*, nº 5 do artigo 155º da LGTE.

[397] *Cfr.*, al. c) do nº 2 do artigo 155º da LGTE.

[398] Veja-se LUIS MARÍA ROMERO FLOR, *Las Actas Con Acuerdo En La Ley General Tributaria Y En El Derecho Comparado, cit.*, p. 302.

já demos, aliás, conta noutro momento. Em segundo lugar, a redução da sanção administrativo-tributária em 50% do seu valor, como decorre da al. a) do artigo 188º da LGTE, está dependente da não impugnação[399], quer do ato de liquidação decorrente do acordo, quer do ato administrativo sancionatório que resulta também daquele[400].

Já a al. b) do nº 1 do artigo 188º da LGTE, que deve ser conjugada com a al. d) do nº 1, do artigo 187º, prevê a redução da *multa* em 30% nos casos em que a infração tenha sido detetada no âmbito de um procedimento de verificação de dados ou de um procedimento de comprovação limitada de valores. Para que a referida redução tenha lugar, é necessária a concordância do contribuinte com a decisão administrativa emitida em sede de algum desses procedimentos, podendo esta ser expressa, nos casos em que a lei assim o determine, ou tácita, na eventualidade de o contribuinte não apresentar reclamação administrativa ou impugnar judicialmente o referido ato decisório.

Se, porventura, vier a ser apresentada reclamação ou impugnado, junto de um tribunal, qualquer um dos atos referidos, diz-nos o nº 2 do artigo 188º da LGTE que será exigido ao infrator, sem qualquer outro requisito formal além da notificação para o efeito, o pagamento da parte da sanção pecuniária ora reduzida[401].

Posteriormente, o nº 3 do artigo 188º da LGTE prevê uma outra possibilidade de redução das sanções administrativo-tributárias de natureza pecuniária, sendo esta aberta a todos os tipos infracionais, exceto quando *(i)* o ilícito seja detetado em sede de procedimento inspetivo e *(ii)* o seu sancionamento resulte da ata de acordo, nos termos da al. a) do nº 1, daquele artigo 188º, por nós já analisado.

[399] Pese embora o nº 6 do artigo 155º preveja algumas exceções a esta regra da não impugnação do ato de liquidação e do ato administrativo-sancionatório, podendo aquela ter lugar no caso de se verificar uma das causas de nulidade previstas no artigo 217º da LGTE, ou de existirem vícios na declaração do consentimento.

[400] Criticando esta solução, veja-se Blanca Lozano, *La Extincion de Las Sanciones Administrativas Y Tributarias, cit.*, p. 117.

[401] Em igual sentido, veja-se o nº 2 do artigo 212º da LGTE.

Diz-nos, então, esta norma que o infrator pode beneficiar de uma redução de 25% sobre o valor da sanção pecuniária aplicável, desde que se verifiquem as seguintes circunstâncias:

a) Que o valor da sanção reduzida seja pago dentro dos prazos para o seu cumprimento voluntário, os quais constam do parágrafo segundo do artigo 62º da LGTE, ou ainda dentro do prazo estabelecido em acordo de pagamento em prestações eventualmente aceite pela administração tributária, o qual pressupõe a prestação de uma garantia idónea e desde que tenha este sido requerido antes do término do prazo a que se refere o sobredito parágrafo do artigo 62º;
b) Que não tenha sido interposta reclamação ou apresentada impugnação relativamente ao ato de liquidação ou ao ato administrativo sancionatório.

Se vier, contudo, a ser apresentada impugnação judicial de qualquer um dos atos referidos anteriormente, a quantia a que se refere a impugnação será a da sanção administrativo-tributária fixada sem a correspondente redução (isto é, atender-se-á ao seu valor total)[402].

É, assim, possível constatar-se que a possibilidade de ser reduzida a sanção administrativo-tributária está, na grande maioria das vezes, dependente da não contestação do ato decisório, quer perante a administração, por via de reclamação, quer perante o tribunal, mediante impugnação. De acordo com Blanca Lozano, a impossibilidade de atacar o ato decisório nesta sede encontra o seu fundamento na consideração de que, nestas situações, o infrator, ao aceitar voluntariamente o pagamento reduzido da sanção, está a reconhecer a prática da infração, entendendo, assim, renunciar a uma discussão litigiosa posterior à notificação do ato final. Mas acrescenta a autora – e este ponto parece-nos ser da maior importância, atendendo às considerações que tecemos aquando do estudo dos instrumentos do pagamento antecipado e do pagamento voluntário previstos no nosso

[402] Neste sentido, atente-se o parágrafo segundo do nº 4 do artigo 188º da LGTE.

RGIT – que para que essa renuncia seja válida e eficaz, é necessário que o diploma em causa, ou então o próprio órgão administrativo, aquando da notificação do ato decisório final, informem o infrator de que o pagamento da sanção reduzida implica necessariamente a impossibilidade de impugnar os factos que lhe são imputados[403].

Tem sido, contudo, entendido pela jurisprudência espanhola, desde logo pelo Tribunal Constitucional Espanhol[404], que essa renúncia não é inconstitucional, pois não se trata de uma abdicação do direito à tutela jurisdicional efetiva na sua generalidade, mas antes de uma renúncia ao exercício de um direito de "recurso" circunscrito a um ato administrativo concreto e determinado. Tal não significa que o infrator não possa impugnar com base em causas de invalidade do próprio ato, como sejam a incompetência do órgão que aplicou a sanção reduzida, ou ainda, a título exemplificativo, no caso de serem detetados vícios relativamente à declaração do consentimento do contribuinte com a proposta de acordo elaborada pela administração tributária, como resulta do entendimento firmado, em 23 de janeiro de 1980, pelo Tribunal Económico-Administrativo Central espanhol.

2.5. Impugnabilidade do ato administrativo sancionatório em matéria tributária

O ato final do procedimento sancionatório em matéria tributária pode ser contestado pelo seu destinatário, quer por via de uma reclamação administrativa, quer por via de impugnação jurisdicional, conforme resulta do nº 1 do artigo 212º da LGTE.

A comprovar a tendência do legislador espanhol para a intercomunicabilidade entre os procedimentos tributários, em geral, e o procedimento sancionatório em matéria tributária – o que nos parece pouco ajustado às finalidades reconhecidas a um e a outro ramo do Direito –, diz-nos também o nº 1 do artigo 212º que se o infrator pretender contestar o ato administrativo sancionatório e o ato de liqui-

[403] *Vide*, Blanca Lozano, *La Extincion de Las Sanciones Administrativas Y Tributarias, cit.*, pp. 120 e 121.

[404] Veja-se o Acórdão do Tribunal Constitucional Espanhol, de 26-04-1990, disponível em: https://www.boe.es/buscar/doc.php?id=BOE-T-1990-12127

dação, devem cumular-se as reclamações ou as impugnações, sendo competente para a análise de ambos os pedidos o órgão com competência para a decisão relativamente ao ato de liquidação.

Contrariamente ao que sucede no ordenamento jurídico português, por via da norma do artigo 84º do RGIT, por nós já analisada em sede própria, a LGTE prevê expressamente que a apresentação de uma reclamação ou impugnação jurisdicional faz suspender os efeitos do ato administrativo sancionatório contestado, sem necessidade de prestação de garantia idónea para garantir esse efeito suspensivo[405].

3. O Direito Infracional Tributário no ordenamento jurídico italiano

3.1. Introdução

À semelhança do que sucede no ordenamento jurídico português, o ordenamento italiano prevê a existência de sanções administrativas em matéria tributária, as quais apresentam, em regra, natureza pecuniária, ainda que, em algumas situações, possa haver lugar à aplicação de sanções acessórias.

O primeiro diploma legal em que é conferido um tratamento autónomo ao poder sancionatório administrativo em matéria tributária e financeira data de 1929[406], ano em que entrou também em vigor o atual Código Penal Italiano.

Como relembram Lorenzo Del Frederico[407] e Giuseppe Tinelli[408], as obrigações de natureza acessória e lateral começaram

[405] *Vide,* al. a), do nº 3 do artigo 212º da LGTE. Complementarmente, pode ler-se no preâmbulo do diploma que *"en materia de recursos contra sanciones, se mantiene que la ejecución de las mismas quedará automáticamente suspendida sin necesidad de aportar garantía por la presentación de un recurso o reclamación (...)"*.

[406] Referimo-nos à Lei nº 4, de 7 de janeiro de 1929, que estabelece as normas gerais para a repressão da violação às leis financeiras e que se encontra disponível em: http://www.isaonline.it/mag/Legge004-1929.html [Consult. 10-04-2018]

[407] *Cfr.* Lorenzo Del Frederico, *Le Sanzioni Amministrative Nel Diritto Tributario,* ed. Giuffrè Editore (Milão, 1993), pp. 1 e 2.

[408] *V.,* Giuseppe Tinelli, *Instituzioni Di Diritto Tributario,* ed. CEDAM, 2ª (Pádua, 2007), pp. 328 e 329.

a assumir, no início do século passado, uma importância crescente no ordenamento jurídico-tributário, desde logo como forma de evitar a evasão e a fraude fiscais, o que resultou, concomitantemente, num aumento dos ilícitos administrativo-tributários que se baseiam justamente no incumprimento daquelas.

O alargamento do campo sancionatório em matéria tributária ficou especialmente marcado pela entrada em vigor da Lei nº 4, de 7 de janeiro de 1929, que surge como uma forma de reforçar o cumprimento de determinado tipo de obrigações de natureza tributária, reprimindo, assim, as atuações desconformes com os comandos legais que foram surgindo em número crescente.

Apesar do cuidado do legislador em consagrar, em diploma autónomo, a matéria referente aos ilícitos administrativos em matéria tributária, Lorenzo del Frederico constata que foi necessário um longo processo de reflexão dogmática, pois o sistema continuou, por muito tempo, a assentar em bases pouco sólidas, desde logo devido à amplíssima variedade de fontes, à fragmentação legislativa nesta sede e à falta de princípios gerais de base para este ramo do Direito Sancionatório[409].

Um outro problema que suscitou críticas da doutrina italiana, teve que ver com a associação das sanções administrativas de natureza pecuniária, no domínio jurídico-tributário, ao modelo civilista das indeminizações por danos[410], uma vez que durante muito tempo o enquadramento jurídico daquelas sanções era feito à luz da dogmática civilista, desde logo ao nível terminológico, e não com base na principiologia própria do Direito Público.

O ponto de viragem verificou-se, contudo, em 1981, com a publicação da Lei nº 689, de 24 de novembro[411], que veio estabelecer as "traves-mestras", desde logo em termos principiológicos, do Direito

[409] *Vide*, Lorenzo Del Frederico, *Le Sanzioni Amministrative Nel Diritto Tributario, cit.*, p. 8.

[410] Fazendo referência expressa a este facto, atente-se Francesco Tesauro, *Compendio Di Diritto Tributario*, ed. UTET Giuridica, 6ª (Assago, 2016), pp. 190 e 191.

[411] Esta lei encontra-se disponível em: http://www.bosettiegatti.eu/info/norme/statali/1981_0689.htm [Consult. 12-04-2018]

Administrativo Sancionatório, funcionando, em suma, como um Regime Geral dos Ilícitos Administrativos. Dizemos, acompanhados por relevante doutrina italiana[412], que este diploma legal teve o mérito de quebrar, de forma mais arreigada, o tendente tratamento do Direito Administrativo Sancionatório à luz da matriz doutrinária civilista, uma vez que passou a sujeitar o poder administrativo sancionatório a importantes princípios jurídico-penais (nomeadamente, ao princípio da legalidade, da não transmissibilidade das sanções, assim como o princípio da tipicidade dos ilícitos e das sanções) e consolidar as garantias dos infratores perante a atuação administrativa.

Ainda que este diploma seja aplicável, na falta de normas especiais, ao Direito Infracional Tributário italiano, a verdade é que o legislador manteve, até aos dias de hoje, a tendência para conferir um tratamento autónomo desta matéria. Atualmente, o diploma legal que disciplina o poder sancionatório administrativo em matéria tributária consta do Decreto Legislativo nº 472, de 18 de dezembro de 1997. É, por isso, seguro afirmar que, pese embora com fortes influências da Lei nº 689, é com a entrada em vigor do Decreto Legislativo nº 472 que, no domínio tributário, se assiste à passagem de um modelo puramente ressarcitório para um modelo efetivamente sancionatório.

A constatação que se fez *supra* relativamente à Lei nº 689 tem, também no Decreto Legislativo nº 472, toda a acuidade, pois que o legislador veio optar por subordinar o Direito Infracional Tributário a uma principiologia de base penal, sujeitando-o, desde logo ao princípio da legalidade[413]. Princípio da legalidade esse que exige que a

[412] Neste sentido, Francesco Tesauro, *Compendio Di Diritto Tributario*, ed. UTET Giuridica, 6ª (Assago, 2016), p. 190.

[413] *Cfr.*, artigo 3º do Decreto Legislativo nº 472, de 18 de dezembro de 1997, disponível em: http://www.camera.it/parlam/leggi/deleghe/97472dl.htm [Consult. 11-04-2018]. De referir que o aludido diploma foi alterado pelo Decreto Legislativo nº 158, de 24 de setembro de 2015, apelando-se a uma leitura conjugada dos dois diplomas. O Decreto Legislativo nº 158 está disponível em: http://www.quotidianosanita.it/allegati/allegato2742856.pdf [Consult. 11-04-2018].

criação dos tipos de ilícito e suas sanções – e não apenas o seu regime geral – se faça prever num diploma com força de lei, estando vedado à administração regulamentar nesta matéria[414].

Por outro lado, há uma consagração expressa do princípio da culpa, no 5º artigo do diploma, não podendo haver lugar ao sancionamento de um obrigado tributário faltoso sem que se comprove que este, além de ter atuado voluntariamente, o haja feito de forma dolosa ou negligente.

Como já tivemos oportunidade de referir, e atendendo ao artigo 2º do Decreto Legislativo nº 472 de 1997, a prática de um ilícito administrativo em matéria tributária dá lugar, em regra, à aplicação de uma sanção de natureza pecuniária, podendo, contudo, ter lugar a aplicação das sanções acessórias previstas no 21º artigo daquele diploma, somente nos casos expressamente previstos na lei.

As sanções acessórias potencialmente aplicáveis, nos termos daquele artigo 21º, são: a) a proibição de exercer, por um período máximo de seis meses, cargos de administração, fiscalização ou de revisor oficial de contas em pessoas coletivas de natureza pública ou privada; b) a proibição de participar em concursos para a adjudicação de contratos públicos pelo período máximo de seis meses; c) a proibição de obter licenças, concessões ou autorizações administrativas, por um período máximo de seis meses; d) a suspensão, por um período máximo de seis meses, do exercício do trabalho por conta própria ou de atividades comerciais não incluídas no âmbito aplicativo da alínea c).

Há alguma similitude entre as sanções acessórias previstas nas alíneas b) e c) deste artigo 21º com as que se encontram previstas nas alíneas d) e f) do nº 1 do artigo 28º do nosso RGIT.

Como se constata da leitura do normativo do Decreto Legislativo nº 472 de 1997 aqui em análise, as sanções acessórias potencialmente aplicáveis aos infratores têm, em regra, uma duração máxima de seis meses. No que concerne ao ordenamento jurídico português, pode

[414] *Vide*, Suay Rincon, *Sanciones Administrativas, cit.*, pp. 122 e 123.

a duração da sanção acessória durar, em regra, durante o período máximo de dois anos[415].

3.2. Procedimento administrativo-sancionatório em matéria tributária

A direção do procedimento de aplicação de sanções administrativas em matéria tributária é da competência da entidade administrativa que foi responsável pela liquidação do tributo a cujas violações normativas que estão na base da prática do ilícito se referem[416].

A entidade competente, após o decurso de uma fase de instrução, notifica o infrator de um ato, designado de "ato de contestação" (cuja natureza, como se verá, varia consoante a atuação do infrator face a este) no âmbito do qual informa dos factos que lhe são imputados e das normas jurídico-sancionatórias aplicáveis, dos elementos probatórios recolhidos, e dos critérios tidos em conta para a fixação da sanção pecuniária. De notar que o legislador italiano prevê, no artigo 7º do referido Decreto Legislativo, quais os elementos a atender aquando da fixação concreta da sanção, sendo, de entre estes, de destacar a gravidade da ilicitude, o grau de culpa do agente, as suas condições económico-financeiras no momento da prática do facto, assim como a sua atuação, no decurso do procedimento, no sentido de eliminar ou mitigar as consequências negativas do seu comportamento. Se o ato a notificar ao obrigado fiscal faltoso contiver remissões para outros atos não conhecidos deste ou a ele não ainda notificados, devem estes últimos ser anexados à notificação, ou o seu conteúdo reproduzido no texto desta.

É feito, também, um apelo à consideração da "personalidade do infrator", vindo, no nº 2 daquele normativo, o legislador esclarecer que esta se medirá a partir dos registos fiscais deste, o que, em nosso entender, aponta para uma tomada em consideração da reiteração, ou não, de comportamentos desconformes com o ordenamento jurí-

[415] É o que se constata da leitura do nº 4 do artigo 28º do RGIT, que concretamente se dirige à sanção acessória prevista na al. c) do nº 1 do mesmo normativo, mas também do nº 2 do artigo 21º do RGCO.

[416] *V.* nº 1 do artigo 16º do Decreto Legislativo nº 472.

dico-tributário. Este nosso entendimento sai reforçado se for tida em conta a norma do nº 3 do artigo 7º, que abre a possibilidade de a sanção ser elevada em metade do seu valor quando o infrator tenha, nos três anos anteriores, incorrido na prática de ilícitos administrativo-tributários da mesma natureza.

Nos termos do nº 6 do artigo 16º, o texto da notificação deve conter, também, os meios de reação do infrator, sendo informado, desde logo, do órgão administrativo perante o qual deve, querendo fazê-lo, reclamar imediatamente do ato.

Desta feita, uma vez notificado do "ato de contestação", o infrator dispõe de um prazo de sessenta dias para agir em relação a este, podendo seguir uma de quatro vias: *(i)* pagar voluntariamente a sanção administrativo-tributária num valor reduzido, fazendo extinguir o procedimento; *(ii)* apresentar defesa relativamente aos factos que lhe são imputados; *(iii)* impugnar imediatamente o ato perante os tribunais tributários, se estes forem competentes para o conhecimento desta[417]; *(iv)* reclamar administrativamente do "ato de contestação".

Ora, como referimos *supra*, a natureza deste "ato de contestação" varia consoante a opção seguida pelo infrator. No primeiro caso, ao pagar voluntariamente a sanção em valor reduzido, o procedimento extingue-se, pelo que o "ato de contestação" equivalerá ao ato final do procedimento. Se o ato for contestado junto da administração, ou perante um tribunal, ele assumirá a forma de ato lesivo sendo, em virtude disso, impugnável.

Já na hipótese de o infrator apresentar defesa[418], entende a doutrina[419] que o procedimento avança para uma nova fase, em sede da qual a administração tributária deve avaliar os elementos apresentados pelo infrator na fase de defesa. Posteriormente, a entidade administrativa notificará o infrator de um novo "ato de contestação" (este

[417] *Vide*, Francesco Tesauro, *Compendio Di Diritto Tributario*, ed. UTET Giuridica, 6ª (Assago, 2016), pp. 202 e 203.

[418] Veja-se o nº 4 do artigo 16º do Decreto Legislativo nº 472.

[419] A título exemplificativo, atente-se às obras de Francesco Tesauro, *Compendio Di Diritto Tributario, cit.*, p. 203. e ainda, com maiores desenvolvimentos, de Giuseppe Tinelli, *Instituzioni Di Diritto Tributario*, ed. CEDAM, 2ª (Pádua, 2007), pp. 355 a 357.

ato, contrariamente ao anterior, será um ato final e não meramente interlocutório), dando novamente oportunidade ao infrator de pagar voluntariamente a sanção (que pode ter sido alterada no seu montante, com base nos novos elementos obtidos), ou seguir para a via contenciosa.

3.3. Instrumentos legais que permitem a redução da sanção aplicável

O ordenamento jurídico-sancionatório italiano em matéria tributária prevê alguns instrumentos legais que permitem a redução da coima aplicável. Estes instrumentos encontram-se previstos no Decreto Legislativo nº 472, de 1997, pese embora possam ser complementados em legislação avulsa[420], e apresentam configurações distintas dos instrumentos homólogos previstos no nosso ordenamento.

3.3.1. "Ravvedimento"

O primeiro destes instrumentos está previsto no artigo 13º do Decreto Legislativo nº 472, sendo denominado pelo legislador de *"ravvendimento"* ou "arrependimento".

Como bem denota Fabrizio Amatucci, com a entrada em vigor das alterações àquele diploma, introduzidas pelo Decreto Legislativo nº 158, de 24 de setembro de 2015, o legislado italiano deu um sinal claro de pretender alargar a base aplicativa daquele artigo 13º, aumentado o leque de situações em que o infrator pode obter uma redução da sanção administrativa aplicável por via deste mecanismo legal do "arrependimento"[421].

Este instrumento legal tem lugar numa fase prévia ao início do procedimento sancionatório (o nº 1 do artigo 13º é claro ao afirmar que o arrependimento ocorre quando ainda não foram desencadeadas atividades administrativas tendentes à verificação do ilícito ou ao seu sancionamento). O obrigado fiscal faltoso dirige-se aos ser-

[420] É o próprio legislador italiano que abre via a essa possibilidade, como se constata, nomeadamente, do nº 3 do artigo 13º do referido diploma.

[421] *Cfr.*, Fabrizio Amatucci, *Principi E Nozioni Di Diritto Tributario*, ed. G. Giappichelli Editore, 3ª (Turim, 2016), pp. 291 e 292.

viços tributários, dando conta de que incumpriu com alguma obrigação de natureza fiscal, procedendo à sua regularização e pagando, em virtude disso, uma sanção pecuniária reduzida, sendo que a referida redução pode variar entre um décimo e um quinto do montante mínimo da moldura abstrata aplicável ao ilícito perpetrado.

O nº 1 do artigo 13º é composto de um conjunto de alíneas – que foi, como já adiantamos, substancialmente aumentado com a entrada em vigor do Decreto Legislativo nº 158 de 2015 –, no corpo das quais o legislador indica que tipo de obrigações fiscais são suscetíveis de estar sujeitas a este mecanismo do "arrependimento", o modo como deve o obrigado fiscal proceder à regularização da situação tributária desconforme, o prazo em que deve fazê-lo[422] e, ainda, a proporção de redução a que tem direito se o fizer de forma tempestiva.

Indica-nos, ainda, o nº 2 da referida disposição legal que, no caso de na base da prática do ilícito administrativo-tributário tiver estado o incumprimento da obrigação tributária principal, o pagamento da sanção em montante reduzido deve ser feito acompanhado da entrega nos serviços do valor do imposto em falta, acrescido de juros moratórios.

Vislumbram-se, assim, semelhanças consideráveis entre este instrumento legal e o direito à redução das coimas, previsto nos artigos 29º e 30º do nosso RGIT. Ambos os instrumentos têm lugar numa fase *pré-procedimental*, estando dependentes, para a sua aplicação, de uma atuação do obrigado fiscal faltoso que se dirige aos serviços com o intuito de regularizar a sua situação tributária desconforme, denunciando a prática de uma infração tributária, e obtendo, em virtude dessa *autodenúncia*, acompanhada da regularização, uma redução muito substancial do montante da sanção pecuniária aplicá-

[422] A tempestividade do cumprimento da obrigação tributária em falta é muito relevante, como é bom de ver, para efeitos da aplicação deste instrumento. Acompanhamos, por isso, as palavras de FRANCESCO TESAURO que, a respeito do instrumento legal do "arrependimento", refere: *"Il contribuente può dunque spontaneamente sanare violazioni, irregolarità e omissioni tributarie con il versamento di sanzioni ridotte, il cui importo varia in relazione alla tempestività del ravvedimento"* [sublinhado nosso]. *Vide,* do autor, *Compendio Di Diritto Tributario, cit.*, p. 200.

vel. De notar, contudo, que o legislador italiano acaba por ser mais benevolente no que respeita ao estabelecimento de prazos para o pagamento da sanção em montante reduzido e da regularização da situação tributária desconforme, os quais variam entre os trinta dias e um ano, ao passo que o legislador português impõe ao infrator que essa atuação no sentido da regularização ocorra dentro de um prazo muito curto (recorde-se, nos 15 dias após a apresentação do pedido de redução, nos casos das alíneas a) e b) do artigo 29º, ou nos 15 dias após a notificação da entidade administrativa competente, no caso da alínea c) da referida disposição legal).

3.3.2. "Definizione agevolata"

O segundo instrumento que consideramos importante chamar, aqui, à colação consta do nº 3 do artigo 16º do Decreto Legislativo nº 472 e designa-se *"definizione agevolata"*, uma vez que, como se verá, a submissão do infrator a este instrumento legal tem por efeito o término voluntário e antecipado do procedimento sancionatório.

Quando procedemos a uma breve introdução ao procedimento sancionatório em matéria tributária, referimos que o infrator, aquando da notificação do "ato de contestação", deve ser informado dos meios reativos que a lei coloca ao seu dispor relativamente àquele ato, sendo um deles a "conclusão facilitada" do procedimento.

A *"definizione agevolata"* permite ao infrator fazer cessar, por sua iniciativa, o procedimento sancionatório, aceitando tacitamente os factos que lhe são imputados na notificação, obtendo, em virtude dessa atuação, uma redução da sanção aplicável para um terço do seu valor. Adicionalmente, ao aderir voluntariamente a este instrumento legal, ao infrator não pode ser aplicada qualquer sanção acessória, como decorre da parte final do nº 3 do artigo 16º do Decreto Legislativo nº 472.

Este instrumento legal apresenta algumas semelhanças com o pagamento antecipado, previsto no artigo 75º do nosso RGIT, uma vez que: *(i)* a sujeição a estes instrumentos depende de uma atuação do infrator, não resultando de uma faculdade da administração; *(ii)* a opção pelo pagamento da sanção pecuniária em valor reduzido tem lugar no prazo para apresentação de defesa; *(iii)* a submissão do infrator a estes instrumentos, fazendo findar o procedimento sancionatório, acarreta uma potencial vantagem, além da redução da sanção em si mesma (no caso português, a redução para metade das custas administrativas, e no caso italiano, a inaplicabilidade de sanções acessórias).

3.3.3. Redução da sanção aplicável com base no princípio da proporcionalidade

Finalmente, entendemos ser importante fazer a devida referência a uma terceira possibilidade de haver lugar à redução da sanção pecuniária, mas desta vez por iniciativa da entidade competente para a sua aplicação. Demos conta, em momento anterior, de que o artigo 7º do Decreto Legislativo nº 472 estabelece os elementos a que a entidade que aplica a sanção deve atender aquando da sua fixação concreta.

Ora, o nº 4 da referida disposição legal constitui um claro afloramento do princípio da oportunidade administrativa, ao permitir que a entidade em causa possa reduzir a sanção concreta para metade do montante mínimo da moldura sancionatória abstrata quando verifique que há uma desproporção entre o valor de imposto não entregue e a sanção que seria, efetivamente, de aplicar nos termos da lei.

Como se compreende, esta é uma possibilidade que o legislador confere à administração, mas não sem os devidos limites. A entidade com competência para a aplicação da sanção deve proceder a uma ponderação relativamente à proporção existente entre os malefícios verificados em virtude da prática do ilícito (e, desde logo, à existência de prejuízo financeiro para o Estado) e o montante da sanção pecuniária, o que claramente significa que esta se encontra especialmente vinculada pelos critérios legalmente fixados, nos números 1 e 2, pelo legislador relativamente à determinação concreta da sanção.

Não deixa, contudo, de ser curioso – apesar de não termos encontrado na doutrina italiana um comentário nesse sentido –, o legislador ter alterado a norma do nº 4 do artigo 7º e retirado uma importante oração que circunscrevia a possibilidade de esta redução, de iniciativa administrativa, ter lugar apenas nos casos em que se verificassem circunstâncias excecionais[423], dando, em nosso entender, uma abertura mais considerável à administração para proceder à aplicação concreta deste instrumento legal.

Esta possibilidade conferida pelo legislador à administração tributária italiana é, quanto a nós, algo semelhante àquela que o legislador português consagra no nº 2 do artigo 32º do RGIT, conjugado com o nº 2 do artigo 18º do RGCO, relativamente à atenuação especial da coima. Apesar de no ordenamento jurídico-sancionatório português esta ser uma possibilidade mais limitada, dado exigir-se, como já vimos, que se evidencie que o infrator reconheceu a sua responsabilidade (critério sem o qual não pode haver lugar à atenuação especial), a verdade é que ambos os instrumentos são de iniciativa administrativa, exigem uma especial ponderação dos critérios legais que devem enformar a determinação concreta da sanção e fazem operar uma redução substancial do valor da sanção pecuniária aplicável.

De notar que, enquanto o legislador português exige, de forma expressa, que tenha havido lugar à regularização da situação tributária para que possa atenuar-se a coima, o legislador italiano fá-lo de forma indireta, uma vez a atuação do infrator, no decurso do procedimento, no sentido de eliminar ou mitigar as consequências negativas do seu comportamento é um dos elementos a que a entidade com competência para a aplicação da sanção deve ter em conta no momento da sua concreta fixação.

3.4. Impugnação do ato administrativo sancionatório em matéria tributária

O artigo 18º do Decreto Legislativo nº 472 vem garantir ao infrator a possibilidade de impugnar o ato administrativo sancionatório em matéria tributária junto dos tribunais, ou de apresentar reclamação daquele junto dos órgãos administrativos.

[423] Por via da al. c)-2, do nº 1 do artigo 16º do Decreto Legislativo nº 158 de 2015, o legislador suprimiu a parte da norma do nº 4 do artigo 7º do Decreto Legislativo nº 472, que dizia *"Qualora concorrano eccezionali circostanze che rendono manifesta la sproporzione tra l'entita' del tributo cui la violazione si riferisce e la sanzione, questa puo' essere ridotta fino alla meta' del minimo.* [sublinhado nosso].

O sistema impugnatório em matéria sancionatória tributária é complexo, pelo que exige alguma reflexão quanto aos meios que efetivamente se encontram na disponibilidade do infrator.

Contrariamente ao que sucede no ordenamento jurídico português, os tribunais tributários italianos não são, em princípio, competentes para conhecer a impugnação de qualquer ato sancionatório em matéria tributária, havendo situações em que o conhecimento daquela cabe aos tribunais judiciais[424].

O nº 1 do artigo 18º refere, então, que se os tribunais tributários não forem competentes para conhecer da impugnação, pode o infrator apresentar reclamação administrativa no prazo de 60 dias a contar da notificação do ato, ou impugná-lo junto dos tribunais judiciais, no prazo de 180 dias contados a partir daquele mesmo facto.

Os efeitos da impugnação na execução do ato sancionatório variam consoante a entidade perante a qual o infrator apresentou contestação.

Se o infrator quiser impugnar jurisdicionalmente o ato e o tribunal tributário for competente para o seu conhecimento, diz-nos o nº 2 do artigo 19º que são aplicáveis, com as necessárias adaptações, as normas do artigo 47º do Decreto Legislativo nº 546, de 31 de dezembro de 1992[425]. Destarte, a impugnação do ato tem, em regra, efeitos meramente devolutivos, salvo se o infrator prestar garantia adequada, podendo, com esta, suspender a execução do mesmo.

Não obstante, o infrator pode requerer, com base na comprovação de prejuízo financeiro grave e irreparável, a suspensão da execução do ato sem a apresentação de garantia idónea.

[424] Os tribunais tributários são, nos termos do artigo 2º do Decreto Legislativo nº 546, de 31 de dezembro de 1992, competentes para conhecer as impugnações dos atos sancionatórios em matéria tributária quando a prática da infração se deva ao incumprimento de obrigações fiscais relativas aos tributos expressamente elencados nas als. a) a i) do nº 1 do artigo 2º daquele diploma.

[425] Este diploma contém as normas do processo nos tribunais tributários e pode ser consultado em: http://www.comunebarano.it/tributi_online/d-lgs-546-1992.pdf [Consult. 03-05-2018]

No caso de o infrator reclamar administrativamente o ato, a regra é a de que este se suspende provisória e parcialmente, podendo a administração executar metade do valor da sanção pecuniária[426].

Se, contudo, o infrator impugna o ato perante um tribunal judicial, quer de forma imediata, quer após prévia reclamação administrativa, a regra é a de que o ato impugnado mantém a integralidade dos seus efeitos, sem prejuízo de o tribunal, mediante requerimento do infrator e de prestação de garantia adequada, autorizar a suspensão do mesmo[427].

O nº 7 acrescenta, ainda, que as sanções acessórias só podem ser executadas quando a decisão administrativa se tornar definitiva.

[426] *Cfr.* nº 4 do artigo 19º.

[427] *V.* nº 5 do artigo 19º.

SÚMULA CONCLUSIVA

Dado por terminado este trabalho científico, cumpre-nos tecer um conjunto de notas conclusivas relativamente a cada um dos pontos de análise que orientaram, ao longo dos seis capítulos que enformam a presente obra, o desenvolvimento discursivo do mesmo.

I

O enquadramento jus-filosófico do Direito das Contraordenações revela-se essencial para a compreensão das suas finalidades hodiernas nos ordenamentos jurídicos europeus ocidentais, e desde logo no português. O Direito das Contraordenações surgiu – ainda que com um âmbito variável, que só com o tempo e graças à influência de importantes movimentos sociais assumiria os contornos e a até a terminologia atual – da necessidade de os Estados tutelarem uma determinada ordem social.

Ainda que não se confundindo com o Direito Penal nas suas concretas finalidades – apesar de uma tendente aproximação a estas –, nem nas suas consequências jurídico-sancionatórias, as transformações que se foram verificando na conceção do Direito Contraordenacional acabaram quase sempre por resultar de mudanças ocorridas no âmbito do Direito Criminal.

II

Na viragem do século XIX para o século XX, sobretudo com a dissipação das tensões bélicas que tiveram lugar naquele último século, verificaram-se importantes alterações na conceção de *Estado* e de *Homem*. A crescente dilatação da atividade estadual, desde logo numa vertente cada vez mais prestativa, motivou o desenvolvimento vertiginoso da máquina da administração, a quem se passou a confiar o sancionamento de determinado tipo de condutas ilícitas (as que se enquadravam no Direito Penal de Ordem).

Este foi um ponto de viragem muito significativo na construção do Direito Contraordenacional atual, uma vez que é justamente graças a esse incremento da atividade administrativa sancionatória que começaram a surgir as primeiras vozes críticas do sistema então instituído, exigindo a consequente subordinação dessa atividade à principiologia e complexo garantístico típicos do Direito Criminal.

III

A doutrina procurou, a partir do final do século XX, desenvolver critérios distintivos entre o Direito das Contraordenações e o Direito Penal, havendo autores que anteveem, como fronteira entre ambos os ramos jurídicos, critérios de distinção de natureza formal, quantitativa ou de grau, ao passo que outros procuram sedimentar essa distinção em critérios materiais ou qualitativos. No ordenamento jurídico português, verifica-se uma adesão maioritária a uma teoria qualitativa eclética, que teve como principal precursor Jorge Figueiredo Dias, de acordo com a qual o conteúdo ético da conduta funciona como um critério material primário, convocando-se, no entanto, de forma complementar um critério quantitativo que assenta essencialmente na convocação do princípio da subsidariedade do Direito Criminal.

IV

A existência, ou não, de um conteúdo ético associado às condutas que estão subjacentes aos ilícitos contraordenacionais revela-se um elemento fulcral para o estabelecimento formal das finalidades inerentes ao Direito das Contraordenações, sobretudo na perspetiva da legitimação do sancionamento daquelas por parte do Estado.

O nosso propósito foi, então, o de nos posicionarmos relativamente a esta questão de modo enquadrado com o objeto central do nosso trabalho científico, pelo que nos cumpriu desenvolver toda a nossa argumentação tendo em vista o Direito Contraordenacional Tributário. Concluímos, quanto a este ponto, que se revelava essencial compreender, em primeiro lugar, o âmbito e conteúdo das condutas tidas como ilícitas à luz do Direito das Contraordenações Tributárias, para depois – aí sim – podermos tomar uma posição sólida acerca do substrato axiológico (ou não axiológico) associado a estas.

V

Os ilícitos contraordenacionais tributários assentam, na esmagadora maioria das situações, na violação de uma obrigação tributária. A constatação deste facto, que facilmente se depreende da leitura dos tipos contraordenacionais previstos no Regime Geral das Infrações Tributárias, justifica que o estudo do Direito Contraordenacional Tributário seja desenvolvido tendo por base alguns conceitos fundamentais relativos à relação jurídica tributária. Não raras vezes, o ilícito contraordenacional tem a sua génese em patologias verificadas no seio de uma relação jurídica tributária previamente estabelecida.

VI

A partir do estudo da relação jurídica tributária, pudemos concluir que o Direito Infracional Tributário funciona como um mecanismo que visa a garantia do cumprimento das obrigações tributárias numa fase já patológica da relação jurídica, por via da repressão dos comportamentos praticados em desconformidade com o preceituado nas normas jurídico-tributárias de natureza substantiva, através do seu concreto sancionamento.

A reforçar a importância da análise deste ramo jurídico no seguimento do estudo devidamente enquadrado da relação jurídica tributária, surge aquela que consideramos ser a definição mais coerente de *Direito Infracional Tributário*: o conjunto de normas jurídicas de segundo grau que estabelecem as consequências jurídico-sancionatórias abstratamente aplicáveis à prática de determinados comportamentos típicos, ilícitos e culposos que, em regra, se materializam no incumprimento de obrigações tributárias.

VII

Uma outra importante vantagem da tomada em consideração da relação jurídica tributária para o estudo do Direito Infracional Tributário – e mais concretamente do Direito das Contraordenações Tributárias – é a de permitir que se proceda a um devido enquadramento do complexo obrigacional que resulta do surgimento de uma relação jurídica tributária. A partir daqui, é possível estabelecer uma divisão entre a obrigação primária ou principal, de natureza pecuniária, e as obrigações laterais e de natureza acessória e colaborativa, cujo cumprimento pode impender diretamente sobre o sujeito passivo, mas também sobre entidades terceiras que com aquele mantenham determinado tipo de *relações especiais* que as munam de um corpo de informações com relevância fiscal. Este enquadramento prévio teve repercussões muito positivas a jusante, uma vez que os instrumentos legais que permitem a redução, a atenuação ou a dispensa da coima têm como requisito aplicativo comum a *regularização da situação tributária* que esteve na origem da prática do ilícito contraordenacional, requisito para cuja compreensão se revelou imprescindível o bom conhecimento, quer da natureza das obrigações que podem derivar do estabelecimento de uma relação jurídica tributária, quer das entidades que se encontram obrigadas, por via de lei, ao seu cumprimento.

VIII

Revela-se fulcral para a tomada de posição relativamente ao conteúdo ético das condutas que estão na base dos ilícitos contraordenacionais tributários e, consequentemente, para o acervo das finalidades punitivas do Estado neste domínio, o concreto estudo dessas condutas. Como já referimos em considerandos anteriores, tais condutas materializam-se, na grande maioria dos casos, na verificação do incumprimento de obrigações tributárias por parte, quer do sujeito passivo, quer de entidades terceiras.

Entendemos que tais condutas desconformes encerram, em si mesmas, uma dimensão axiológica, não sendo necessário suportar-se o poder punitivo do Estado, em sede contraordenacional, num *subs-*

trato de valoração jurídica, como defende Jorge Figueiredo Dias. Pelo contrário, seguimos mais de perto a linha doutrinária de Taipa de Carvalho, que antevê nas condutas legalmente tipificadas como ilícitos contraordenacionais um grau variável de eticidade, na medida em que estas contendem, de forma mais ou menos direta, com a *"consciência social ou comunitária"* para uma dada ordem que cumpre ao Estado dar guarida.

IX

No que tange concretamente aos ilícitos contraordenacionais tributários, julgamos que lhes deve ser reconhecida uma carga ético-social acrescida, desde logo pela sua maior proximidade ao bem jurídico protegido pelo Estado.

O incumprimento das obrigações tributárias afeta, não apenas o Estado e as entidades públicas, mas põe em causa toda a ordem social, estando, por isso, aqui em causa um bem jurídico supraindividual ou geral (a sustentabilidade financeira do Estado, sem a qual não se mostra possível a levada a prática de todas as suas tarefas, desde logo a de produção de bens públicos e semipúblicos), cuja apreensão comunitária da sua relevância acaba por sair dificultada.

X

Pese embora essa aproximação ao bem jurídico protegido, à luz do princípio da subsidariedade da intervenção do Direito Penal, concluímos que a tutela daquele pode ser feita de forma eficaz por via da aplicação de sanções de natureza não penal. Isto significa, fundamentalmente, que existe uma dimensão axiológica associada a tais condutas, mas que, ainda assim, não se justifica o seu sancionamento por via de uma pena criminal.

Apesar disso, entendemos que a teleologia inerente à ação sancionatória estadual, no concreto caso das contraordenações tributárias, tem também por base finalidades preventivas especiais de sentido positivo, ainda que não nos mesmos moldes das homólogas finalidades no âmbito jurídico-criminal.

Consideramos que o que estará aqui em causa é, não uma necessidade de socialização do agente, mas antes de *(re)consciencialização* comunitária do infrator, objetivando-se, por via da aplicação da sanção contraordenacional, uma tentativa de aproximação deste para aqueles que são os valores sociais de ordenação do Estado.

XI

Feito o devido ancoramento das questões acessórias e laterais ao tema da obra que, como tivemos oportunidade de referir, contribuíram para um melhor enquadramento dogmático do seu objeto, cumpriu-nos estreitar o nosso âmbito temático.

Os instrumentos legais que permitem a redução ou a dispensa da coima são, em suma, prerrogativas previstas na lei que, com base na verificação de um conjunto de requisitos aplicativos, desde logo o da regularização da situação tributária – que a todos eles é transversal – vão facilitar a obtenção de um benefício ao nível do sancionamento do infrator.

A aplicação destes instrumentos não tem lugar num momento temporal estático. No decurso da nossa investigação, pudemos constatar que cada instrumento tem lugar numa fase procedimental distinta e, nesse sentido, optamos por empreender uma análise do procedimento contraordenacional tributário, dando conta das várias fases que concretamente o compõem.

Pudemos, assim, concluir que o procedimento contraordenacional tributário segue fundamentalmente os mesmos trâmites de um procedimento administrativo, pese embora, devido à sua iminente natureza sancionatória pública que obriga à convocação de principiologia de base penal, sofre alguns desvirtuamentos face àquele.

XII

A sujeição de um procedimento que segue, então, uma tramitação semelhante à do procedimento administrativo comum, a alguns princípios caraterísticos do Direito Criminal, potencia a verificação de situações de dúvida acerca do alcance efetivo destes.

Ao longo do texto, fomos dando conta de algumas situações em que consideramos que as garantias dos infratores em sede procedimental podem sair francamente goradas e tal resulta, segundo cremos, de uma insuficiente consciencialização dos atores administrativos (e, porventura, também do legislador) para a natureza que efetivamente subjaz ao procedimento contraordenacional tributário: estamos aqui perante uma ramificação do Direito Sancionatório Público e não perante um procedimento tributário *sui generis*.

Por este motivo, pareceu-nos essencial, não só estudar as fases típicas deste procedimento, como dar conta de alguns dos princípios que orientam a sua tramitação. Um princípio que marca este procedimento e que tem importantes afloramentos em sede dos instrumentos legais que permitem a atenuação ou a dispensa da coima, é o princípio da oportunidade, uma vez que a aplicação de dois importantes mecanismos constitui uma faculdade da entidade com competência para a aplicação da coima.

XIII

O estudo do procedimento contraordenacional tributário permitiu também, como referimos já no considerando XI, que conseguíssemos proceder à localização temporal dos instrumentos legais a que nos dedicamos. Pudemos concluir que um destes instrumentos tem lugar numa fase *pré-procedimental*, isto é, antes de se ter por iniciado o procedimento contraordenacional tributário.

O direito à redução das coimas é um mecanismo que permite uma redução significativa no montante da coima justamente por, em regra, implicar que seja o próprio infrator a dirigir-se à administração tributária, dando conta da sua atuação desconforme, mesmo antes de esta ter chegado ao conhecimento da entidade administrativa. A redução da coima vai transparecer a espontaneidade demonstrada pela *autodenúncia* do infrator, sendo maior quanto menor for a intervenção administrativa no processamento do ilícito.

XIV

Levantam-se, contudo, problemas relativamente a este instrumento legal, desde logo pelo facto de, tendo este lugar antes de se iniciar o procedimento contraordenacional em si e não estando a sua tramitação regulada no RGIT nem no RGCO, se considerar que lhe são aplicáveis as normas relativas ao procedimento tributário comum.

Pese embora esta seja a solução que, tendo em conta o contexto legislativo atual, melhor acautela a posição dos infratores, justificar-se-ia uma alteração ao RGIT no sentido de se enquadrar concretamente este procedimento. Por um lado, não nos parece fazer qualquer sentido a sujeição de um procedimento que, ainda que com uma configuração *sui generis*, não deixa de ser um procedimento sancionatório, às mesmas coordenadas dos procedimentos que visam fundamentalmente a tributação dos contribuintes e, por outro, esta solução acarreta problemas práticos de relevo, desde logo por poder, pelo menos em abstrato, implicar o afastamento de algumas caraterísticas subjacentes ao procedimento contraordenacional tributário, como é o caso da obrigação de pronúncia.

XV

A dispensa da coima é um instrumento legal cuja aplicação constitui uma faculdade da entidade competente para a aplicação da coima, podendo ter lugar, quer na fase procedimental, quer na fase processual. Apesar de este ser um dos instrumentos em que se verifica a materialização do princípio da oportunidade administrativa, a dispensa da coima não é incondicionada, estando obviamente sujeita à verificação de um conjunto de pressupostos, sendo o mais controverso deles a não verificação de prejuízo efetivo à receita tributária com a prática do ilícito contraordenacional.

O entendimento dominante vai no sentido de que esse prejuízo não é aferido em termos líquidos, resultando antes da indisponibilidade do crédito tributário, razão pela qual, apesar de uma aparente abertura deste regime com a entrada em vigor do RGIT, continua a entender-se que só pode haver lugar a uma dispensa da coima quando a contraordenação perpetrada não tenha por base o incumprimento da obrigação tributária principal, ainda que não seja isso que se conclua, como prontamente referimos, do texto normativo.

XVI

Um outro instrumento legal cuja aplicação ao caso concreto convoca o exercício de uma faculdade concedida pelo legislador à entidade competente para a aplicação da sanção contraordenacional é a atenuação especial da coima que, por aplicação subsidiaria do RGCO, tem por efeito a redução para metade dos limites mínimo e máximo da moldura abstrata prevista para o tipo contraordenacional em apreço.

Os requisitos aplicativos deste mecanismo não são tão restritos como os que se referem à dispensa da coima, mas, em todo o caso, um desses pressupostos suscita maiores dúvidas quanto à sua concreta verificação: o reconhecimento da responsabilidade por parte do infrator.

Aderimos, quanto a este particular aspeto, a uma interpretação menos restritiva deste requisito, considerando que o reconhecimento da responsabilidade pode ser evidenciado por via das condutas que o infrator pratique (ou se abstenha de praticar) no âmbito do procedimento, e não somente quando este assuma essa responsabilidade de forma incondicionada e sem reservas.

XVII

O pagamento antecipado da coima é um instrumento legal para cuja aplicação é necessária a verificação de um conjunto de atuações do infrator que indiciam a sua vontade de a este se sujeitar e, por essa via, de beneficiar da redução da coima para o mínimo legal previsto na moldura abstrata do tipo contraordenacional, ficando isento do pagamento de metade do valor referente a custas administrativas. Reiterando, aqui, a importância do estudo destes instrumentos numa lógica procedimental, refira-se que este é um mecanismo – pese embora sobre isso a lei não seja clara – cuja aplicação é alternativa relativamente ao exercício do direito de defesa do infrator.

Assim sendo, entende-se que para que possa beneficiar da redução no montante da coima, o infrator deve proceder ao pagamento reduzido desta dentro do prazo adstrito ao exercício do direito de defesa, fazendo extinguir o objeto do procedimento, assumindo, concomitantemente, a prática da contraordenação que lhe é imputada.

XVIII

Um dos instrumentos legais que convoca mais questões controversas é, quanto a nós, a possibilidade de pagamento voluntário da coima. Este é um mecanismo que tem lugar uma vez decorrido o prazo para o exercício do direito de defesa e antes da decisão final de aplicação da coima.

Na tentativa de simplificar e desburocratizar a aplicação deste instrumento legal, o legislador deixou de condicionar a sua aplicação à apresentação de pedido. Esta medida, abstratamente positiva, acabou por levantar uma série de problemas que se dirigem fundamentalmente à natureza do ato que fixa a coima, à possibilidade de impugnação desse ato e à contagem do prazo para o exercício do pagamento voluntário.

Contudo, a questão que mais nos inquietou relativamente a este instrumento legal é a insuficiente informação que é transmitida ao infrator aquando da notificação do ato de fixação da coima que, alertando-o para as virtuosidades do pagamento voluntário, desde logo para a redução da coima para 75% do valor fixado, não o informa de que esse pagamento extingue o objeto do procedimento, carecendo aquele, a partir daí, de interesse em agir para a impugnação do ato administrativo sancionatório.

XIX

Por via da aplicação subsidiária do RGCO ao RGIT, é admissível o proferimento de uma admoestação, quer pela entidade administrativa, quer pelo tribunal, em detrimento da aplicação de uma coima.

Contrariamente ao que sucede no Direito Penal – e apesar de esta não ser uma posição unânime –, qualquer que seja a entidade com competência para o proferimento da admoestação, no âmbito do Direito Contraordenacional, esta é proferida, não oralmente, mas por escrito.

A consagração de requisitos muito restritos para a dispensa da coima e a pouca maleabilidade do aplicador normativo para a atenuação especial desta (que, como vimos, tem os seus efeitos expressamente previstos no RGCO), tem levado a que os tribunais superiores optem, em situações limite, por proferir uma admoestação. Normalmente, tal sucede em situações muito particulares quando não pode haver lugar a uma dispensa de coima por se tratar de uma contraordenação que resultou do incumprimento da obrigação tributária principal, mas em que a atenuação especial daquela, atendendo aos concretos contornos do caso, se revela violadora do princípio da proporcionalidade da sanção contraordenacional.

XX

Chegados a uma reta final da obra, concluímos que a previsão destes instrumentos legais assenta fortemente num princípio da colaboração dos obrigados fiscais faltosos para com a administração tributária.

Não havendo no Direito Contraordenacional Tributário, como sucede no âmbito do Direito Tributário, um concreto *dever* de colaboração, desde logo por naquele vigorar o direito dos infratores ao silêncio, têm estes ao seu dispor a *faculdade* de, em certos domínios, colaborarem com a administração e, por essa via, obterem um benefício ao nível sancionatório.

Essa colaboração espelha-se a vários níveis e é valorada de forma diversa, sendo, contudo, possível constatar-se que a regra é a de que a redução da coima será mais significativa *(i)* quanto menor tiver sido a intervenção administrativa no processamento do ilícito contraordenacional, e *(ii)* quanto maior se tiver revelado a intenção do infrator em colaborar com a administração tributária.

XXI

Pesem embora as virtuosidades destes instrumentos e das manifestações concretas da colaboração dos infratores com a administração, e mesmo tendo em conta de que um dos objetivos do legislador com a previsão destes mecanismos foi a diminuição da litigiosidade entre os principais atores do procedimento contraordenacional, a verdade é que tais desígnios não podem, quanto a nós, ser alcançados a todo o custo.

Opomo-nos, desde logo, a um entendimento que faça assentar tais manifestações colaborativas em atuações do infrator que, a nosso ver, não se revelam verdadeiramente voluntarias, na medida em que não pode considerar-se que tenham aquelas sido empreendidas de forma livre, consciente e esclarecida.

Este é um problema especialmente latente no âmbito do pagamento antecipado da coima e relativamente ao pagamento voluntário desta, pois em ambos os casos se vislumbra a transmissão, por via das notificações aos infratores, de informação incompleta relativamente aos reais contornos da sujeição a esses mecanismos legais.

XXII

Foi, ainda, altamente proveitoso para a boa estruturação desta publicação o estudo de algumas soluções similares aos instrumentos legais que permitem a redução das sanções administrativas em matéria tributária, no ordenamento jurídico espanhol e no ordenamento italiano.

No primeiro caso, por via da diferente configuração do poder sancionatório da administração que, no ordenamento espanhol, é particularmente amplo. O legislador espanhol faz assentar, de forma bastante direta, a previsão de mecanismos de redução das *multas administrativas* na diminuição da litigiosidade dos infratores para com a administração, pelo que, ainda que possa não se concordar com a solução, deve ao menos aplaudir-se o facto de ser exigido que o infrator seja informado, quer por via normativa, quer mediante um ato administrativo, de que a redução da coima implica a renúncia a uma posterior discussão litigiosa do ato sancionatório.

Denota-se, contudo, uma (indesejável) linha de fronteira muito ténue entre a atividade fiscal da administração tributária e os seus poderes sancionatórios.

XXIII

No que tange ao ordenamento jurídico italiano, vislumbra-se uma maior proximidade entre as soluções que nele se preveem ao nível do Direito Sancionatório em matéria tributária com as soluções previstas no ordenamento português.

Tal é, desde logo, visível ao nível dos instrumentos legais que permitem uma redução da sanção aplicável, tendo sido possível encontrar importantes pontos de contacto entre os mecanismos previstos na lei italiana e alguns dos instrumentos legais elencados no nosso RGIT, pese embora o ordenamento italiano tenha a originalidade de conceder à entidade com competência para a aplicação da sanção pecuniária uma maior margem de conformação relativamente à fixação desta com base na violação do princípio da proporcionalidade.

BIBLIOGRAFIA

Almeida, Mário Aroso de. *Teoria Geral Do Direito Administrativo: Temas Nucleares*. Ed. Almedina. Coimbra, 2012.

Amatucci, Fabrizio. *Principi E Nozioni Di Diritto Tributario*. Ed. G. Giappichelli Editore. 3ª edição. Turim, 2016.

Andrade, Manuel da Costa. "Contributo Para O Conceito de Contra-Ordenação." In *Direito Penal Económico E Europeu: Textos Doutrinários (Vol. I)*, Ed. Coimbra Editora. Coimbra, 1998.

Azevedo, Tiago Lopes de. *Da Subsidiariedade No Direito Das Contra-Ordenações: Problemas, Críticas e Sugestões Práticas*. Ed. Wolters Kluwer Portugal. Lisboa, 2011.

Beccaria, Cesare. *Brevi Riflessioni Intorno Al Codice Generale Sopra I Delitti E Le Pene, per Ciò Che Riguarda I Delitti Politici – Opere, Vol. II*. Ed. Sansoni. Florença, 1791.

Brandão, Nuno. *Crimes e Contra-Ordenações: Da Cisão à Convergência Material*. Ed. Coimbra Editora. Coimbra, 2016.

Canotilho, José Joaquim Gomes. *Direito Constitucional E Teoria Da Constituição*. Ed. Almedina. 5ª edição. Coimbra, 2002.

Canotilho, José Joaquim Gomes, e Moreira, Vital. *Constituição Da República Portuguesa Anotada – Vol. I*. Ed. Coimbra Editora. 4ª edição. Coimbra, 2007.

Carvalho, Américo Taipa de. *Direiro Penal – Parte Geral (Questões Fundamentais, Teoria Geral Do Crime)*. Ed. Coimbra Editora. 2ª edição. Coimbra, 2008.

Catarino, João Ricardo, e Victorino, Nuno. *Infracções Tributárias – Anotações Ao Regime Geral*. Ed. Coimbra Editora. 3ª edição. Coimbra, 2012.

–. *Regime Geral Das Infrações Tributárias Anotado (Com Remissões, Notas, Jurisprudência, Doutrina, Estudos E Legislação Aplicável)*. Ed. Vislis Editores. Lisboa, 2002.

CORREIA, Eduardo. "Direito Penal E Direito de Mera Ordenação Social." In *Boletim Da FDUC, Vol. XLIX*, Ed. Faculdade de Direito da Universidade de Coimbra. Coimbra, 1973.

COSTA, José Faria. "A Importância Da Recorrência No Pensamento Jurídico. Um Exemplo: A Distinção Entre O Ilícito Penal E O Ilícito de Mera Ordenação Social." *Revista de Direito E Economia – Ano IX, Nºs 1 E 2*. Coimbra, 1983.

–. *Noções Fundamentais de Direito Penal (Fragmenta Iuris Poenalis)*. Ed. Coimbra Editora. 4ª edição. Coimbra, 2015.

–. *O Perigo Em Direito Penal (Contributo Para a Sua Fundamentação E Compreensão Dogmáticas)*. Ed. Coimbra Editora. Coimbra, 2000.

COSTA, Mario Júlio de Almeida. *Direito Das Obrigaçoes*. Ed. Almedina. 12ª edição. Coimbra, 2013.

–. *História Do Direito Português*. Ed. Almedina. 5ª edição (Coimbra, 2012.

CRORIE, Benedita Mac. *Os Limites Da Renúncia a Direitos Fundamentais Nas Relações Entre Particulares*. Ed. Almedina. Coimbra, 2013.

DANTAS, António Leones. *Direito Das Contra-Ordenações (Questões Gerais)*. Ed. AEDUM. 2ª edição. Braga, 2010.

DIAS, Augusto Silva. "«Delicta in Se» E «Delicta Mere Prohibita»: Uma Análise Das Descontinuidades Do Ilícito Penal Moderno À Luz Da Reconstrução de Uma Distinção Clássica." Universidade de Lisboa, 2003.

–. "Crimes E Contra-Ordenações Fiscais." In *Direito Penal Económico E Europeu: Textos Doutrinários (Vol. II – Problemas Especiais)*, Ed. Coimbra Editora. Coimbra, 1999.

DIAS, Jorge de Figueiredo. *Direito Penal (Parte Geral – Tomo I)*. Ed. Coimbra Editora. 2ª edição. Coimbra, 2007.

–. *Direito Penal Português (Parte Geral – Tomo II) – As Consequências Jurídicas Do Crime, 2ª Reimpressão*. Ed. Coimbra Editora. Coimbra, 2009.

–. "O Movimento Da Descriminalização E O Ilícito de Mera Ordenação Social." In *Jornadas de Direito Criminal: O Novo Código Penal Português E Legislação Complementar*, Ed. Centro de Estudos Judiciários, 1983.

–. *O Problema Da Consciência Da Ilicitude Em Direito Penal*. Ed. Almedina. Coimbra, 1969.

–. "Para Uma Dogmatica Do Direito Penal Secundario (Separata)." Ed. Universidade Católica. *Direito E Justiça, Vol. IV*, 1990.

–. *Temas Básicos Da Doutrina Penal: "Do Direito Penal Administrativo Ao Direito de Mera Ordenação Social."* Ed. Coimbra Editora. Coimbra, 2002.

FINANÇAS, Ministério das. "Anteprojecto Do Regime Geral Das Infracções Tributárias." Lisboa, 1999.

FRANCO, António de Sousa. *Finanças Públicas E Direito Financeiro, Vol. II*. Ed. Almedina. Coimbra, 2012.

FREDERICO, Lorenzo Del. *Le Sanzioni Amministrative Nel Diritto Tributario*. Ed. Giuffrè Editore. Milão, 1993.

GARCIA DE ENTERRIA, Eduardo. "El Problema Juridico de Las Sanciones Administrativas." *Revista Española de Derecho Administrativo, Nº 10*, 1976.

GOMES, José Osvaldo. *Fundamentação Do Acto Administrativo*. Ed. Coimbra Editora. 2ª edição. Coimbra, 1981.

GOMES, Noel. *Segredo Bancário E Direito Fiscal*. Ed. Almedina. Coimbra, 2006.

GOMES, Nuno Sá. *Evasão Fiscal, Infracção Fiscal E Processo Penal Fiscal*. Ed. Rei dos Livros. Lisboa, 2000.

HART, Herbert Lionel Adolphus. *O Conceito de Direito (Tradução portuguesa do original "The Concept of Law")*. Ed. Fundação Calouste Gulbenkian. 2ª edição. Lisboa, 1994.

HÖRSTER, Heinrich Ewald. *A Parte Geral Do Código Civil Português, Teoria Geral Do Direito Civil (6ª Reimpressão)*. Ed. Almedina. Coimbra, 2012.

JESCHECK, Hans-Heinrich. "Das Deutsche Wirtschaftsstrafrecht." *JuristenZeitung, Nr. 15/16*, August 1959.

JUDICIÁRIOS, Centro de Estudos. *Contraordenações Tributárias (Ebook Do CEJ – Coleção Formação Contínua)*. Ed. CEJ. Lisboa, 2016.

LOPES, Pedro Moniz. *Princípio Da Boa Fé E Decisão Administrativa*. Ed. Almedina. Coimbra, 2011.

LOUREIRO, Flávia Noversa. "Os Poderes de Investigação Nas Contraordenações Concorrenciais – Ou A 'criminalização' do Direito Administrativo Sancionatório." *Scientia Ivridica – Tomo LXVI, Nº 344*. Braga, 2017.

LOUREIRO, João Carlos Simões Gonçalves. *Stvida Ivridica 13 – O Procedimento Administrativo Entre a Eficiência E a Garantia Dos Particulares (Algumas Considerações)*. Ed. Coimbra Editora. Coimbra, 1995.

LOZANO, Blanca. *La Extincion de Las Sanciones Administrativas Y Tributarias*. Ed. Marcial Pons. Madrid, 1990.

MARQUES, Paulo. *Infracções Tributárias, Vol. II – Contra-Ordenações*. Lisboa: Ministério das Finanças e da Administração Interna, 2007.

MARTINEZ, Pedro Soares. *Direito Fiscal*. Ed. Almedina. 10ª edição. Coimbra, 2000.

MENDES, António de Oliveira, e CABRAL, José dos Santos. *Notas Ao Regime Geral Das Contra-Ordenações*. Ed. Almedina. 3ª edição. Coimbra, 2009.

MENDES, Paulo de Sousa. "O Dever de Colaboração E as Garantias de Defesa No Processo Sancionatóio Especial Por Práticas Restritivas

Da Concorrência." *JULGAR, Nº 09*. Lisboa, 2009.

MONCADA, Luís Cabral de. *Filosofia Do Direito E Do Estado, Vol. I*. Ed. Coimbra Editora. 2ª edição. Coimbra, 2006.

MONTE, Mário Ferreira. *Da Proteção Penal Do Consumidor: O Problema Da (Des)criminalização No Incitamento Ao Consumo*. Ed. Almedina. Coimbra, 1996.

–. *Lineamento de Direito Das Contraordenações*. Ed. AEDUM. 2ª edição. Braga, 2017.

–. "Para Lá Da Coima: As Sanções Substitutivas Do Regime Jurídico Das Contraordenações." *Scientia Ivridica – Tomo LXVI, Nº 344*. Braga, 2017.

MONTE, Mário Ferreira, e LOUREIRO, Flávia Noversa. *Direito Processual Penal (Roteiro Prático)*. Ed. AEDUM. Braga, 2012.

MONTEIRO, Fernando Conde. *Consequências Jurídicopenais Do Crime*. Ed. ELSA UMINHO. Braga, 2015.

MORAIS, Rui Duarte. *A Execução Fiscal*. Ed. Almedina. Coimbra, 2010.

MOUTINHO, José Lobo. *Direito Das Contra-Ordenações: Ensinar E Investigar*. Ed. Univerisidade Católica. Lisboa, 2008.

NABAIS, José Casalta. *Direito Fiscal*. Ed. Almedina. 3ª edição. Coimbra, 2005.

–. *O Dever Fundamental de Pagar Impostos*. Ed. Almedina. Coimbra, 1998.

NIETO, Alejandro. *Derecho Administrativo Sancionador*. Ed. Tecnos. 4ª edição. Madrid, 2008.

OLIVEIRA, Fernanda Paula, e DIAS, José Eduardo Figueiredo. *Noções Fundamentais de Direito Administrativo*. Ed. Almedina. 3ª edição. Coimbra, 2013.

PEREIRA, Eugénia Afonso. "Da Utilização Abusiva Do Processo de Execução Fiscal: Em Especial, a Cobrança de Dívidas Não Tributárias.", Escola de Direito da Universidade do Minho, 2017.

PINTO, Frederico de Lacerda da Costa. "O Ilícito de Mera Ordenação Social E a Erosão Do Princípio Da Subsidiariedade Da Intervenção Penal." In *Direito Penal Económico E Europeu: Textos Doutrinários (Vol. I)*, Ed. Coimbra Editora. Coimbra, 1998.

QUERALT, Martín; SERRANO, Lozano; OLLERO, Casado, e LÓPEZ, Tejerizo. *Curso de Derecho Financiero Y Tributario*. Ed. Tecnos Editorial. 9ª edição. Madrid, 1998.

RIBEIRO, João Sérgio. "A Diretiva Relativa À Cooperação Administrativa No Domínio Da Fiscalidade." In *Ética E Direito, Tomo II (E-Book)*, Ed. Escola de Direito da Universidade do Minho, 93–109. Braga, 2013.

–. *Estudos de Direito Fiscal Da União Europeia*. Ed. ELSA UMINHO. Braga, 2017.

ROCHA, Joaquim Freitas. *Apontamentos de Direito Tributário (A Relação*

Jurídica Tributária). Ed. AEDUM. Braga, 2012.

–. *Constituição, Ordenamento E Conflitos Normativos – Esboço de Uma Teoria Analítica Da Ordenação Normativa*. Ed. Coimbra Editora. Coimbra, 2008.

–. "Direito Pós-Moderno, Patologias Normativas E Protecção Da Confiança." In *Revista Da Faculdade de Direito Da Universidade Do Porto, Ano VII*, Ed. Faculdade de Direito da Universidade do Porto, 383-409. Porto, 2010.

–. *Lições de Procedimento E Processo Tributário*. Ed. Almedina. 6ª edição. Coimbra, 2018.

–. "O Controlo Do Controlo Tributário (Meios Reactivos À Inspecção Tributária)." *Cadernos de Justiça Administrativa, Nº 67*. Braga, 2008.

ROCHA, Joaquim Freitas, e CALDEIRA, João Damião. *Regime Complementar Do Procedimento de Inspecção Tributária (RCPIT) Anotado E Comentado*. Ed. Coimbra Editora. Coimbra, 2013.

ROCHA, Joaquim Freitas, e SILVA, Hugo Flores da. *Teoria Geral Da Relação Jurídica Tributária*. Ed. Almedina. Coimbra, 2017.

ROMERO FLOR, Luis María. *Las Actas Con Acuerdo En La Ley General Tributaria Y En El Derecho Comparado*. Ed. Universidad de Castilla-La Macha. Cuenca, 2010.

ROUSSEAU, Jean-Jacques. *Du Contrat Social – Chapitre VI – Du Pacte Social*. Ed. Beaulavon. Paris, 1903.

ROXIN, Klaus. *Derecho Penal, Parte General, Fundamentos. La Estructura de La Teoría Del Delito, Vol I. (Traducido por Diego-Manuel Luzón Peña, Miguel Díaz Conlledo e Javier Vicente Remesal)*. Ed. Civitas. Madrid, 2003.

SALDANHA, Ricardo Azevedo. *Introdução Ao Procedimento Administrativo Comum*. Ed. Coimbra Editora. Coimbra, 2013.

SANCHES, José Luís Saldanha. *A Quantificação Da Obrigação Tributária (Deveres de Cooperação, Autoavaliação E Avaliação Administrativa)*. Ed. LEX. 2ª edição. Lisboa, 2000.

SANTOS, Beleza dos. "Ilícito Penal Administrativo E Ilícito Criminal." *Revista Da Ordem Dos Advogados, Nºs 1 E 2*, 1945.

SILVA, Germano Marques da. *Direito Penal Português, Volume I (Parte Geral. Introdução E Teoria Da Lei Penal)*. Ed. Verbo, 2001.

–. *Direito Penal Português, Volume I (Parte Geral. Introdução E Teoria Da Lei Penal)*. Ed. Verbo. 3ª edição. Lisboa, 2010.

–. *Direito Penal Português, Volume III (Parte Geral. Teoria Das Penas E Das Medidas de Segurança)*. Ed. Verbo. Lisboa, 1999.

–. "Princípios Gerais Em Matéria de Contraordenações Tributárias." In *Contraordenações Tributárias (Ebook Do CEJ – Coleção Formação Contínua)*, Ed. Centro de Estudos Judiciários. Lisboa, 2018.

SILVA, Hugo Flores da. *Privatização Do Sistema de Gestão Fiscal*. Ed. Coimbra Editora. Coimbra, 2014.

SILVA, Isabel Marques da. "Considerações Acerca Da Responsabilidade Por Dívidas E Por Infracções Tributárias Dos Membros Dos Corpos Sociais." *Direito E Justiça, Vol. XVI*. Universidade Católica Editora, 2002.

———. *Regime Geral Das Infrações Tributárias (Nº 5 Da Coleção de Cadernos Do IDEFF)*. Ed. Almedina. 1ª edição. Lisboa, 2010.

SOARES, Rogério E. *Direito Público E Sociedade Técnica*. Ed. Atlântida Editora. Coimbra, 1969.

SOUSA, Jorge Lopes de, e SANTOS, Manuel Simas. *Regime Geral Das Infracções Tributárias Anotado*. Ed. Áreas Editora. Lisboa, 2010.

———. *Regime Geral Das Infrações Tributárias Anotado*. Ed. Áreas Editora. 4ª edição. Lisboa, 2010.

SUAY RINCON, Jose. *Sanciones Administrativas*. Ed. Real Colegio de España. Bolonia, 1989.

TESAURO, Francesco. *Compendio Di Diritto Tributario*. Ed. UTET Giuridica. 6ª edição. Assago, 2016.

TINELLI, Giuseppe. *Instituzioni Di Diritto Tributario*. Ed. CEDAM. 2ª edição. Pádua, 2007.

VASQUES, Sérgio. *Manual de Direito Fiscal*. Almedina. Coimbra, 2015.

VIANA, João Matos. "Contra-Ordenação Por Falta de Entrega Da Prestação Tributária: Coima a Determinar Por Referência a Percentagem Da Prestação Devida. Seu Limite Minimo E Sua Atenuação Especial – Comentário Ao Acórdão de 13.10.2010 Do Supremo Tribunal Administrativo." *Revista de Finanças Públicas E Direito Fiscal, Nº 4 (Ano III)*. Lisboa, 2011.

VICTORINO, Nuno, e CATARINO, João Ricardo. "A Evolução Do RGIT – Regime Geral Das Infracções Tributárias – Nas Leis de Orçamento de Estado Para 2005 E 2006." *Fiscalidade – Revista de Direito E Gestão Fiscal, Nº 25*. Coimbra, 2006.

VILELA, Alexandra. *O Direito de Mera Ordenação Social: Entre a Ideia De "Recorrência" e a De "Erosão" do Direito Penal Clássico*. Ed. Coimbra Editora. Coimbra, 2013.

WOLF, Erik. "Die Stellung Der Verwaltungsdelikte Im Strafrechtssystem." *Beiträge Zur Strafrechtswissenschaft, Festschrift Für Reinhard von Frank Zum 70, Bd. II (Ed. J.C.B. Mohr)*. Tübingen, 1930.

XAVIER, Alberto. *Manual de Direito Fiscal*. Ed. Faculdade de Direito de Lisboa. Lisboa, 1974.

JURISPRUDÊNCIA CONSULTADA E CITADA

Tribunal Constitucional

Acórdão do Tribunal Constitucional nº 728/2017, de 15-11-2017 (Relator: Maria Clara Sottomayor)

Acórdão do Tribunal Constitucional nº 537/2011, de 15-11-2011 (Relator: José Borges Soeiro)

Acórdão do Tribunal Constitucional nº 327/99, de 26-05-1999, (Relator: Messias Bento)

Acórdão do Tribunal Constitucional nº 278/99, de 05-05-1999 (Relator: Alberto Tavares da Costa)

Acórdão do Tribunal Constitucional nº 352/98, de 12-05-1998 (Relator: Bravo Serra)

Supremo Tribunal Administrativo

Acórdão do Supremo Tribunal Administrativo, de 25-10-2017 (Relator: Aragão Seia)

Acórdão do Supremo Tribunal Administrativo, de 19-04-2017 (Relator: António Pimpão)

Acórdão do Supremo Tribunal Administrativo, de 15-02-2017 (Relator: Ana Paula Lobo)

Acórdão do Supremo Tribunal Administrativo, de 01-02-2017 (Relator: Casimiro Gonçalves)

Acórdão do Supremo Tribunal Administrativo, de 19-10-2016 (Relator: Francisco Rothes)

Acórdão do Supremo Tribunal Administrativo, de 17-02-2016 (Relator: Aragão Seia)

Acórdão do Supremo Tribunal Administrativo, de 18-11-2015 (Relator Fonseca Carvalho)

Acórdão do Supremo Tribunal Administrativo, de 28-01-2015 (Relator: Pedro Delgado)
Acórdão do Supremo Tribunal Administrativo, de 01-10-2014 (Relator: Pedro Delgado)
Acórdão do Supremo Tribunal Administrativo, de 28-05-2014 (Relator: Aragão Seia)
Acórdão do Supremo Tribunal Administrativo, de 18-06-2013 (Relator: Fernanda Maçãs)
Acórdão do Supremo Tribunal Administrativo, de 15-05-2013 (Relator: Fernanda Maçãs)
Acórdão do Supremo Tribunal Administrativo, de 10-04-2013 (Relator: Valente Torrão)
Acórdão do Supremo Tribunal Administrativo, de 03-04-2013 (Relator: Valente Torrão)
Acórdão do Supremo Tribunal Administrativo, de 16-01-2013 (Relator: Lino Ribeiro)
Acórdão do Supremo Tribunal Administrativo, de 23-05-2012 (Relator: Isabel Marques da Silva)
Acórdão do Supremo Tribunal Administrativo, de 16-05-2012 (Relator: Fernanda Maçãs)
Acórdão do Supremo Tribunal Administrativo, de 26-10-2011 (Relator: Casimiro Gonçalves)
Acórdão do Supremo Tribunal Administrativo, de 21-09-2011 (Relator: Francisco Rothes)
Acórdão do Supremo Tribunal Administrativo, de 01-06-2011 (Relator: António Calhau)
Acórdão do Supremo Tribunal Administrativo, de 13-10-2010 (Relator: Isabel Marques da Silva)
Acórdão do Supremo Tribunal Administrativo, de 07-07-2010 (Relator: Jorge de Sousa)
Acórdão do Supremo Tribunal Administrativo 26-05-2010 (Relator: Casimiro Gonçalves)
Acórdão do Supremo Tribunal Administrativo, de 19-05-2010 (Relator: Pimenta do Vale)
Acórdão do Supremo Tribunal Administrativo, de 10-02-2010 (Relator: Miranda de Pacheco)
Acórdão do Supremo Tribunal Administrativo, de 03-06-2009 (Relator: Isabel Marques da Silva)
Acórdão do Supremo Tribunal Administrativo, de 04-02-2009 (Relator: Pimenta do Vale)

Acórdão do Supremo Tribunal Administrativo, de 06-11-2008 (Relator António Calhau)
Acórdão do Supremo Tribunal Administrativo, de 02-07-2008 (Relator: Miranda de Pacheco)
Acórdão do Tribunal Central Administrativo do Sul, de 28-03-2007 (Relator: José Correia)
Acórdão do Supremo Tribunal Administrativo, de 20-12-2006 (Relator: Baeta de Queiroz)
Acórdão do Supremo Tribunal Administrativo de 30-11-2005 (Relator: Jorge de Sousa)
Acórdão do Supremo Tribunal Administrativo de 22-09-2004 (Relator: Jorge de Sousa)
Acórdão do Supremo Tribunal Administrativo, de 21-02-2001 (Relator: Lúcio Barbosa)

Tribunal Central Administrativo do Norte
Acórdão do Tribunal Central Administrativo do Norte, de 16-03-2017 (Relator: Mário Rebelo)
Acórdão do Tribunal Central Administrativo do Norte, de 27-11-2014 (Relator: Ana Patrocínio)
Acórdão do Tribunal Central Administrativo do Norte, de 11-03-2010 (Relator: Francisco Rothes)
Acórdão do Tribunal Central Administrativo do Norte, de 03-02-2005 (Relator: Valente Torrão)

Tribunal Central Administrativo do Sul
Acórdão do Tribunal Central Administrativo do Sul, de 08-06-2017 (Relator: Joaquim Condesso)
Acórdão do Tribunal Central Administrativo do Sul, de 27-04-2017 (Relator: Joaquim Condesso)
Acórdão do Tribunal Central Administrativo do Sul, de 27-10-2016 (Relator: Bárbara Tavares Teles)
Acórdão do Tribunal Central Administrativo do Sul, de 10-09-2015 (Relator: Bárbara Tavares Teles)
Acórdão do Tribunal Central Administrativo do Sul, de 21-05-2015 (Relator: Joaquim Condesso)
Acórdão do Tribunal Central Administrativo do Sul, de 22-01-2015 (Relator: Catarina Almeida e Sousa)
Acórdão do Tribunal Central Administrativo do Sul, de 13-03-2014 (Relator: Joaquim Condesso)

Acórdão do Tribunal Central Administrativo do Sul, de 17-10-2013, 06925/13 (Relator: Joaquim Condesso)

Acórdão do Tribunal Central Administrativo do Sul, de 15-11-2011 (Relator: Joaquim Condesso)

Acórdão do Tribunal Central Administrativo do Sul, de 12-08-2009 (Relator: Ascensão Lopes)

Acórdão do Tribunal Central Administrativo do Sul, de 15-07-2008 (Relator: Lucas Martins)

Acórdão do Tribunal Central Administrativo do Sul, de 03-07-2007 (Relator: Pereira Gameiro)

Acórdão do Tribunal Central Administrativo do Sul, de 14-02-2006 (Relator: Casimiro Gonçalves)

Supremo Tribunal de Justiça

Acórdão do Supremo Tribunal de Justiça, de 08-11-2012 (Relator: Manuel Braz)

Acórdão do Supremo Tribunal de Justiça (*uniformização de jurisprudência*) nº 2/2004, de 11-02-2004 (Relator: Políbio Silva Flor)

Tribunal da Relação de Coimbra

Acórdão do Tribunal da Relação de Coimbra, de 17-12-2014 (Relator: Orlando Gonçalves)

Acórdãos do Tribunal da Relação de Coimbra, de 30-04-2014 (Relator: José Eduardo Martins)

Acórdão do Tribunal da Relação de Coimbra, de 27-02-2013 (Relator: José Eduardo Martins)

Acórdão do Tribunal da Relação de Coimbra, de 07-09-2011 (Relator: Luís Ramos)

Acórdão do Tribunal da Relação de Coimbra, de 10-03-2010 (Relator: Ribeiro Martins)

Acórdão do Tribunal da Relação de Coimbra, de 18-01-2006 (Relator: João Ataíde)

Tribunal da Relação de Évora

Acórdão do Tribunal de Relação de Évora, de 10-05-2016 (Relator: Gilberto Cunha)

Acórdão do Tribunal da Relação de Évora, de 26-11-2013 (Relator: Sérgio Corvacho)

Acórdão do Tribunal da Relação de Évora, de 15-05-2013 (Relator: Luís Coimbra)

Acórdão do Tribunal da Relação de Évora, de 11-11-2010 (Relator: Carlos Berguete Coelho)

Tribunal da Relação de Guimarães

Acórdão do Tribunal da Relação de Guimarães, de 03-12-2012 (Relator: Paulo Fernandes da Silva)

Tribunal da Relação de Lisboa

Acórdão do Tribunal da Relação de Lisboa, de 14-05-2013 (Relator: Jorge Gonçalves)

Acórdão do Tribunal da Relação de Lisboa, de 26-02-2013 (Relator: Artur Varges)

Acórdão do Tribunal da Relação de Lisboa, de 18-01-2007 (Relator: Rodrigues Simão)

Acórdão do Tribunal da Relação de Lisboa, de 10-02-2004 (Relator: Pulido Garcia)

Acórdão do Tribunal da Relação de Lisboa, de 14-01-2004 (Relator: Carlos Almeida)

Tribunal da Relação do Porto

Acórdão do Tribunal da Relação do Porto, de 30-03-2016 (Relator: Jorge Langweg)

ÍNDICE